京津冀协同发展营商环境研究

九三学社北京市西城区委员会经济支社/编著

中国市场出版社
China Market Press
·北 京·

图书在版编目（CIP）数据

瓣瓣同心：京津冀协同发展营商环境研究 /
九三学社北京市西城区委员会经济支社编著. —北京：
中国市场出版社有限公司，2022.3
ISBN 978-7-5092-2079-5

Ⅰ. ①瓣… Ⅱ. ①九… Ⅲ. ①区域经济发展-协调发展-研究-华北地区
Ⅳ. ①F127.2

中国版本图书馆CIP数据核字（2021）第095934号

瓣瓣同心：京津冀协同发展营商环境研究
BANBAN TONGXIN : JINGJINJI XIETONG FAZHAN YINGSHANG HUANJING YANJIU

编　　著：九三学社北京市西城区委员会经济支社
责任编辑：辛慧蓉
出版发行：中国市场出版社 China Market Press
地　　址：北京市西城区月坛北小街2号院3号楼（100837）
电　　话：编 辑 部（010）68033692　读者服务部（010）68022950
总 编 室（010）68020336　盗 版 举 报（010）68020336
发 行 部（010）68021338　68020340　68053489
68024335　68033577　68033539
印　　刷：北京中献拓方科技发展有限公司
规　　格：145毫米×210毫米　32开
印　　张：11.75　　**字　　数**：320千字
版　　次：2022年3月第1版　　**印　　次**：2022年3月第1次印刷
书　　号：ISBN 978-7-5092-2079-5
定　　价：68.00元

版权所有　侵权必究　　印装差错　负责调换

编委会

主　编：唐　蜜

副主编：何　乐　任　兵　夏凌云　于　超

刘晓亮　梁永富

编委会（按笔画顺序）：

王智刚　安　宇　吴　彬　宋淙淙

罗道全　曹淑琴　魏建新

前　言

PREFACE

营商环境是指市场主体在准入、生产经营、退出等过程中涉及的政务环境、市场环境、人文环境、法制环境等有关外部因素和条件的综合，是一项涉及经济社会改革和对外开放众多领域的系统工程，营商环境也是一个地方、一个国家发展的重要软实力的表现。

一个地区营商环境的优劣直接影响着外部投资的多寡，同时也直接影响着区域内的经营企业，最终对经济发展状况、财税收入、社会就业情况等产生重要影响。优化营商环境，其实就是解放生产力，提高综合竞争力。“政府应严守承诺，不能新政不理旧账、对企业不公平对待或搞地方保护”，“要保障不同所有制企业在资质许可、政府采购、科技项目、标准制定等方面公平待遇，坚决查处不正当行政权力排除和限制竞争的行为”，“让我们的企业家、市场主体真正感觉到营商环境的切实优化”，要让京津冀成为国内的最佳投资地。

京津冀协同发展战略实施以来，三地在交通一体化、生态环保联防联控，产业转移升级等三方面的合作已经取得了显著进展。例如，北京市政府深化三地产业政策衔接与园区共建，在区域内延伸创新链、产业链布局。进一步加强与河北交界地区生态环境管控，推进京津风沙源治理二期、京冀生态水源保护林建设。同时，深入对接支持雄安新区建设。河北也提出，推动京津冀协同发展向深度、广度拓展。坚持以承接北京非首都功能疏解为“牛鼻子”，加快“三区一基地”建设，推动廊坊北三县与通州区协同发展。天津方面则表示，要制定实施支持滨海—中关村科技园创新发展新一轮政策措施，加快宝坻京津中关村科技城、京津合作示范区、京津产业新城等平台建设速度，促进滨海新区企业总部集聚区发展，推动中科院天津创新园等平台建设，开工建设国家会展中心等项目。

京津冀协同发展是一个系统工程，不可能一蹴而就，也不能满足于已有的成绩，还应在体制创新、产业转移、公共服务等方面探索一些新的思路。例如，如何吸引一流的高校、科研院所、科技创新的领军型企业形成集聚效应，支撑雄安新区未来的发展。关于优化营商环境，三地需要根据自身具体情况加以改进，弥补短板。

优化京津冀营商环境是一个系统工程，既要改善基础设施、各类资源等硬环境，更要在提高服务水平、营造法治环境等软环境建设方面有新突破，更好发挥制度的支撑、保障、激励作用。公共服务是营商环境的试金石，更好发挥政府作用，对标国际最高标准，学习借鉴先进地区经验，努力打造法治化、国际化、便利化的营商环境。

要想优化京津冀营商环境，根本上应立足市场和企业反映的突出问题，要从保公平着手，排除历史、观念、体制等因素影响，营造公平、公正的营商环境。为此，要努力解决优化营商环境的“最后一公里”问题：一方面，地方政府要从文件中“走”出来，要把为企业服务落到实处，让企业家有实实在在的“获得感”，保护企业家精神的核心要义。另一方面，还要捋清政府与企业的利益边界，防止政府与民争利，更要杜绝不良现象，打好优化营商环境的攻坚战。

本书从京津冀营商环境的主要方面着手分析，从不同视角对其影响因素做了较为详细的介绍，具体特点有：

（1）以大的方向和政策为内容导向。

（2）以各个影响因素的适宜视角进行分析，丰富内容。

（3）避免扩而粗，从京津冀营商环境的最主要方面做讲解。

（4）以典型代表年份的情况做示例性说明，突出主要问题。

（5）对每项影响因素的现状、问题及建议或措施进行分类介绍，结构分明。

本书在编写过程中得到了多位专家和学者的指导和建议，也查阅参考了众多城市群相关研究的文献。在此，一并表示衷心的感谢！

限于时间，本书难免会有不足之处，还望各位读者朋友批评指正。

目 录

CONTENTS

1 京津冀协同发展概述

1.1　京津冀协同发展提出背景

1.1.1　京津冀协同发展提出的时间节点

京津冀协同发展第一次提出的时间是20世纪80年代中期，国家为实施国土整治战略，将京津冀地区作为“四大”试点地区之一（其他三个是沪苏浙、珠江三角洲和“三西”煤炭能源基地），要求环渤海和京津冀地区开展全面的国土整治工作，以实现区域分工协作、发挥资源比较优势、治理生态环境、开展跨区域基础设施建设、优化产业和人口布局，实现区域协调发展。这次区域合作在跨区域交通基础设施建设、水资源节约利用、土壤污染等方面取得了一定成效，为以后的区域合作打下了一定基础。

第二次提出在是21世纪初，为配合北京市新的功能定位和天津滨海新区大规模建设，由国家发展改革委牵头在河北廊坊举行了京津冀三方和政府、企业和学者等各界人士参与的京津冀区域合作论坛，并达成了著名“廊坊共识”，提出了在公共基础设施、资源和生态环境保护、产业和公共服务等方面加速一体化进程的愿景；此后，国家发展改革委一直在据此起草有关合作规划和文件。但由于种种原因（特别是全球金融危机的爆发），该规划始终在调整和修改中。

京津冀作为环渤海地区经济发展舞台上的“主角”，日益成为众人关注的焦点，目前，我国已将京津冀协同发展上升到国家战略层面，顺应了时代发展的需要，有利于形成区域经济一体化发展的新动力源，也有利于打造具有较强竞争力的京津冀经济圈，提高我国的国际竞争力与影响力。

1.1.2 京津冀协同发展提出的宏观因素

从客观因素来说，无论是国外的都市圈还是国内的长三角、珠三角城市群，城市群日益成为当今经济发展的重要载体，也将成为今后各经济板块颇具活力和发展潜力的地区。我们不得不承认，在经济发展的大舞台中，单个城市的“独唱”不再是发展主流，相对来说，城市群的“大合唱”则是慷慨激昂，底气十足。这种抱团发展的城市群模式，能够充分发挥其强大的辐射带动作用，在更大空间范围内实现资源的优化及整合。京津冀协同发展战略恰逢其时，抓住历史发展机遇，应运而生。值得期待的是，在顺应经济发展潮流的大背景下，京津冀大都市圈作为后劲十足的“潜力股”，将成为激发中国经济可持续发展的新动力和新引擎。

从主观因素来说，京津冀协同发展符合各自的发展需要。正所谓“知己知彼，方能百战不殆”，其中的“知己”意指认识自己、了解自己。只有对自身情况有客观的认知，才能“对症下药”，从而达到预期的效果。同样，京津冀协同发展战略是解决北京、天津和河北三地各自发展现状“病症”的一剂“良药”。对于集全国政治中心、文化中心、科技创新中心等于一体的“天子骄子”——北京而言，日益积累的人口膨胀、交通拥挤、生态环境破坏等“大城市病”成为北京经济发展过程中的大问题。京津冀协同发展以有序疏解北京非首都功能为核心，有利于破解令人头疼的“大城市病”问题。对天津来说，优良的港口资源以及先进的制造业、金融、科研等优势，迫切需要更大的舞台和更高的平台来展示，京津冀一体化发展则使得天津尽展风姿，努力成为北方经济中心，充分发挥其辐射带动作用。而河北，具有丰富的矿产资源、农业优势突出等经济发展的“亮点”，却面临着产能落后、环境污染严重、城镇化水平低等棘手问题，及时淘汰落后的产能、加大政策的扶持力度，对于河北来说是迫在眉睫的事情，是自身发展的客观需要。

1.2 京津冀三地的自然地理位置

京津冀同属京畿重地，濒临渤海，背靠太岳，携揽“三北”，区位优势得天独厚，政治文化地位突出，科研力量、产业实力雄厚，战略地位十分重要。京津冀地缘相接、人缘相亲，地域一体、文化一脉，历史渊源深厚、交往半径相宜，完全能够相互融合、协同发展。京津冀区域面积21.6万平方公里，到2016年末常住人口1.1亿人，地区生产总值超过7.46万亿元，以全国2.3%的地域面积承载了全国8%的人口，创造了10%的经济总量。经过多年努力，京津冀地区的交通设施建设也取得了长足的发展，基本形成了集航空、铁路、港口、公路等多种运输方式于一体的综合交通运输体系，这些都为推动京津冀协同发展奠定了坚实基础。

航空方面，区域内共有9个民用机场，其中首都机场2016年旅客吞吐量突破9 000万人次，位居全国第一、全球第二。区域国际航空门户功能不断提升。铁路方面，已建成京沪高铁、京广高铁、京津城际、京九、京哈等放射状干线铁路。2016年，铁路营运里程达到8 600公里，铁路网密度处于全国领先水平。港口方面，由天津港、秦皇岛港、唐山港、黄骅港、曹妃甸港等五港组成的沿海港口群是我国最重要的能源输出基地和区域对外贸易窗口，承担了我国北方港口90%的煤炭装船任务。公路方面，已建成京台等7条放射状高速公路以及以北京为起点的11条国道。京台高速北京段竣工通车，与河北段实现了贯通，不但完善了周边路网，改善了交通运输条件，还带动了沿线区域经济的发展。

在加快区域交通网络建设的同时，区域一体化的运输服务开始起步。目前，北京与全国联网实现了不停车收费联网。截至2017年2月，北京ETC用户达到284万。开通了39条从中心城区到周边河北燕郊、三河、涿州、廊坊等地区的城际公交线路（包括常规公交线路及班车、专线等），月客运总量已突破1 100万人次。省际客运班线出京线路超过300条，通达河北省各地市县和天津市。货运发展水平突出，在区域内起到了示范作用。

1.3 京津冀三地经济关系

1.3.1 京津冀三地经济总量的比较

从京津冀三省份经济总量来看，河北省的经济总量是最大的，其次是北京市，天津市最小。从京津冀地区经济结构看，京津冀地区的经济结构一直在发生变化，如图1–1所示（以2013年、2014年、2015年数据为参考）。

从图1–2中可以看出，“十二五”期间，河北省的经济总量在全国占比持续下滑，从2011年的5.18%下降到2014年的4.62%，2015年第一季度为4.29%，比2011年下滑了0.89个百分点。北京市的经济总量占比较为稳定，2011年为3.43%，2014年为3.35%，略降了0.08个百分点，2015年第一季度为3.39，比2011年略降了0.04个百分点。天津的经济总量占比稳步上升，2011年为2.39%，

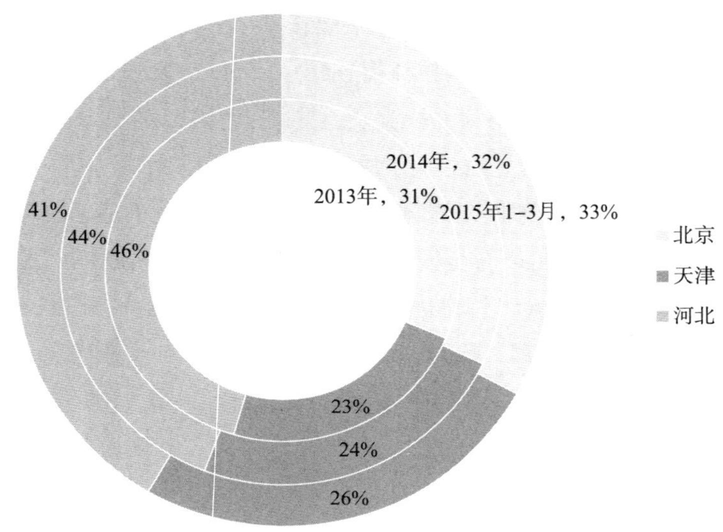

图1-1　京津冀地区经济结构

数据来源：国家统计局网站及北京市、天津市、河北省统计局网站。

2014年提升到2.47%，上升了0.08个百分点，2015年第一季度提升到2.64%，比2011年上升了0.25个百分点。这说明，“十二五”期间北京经济较为平稳，天津经济稳步提升，河北经济形势不容乐观。

从经济增速看，天津的经济增速在京津冀地区中是最高的，其次是北京，河北经济增速2014年出现了较大幅度的滑坡。从发展趋势看，北京经济较为平稳，天津经济出现了一定程度的下降，河北在2014年第一季度到达低点后，逐渐反弹，从2015年第一季度看，经济企稳态势明显。整体分析发现，京津冀地区的经济企稳态势比较明显。

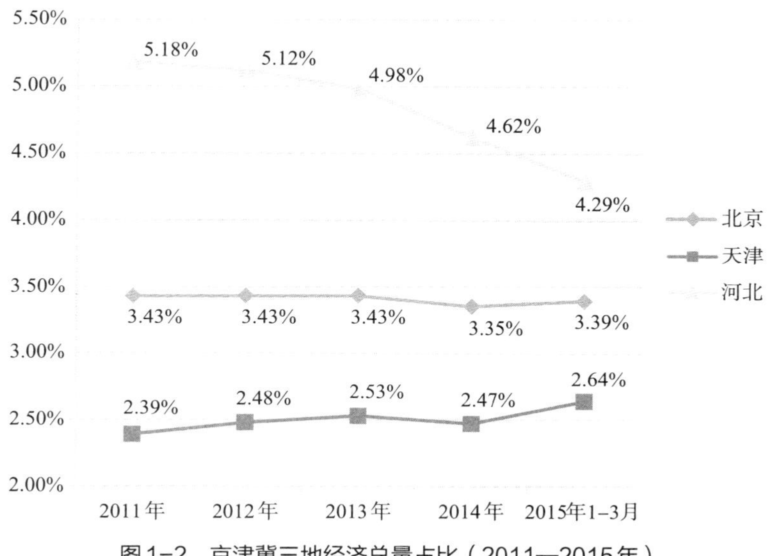

图1-2 京津冀三地经济总量占比（2011—2015年）

数据来源：国家统计局网站及北京市、天津市、河北省统计局网站。

1.3.2 投资形势对比分析

从固定资产投资看，京津冀地区三省份的固定资产投资情况也有所不同。从图1-3可以看出，河北省依然是京津冀地区固定资产投资占比最大的，其次是天津市，北京市最小。从往年三省份固定资产投资占比看，河北省固定资产投资占比从2011年的55%提升为2014年的57%，天津从2011年的25%提升为2014年的26%，北京则从2011年的20%下降为2014年的17%。整体分析发现，北京市固定资产投资力度有所减小，河北和天津的投资力度有所加大。从2015年第一季度的占比看，天津在固定资产投资方面正在持续发力。北京较为稳定，河北则出现了下滑现象。

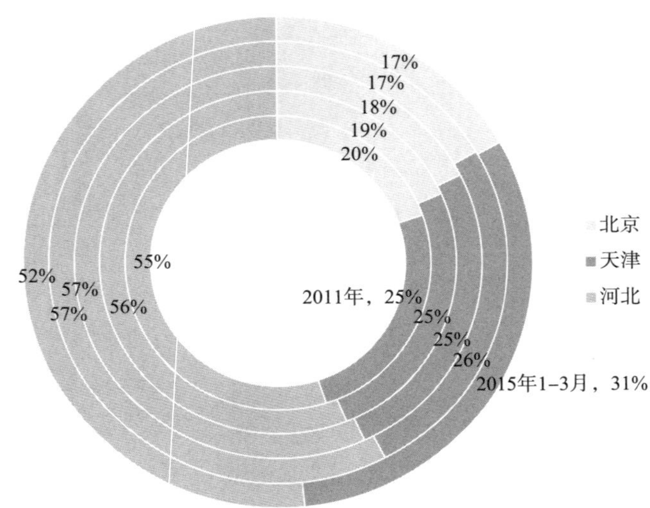

图1-3　京津冀三地固定资产投资情况（2011—2015年）

数据来源：国家统计局网站及北京市、天津市、河北省统计局网站。

这种态势也体现在京津冀三地在全国固定资产投资的占比变化中（图1-4）。从河北省在全国固定资产投资中的占比看，2011

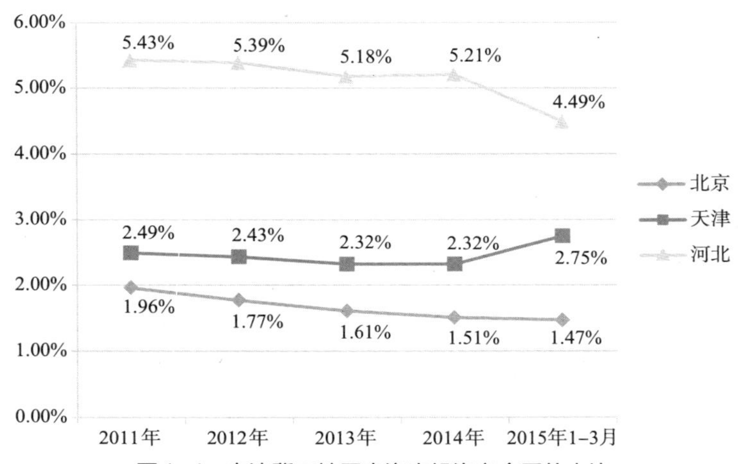

图1-4　京津冀三地固定资产投资在全国的占比

数据来源：国家统计局网站及北京市、天津市、河北省统计局网站。

年为5.43%，2014年为5.21%，下降了0.22个百分点，2015年第一季度又下降为4.49%，比2014年下降了0.72个百分点。天津2011年的投资占比为2.49%，2014年为2.32%，略降了0.17个百分点，但2015年第一季度占比上升为2.75%，比2014年提升了0.43个百分点。北京2011年的投资占比为1.96%，2014年下降为1.51%，下降了0.45个百分点，2015年第一季度又下降到1.47%，比2014年下降了0.04个百分点。

整体而言，天津的固定资产投资形势在京津冀地区中是最好的，北京投资下行的局面将持续。河北省投资2015年第一季度有所减缓，未来投资将保持稳定上升趋势。

从京津冀地区固定资产投资走势图（图1-5）可以看出，天津2011年固定资产投资增速超过30%，2012年开始逐步下滑，2013年达到低谷，2014年出现了反弹，但总体情况逐渐趋稳。河北省投资增速也有所下滑，但从下滑态势看，投资降幅已经有所减小。

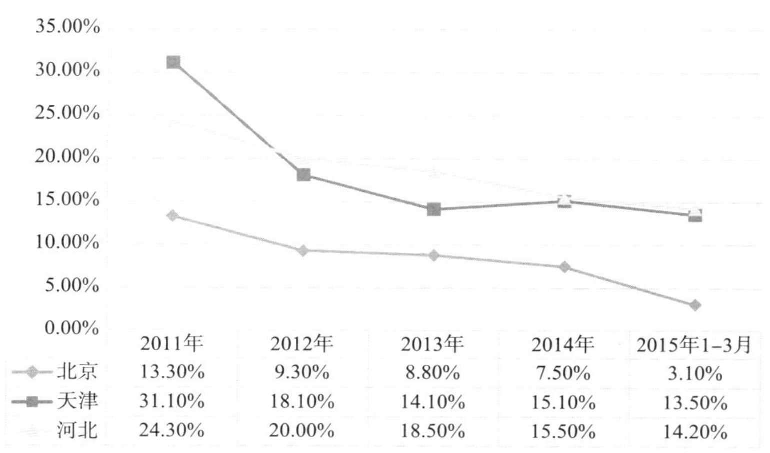

	2011年	2012年	2013年	2014年	2015年1–3月
北京	13.30%	9.30%	8.80%	7.50%	3.10%
天津	31.10%	18.10%	14.10%	15.10%	13.50%
河北	24.30%	20.00%	18.50%	15.50%	14.20%

图1–5　京津冀三地固定资产投资形势

数据来源：国家统计局网站及北京市、天津市、河北省统计局网站。

三地中情况最不容乐观的是北京，北京的投资增速不但没有上升反而持续下滑，2015年第一季度仅为3.1%，远低于同期的天津和河北。说明在京津冀协同发展大背景下，当前北京投资正处于一个下滑状态。

1.3.3 三次产业结构对比分析

从京津冀地区2014年三次产业经济结构对比来看（图1–6），北京市第三产业最为发达，占比已经达到了77.95%，第二产业占比仅为21.31%，说明北京经济属于三产支撑型。天津第二产业和第三产业经济发展较为均衡，占比均为49%，说明天津经济属于二产三产双支撑型。河北第二产业占比达到51.05%，第三产业占比为37.23%，说明河北经济属于二产强支撑型。

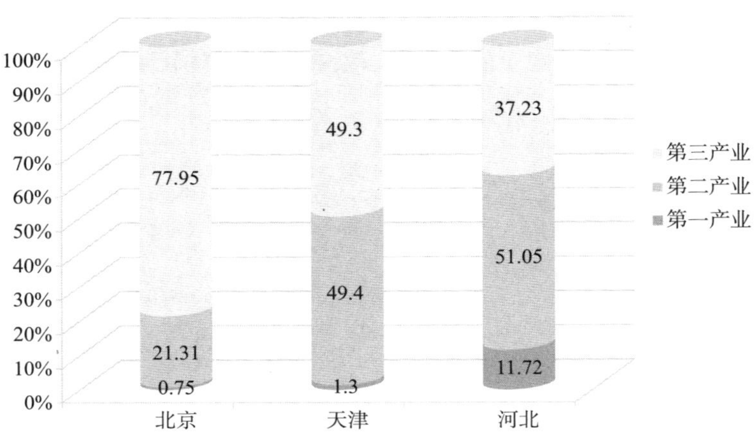

图1–6 京津冀三地三次产业结构对比

数据来源：国家统计局网站及北京市、天津市、河北省统计局网站。

从投资结构看（图1–7），北京第三产业的投资依然最高，占比达到88.35%，天津第三产业投资略高于第二产业。河北第二产业和第三产业投资基本持平，第二产业投资略高于第三产业。整体分析，北京第三产业最为发达，天津正处于第二产业向第三产业转型的过渡阶段，而河北依然以第二产业发展为主。

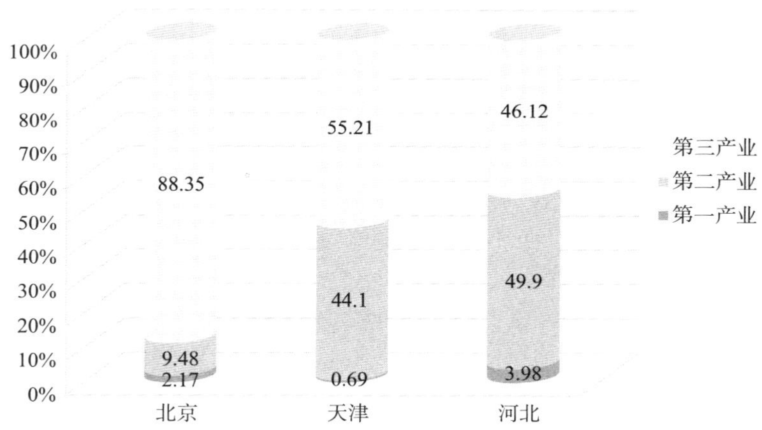

图1-7 京津冀三地2014年三次产业结构

数据来源：国家统计局网站及北京市、天津市、河北省统计局网站。

1.3.4 三次产业增速对比分析

从京津冀三地第二产业增速对比（图1-8）来看，天津第二产业的增速相比另外两地较高，但出现了逐季下滑的态势，北京的第二产业增速2014年数据好于河北，但整体下滑的态势依然没有改变。河北省2014年第二产业增速最低，但增速已逐渐回升。

从第三产业增速对比（图1-9）来看，北京第三产业发展较为稳定，但增速在三省份中最低。天津第三产业虽然保持强力发展，但增速有放缓的趋势。河北第三产业增速要好于北京，呈现出加快发展态势。

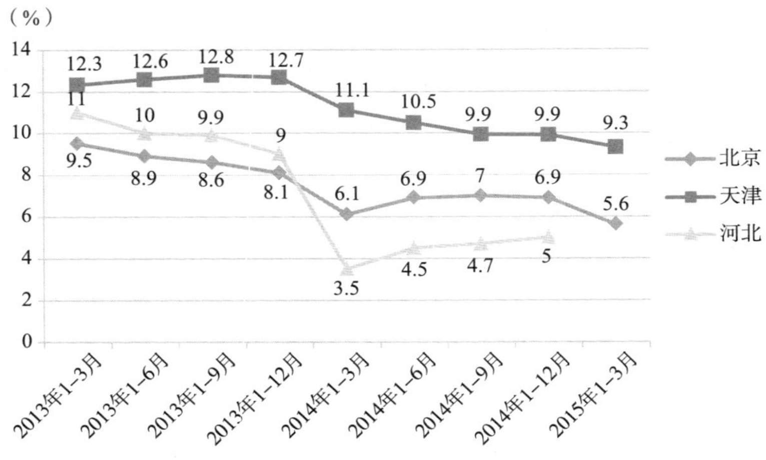

图1-8　京津冀三地第二产业增速对比

数据来源：国家统计局网站及北京市、天津市、河北省统计局网站。

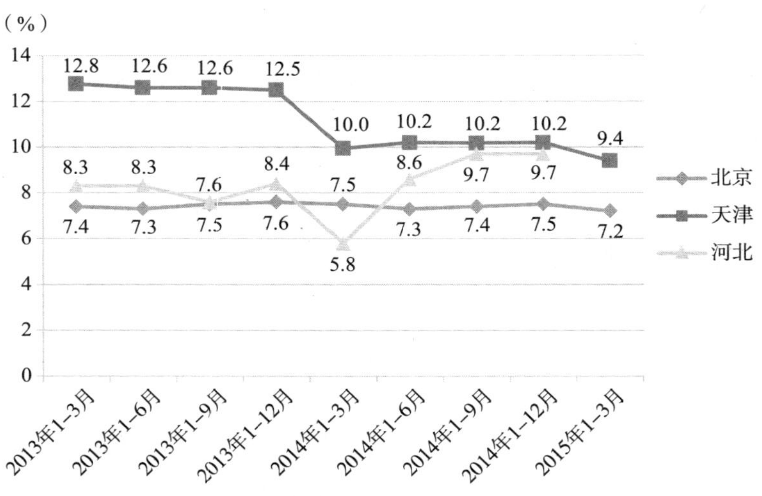

图1-9　京津冀三地第三产业增速对比

数据来源：国家统计局网站及北京市、天津市、河北省统计局网站。

从京津冀三省份第二产业投资走势（图1–10）来看，北京的第二产业投资下滑态势明显，2014年出现了负增长，2015年第一季度依然保持了负增长，并且降幅有所扩大。天津的第二产业投资2013年以来较为稳定，并保持了较高的增长速度，但2015年第一季度，天津的第二产业投资明显呈下降趋势。河北省的第二产业投资一直保持较高增速，尽管2014年年初出现了一次增速下滑，但2014年以来保持了稳定的高速增长，说明河北对第二产业的投资力度并没有减小。

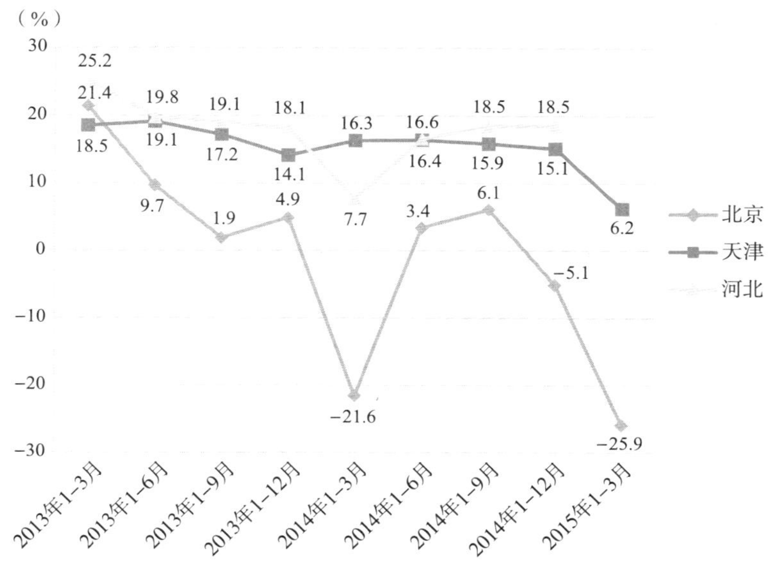

图1–10 京津冀三地第二产业投资走势

数据来源：国家统计局网站及北京市、天津市、河北省统计局网站。

从第三产业投资走势看（图1–11），北京的第三产业投资依然保持了中低速的稳定增长。天津的第三产业2013年以来第三产业投资较为稳定，但2015年第一季度出现了一次大的投资加速，说明2015年天津对第三产业投资力度有所加大。河北第三产业投资则出现了较大幅度的下降。

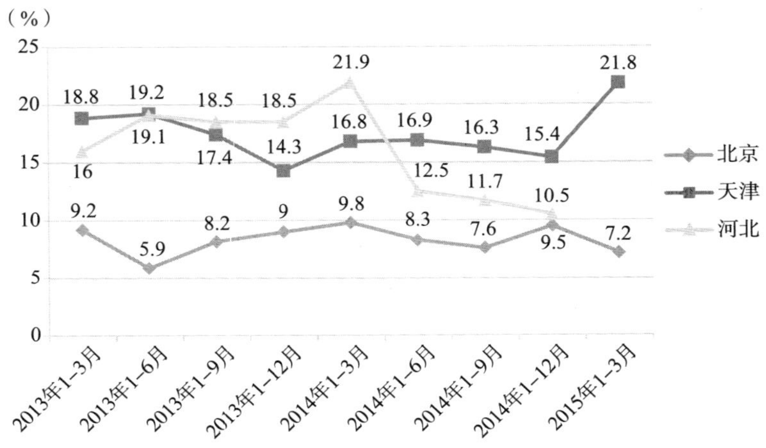

图1–11　京津冀三地第三产业投资走势

数据来源：国家统计局网站及北京市、天津市、河北省统计局网站。

整体分析发现，北京市的第二产业发展正在趋缓，这与京津冀协同发展中，北京产业外迁的大环境有关，北京市的第三产业发展则保持了稳定发展。天津市的第二产业和第三产业整体保持了高速增长态势，但从发展趋势看，天津对第三产业的重视程度正逐步提高。河北省第二产业和第三产业发展均呈现加快态势，但从投资增速看，河北省对第二产业的投资重视程度要高于第三产业，未来的发展重点依然是第二产业。

1.3.5　房地产投资形势对比分析

从京津冀地区的房地产投资形势看（图1–12），北京和河北在地产方面的投资规模都比较大。以2014年投资规模看，河北地产投资规模超过4 000亿元，北京投资规模也接近4 000亿元，为3 911亿元。相比较而言，天津在地产投资方面的规模较小，仅为1 699亿元，不足河北和北京的一半。对比2013年的投资规模可以看出，2013年北京的地产投资规模大于河北，2014年河北反超，说明河北正加大在地产方面的投资。而从2015年的投资规模看，北京的地产投资规模又反超了河北，说明在经济下滑的态势下，京津冀地区的地产投资形势有所反弹，各地争相推动地产的投资。

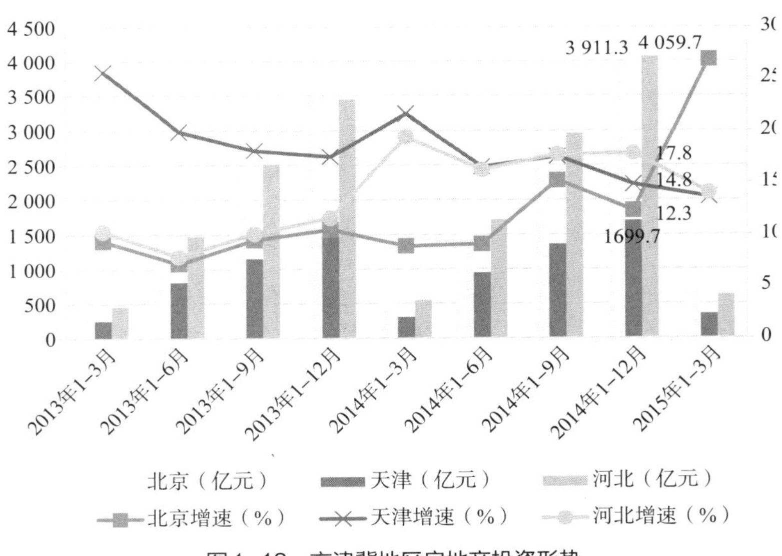

图1-12　京津冀地区房地产投资形势

数据来源：国家统计局网站及北京市、天津市、河北省统计局网站。

从地产投资增速看，2014年河北的地产投资增速最高，其次是天津，北京地产投资增速最低。从投资趋势看，北京地产投资增速持续回升，表明北京的地产投资形势正逐渐好转。天津的投资增速持续下滑，说明天津在地产投资方面的力度有所减小。河北的投资增速则也保持了稳定上升的趋势。

1.4　京津冀协同发展的必要性（以生态一体化建设为例）

京津冀区域协同发展是我国党中央提出的重大国家发展战略，此战略提出以来，我们看到京津冀协同发展给三地带来了明显变化，更给三地老百姓带来了实实在在的好处。其中，搞好三地的生态一体化建设尤为重要。京津冀地区是一个统一的生态系统，加快区域生态环境建设必须树立区域整体意识、全局意识和系统意识，推进区域生态一体化建设。

1.4.1　生态一体化建设有利于加强区域交流合作

区域间的生态建设一体化是指区域内的各主体通过特定机制共同应对区域生态环境问题，保护和建设区域生态环境，最小化区域生态环境建设成本，最大化区域生态环境建设目标，使区域生态系统作为一个整体发挥对区域协同发展的支撑作用。区域生态一体化建设包括生态环境建设、治理、保护等多个环节，是各主体协调行动的过程，也是各主体加强交流与合作的过程。京津冀协同发展过程中，只有搞好生态一体化建设，才能真正实现三地生态文明建设协同发展，共同发展、共同维护、共同治理，也会使得生态文明建设红利惠及三地更多居民。

1.4.2　生态一体化建设有利于优化配置区域资源

京津冀区域生态环境在空间布局上的非均衡性和区域经济社会发展的非均衡性都是客观存在的，并且生态环境质量与经济发展水平二者间通常存在此消彼长的关系。因此我们会看到这样的画面：一些经济发达地区生态环境恶化，缺乏支撑可持续发展的资源及环境保障；但是另一方面，一些生态环境初始禀赋良好但经济不发达地区会受到发达地区生态环境负外部性的影响，缺乏建设和保持良好生态环境所需的大量资金。因此，推进区域生态一体化建设，就是让区域资源配置进一步优化，让各地发展更加均衡，为不同地区的不同需求提供保障，在实现京津冀三地共同发展的同时保持优质的生态环境。

1.4.3 生态一体化建设有利于构建区域协同发展机制

京津冀三地生态环境一体化建设需要区域内各主体共同发挥作用，因此综合协调体制与机制不可或缺。生态一体化建设机制的建立对于区域协同发展特别是区域协同发展体制机制的构建具有非常重要的意义。构建生态一体化建设机制，有利于完善三地在生态建设长期合作方面的制度保障，是促进三地生态共同治理和发展的重要抓手。

作为京津冀协同发展重点突破性领域，生态环境保护领域不仅成为三地相关部门和政府推动协同发展的着力点，同时也是社会各界普遍关注的核心问题。区域生态一体化建设不仅是优化配置区域生态资源、提升区域整体承载力的需要，也是促进区域经济社会良性发展、可持续发展的基础，更是实现区域协同发展的重要突破口。

1.5 京津冀协同发展的战略意义

1.5.1 京津冀协同发展有助于疏解首都非核心功能、根治“大城市病”

北京作为多功能的首都，在经济发展领域拥有极强的“虹吸效应”，再加上城市空间结构不合理，近年来面临着严峻的人口拥挤、交通拥堵、生态环境恶化、公共资源紧张、房价高企等“大城市病”问题，严重影响了北京市的可持续发展和首都的国际形象。

1.有助于消除首都“虹吸效应”导致的“大城市病”

“虹吸效应”是区域经济发展中的极化效应的极端表现形式。首都的“虹吸效应”包括产业的“虹吸效应”和人口领域的“虹吸效应”。产业“虹吸效应”也称产业发展领域的“虹吸效应”，它是指受首都地位影响，其科技资源、人才资源、公共服务资源、信息资源、金融资源对企业投资具有极大的吸引力，从而使得区域产业向北京集聚的产业极化效应。受首都功能影响，产业发展资金迅速向北京集中，同时带动了北京非核心产业的快速发展。更值得关注的是，在产业发展“虹吸效应”的推动下，北京市人口方面的“虹吸效应”日趋严重。由于北京的首都优势，再加上产业发展的“虹吸效应”所带来的较高的就业承载能力，使得北京人口“虹吸效应”呈现逐渐增强的态势。

产业“虹吸效应”引起的产业过度集聚，尤其是非核心产业过度集聚，不仅导致北京市低端产业人口占比过大，而且加重了人口拥挤程度，同时也进一步加剧了交通、环境压力，使北京市“大城市病”问题更加突出。《京津冀协同发展规划纲要》提出，京津冀协同发展战略的核心是有序疏解北京非首都功能，其中的重点是通过京津冀协同发展消除北京的产业与人口的“虹吸效应”，这有助于从根本上解决北京所面临的“大城市病”问题。

2.有助于消除北京城市空间结构不合理导致的“大城市病”

特大城市集聚经济效应在形成城市中心的同时，也将随着集聚经济扩散效应的增强而在城市中心外围形成多个产业集聚中心，从而推动人口向外围扩散，特大城市也因此从单中心城市转变为多中心城市。由此可见，特大城市空间结构一般具有显著的多中心结构特征，此结构可分散人口和就业，降低人口拥挤度和交通拥堵水平。

从就业空间结构看，目前北京除了城市中心区外，在其周边共有5个就业次中心，说明北京具有多中心城市特征。然而，从就业次中心的区位来看，4个就业次中心分布在三环路和四环路沿线，位于远郊区的就业次中心只有1个。这意味着就业次中心与城市中心距离较近，就业人口仍然集中在二环到四环之间，其在缓解人口拥挤和交通拥堵方面并没有产生明显的积极作用。

3. 完善公共资源空间配置不均衡的问题

在教育资源配置方面，北京市教委数据显示，2013年北京市高校在校学生和教职工数为102万人，分功能区看，中心城区为85.3万人，占全市总量的83.6%；分隶属关系看，央属高校为63.5万人，占62.2%。央属高校主要集中在中心城区，为58.4万人，占中心城区高校人数的68.5%，占央属高校人数的92%。

又如，在医疗资源配置方面，北京市卫计委数据显示，2013年全市医院共有647个，从业人员21.5万人。其中，中心城区医院数为438家，占全市总量的67.7%，医院从业人员为17.1万人，占全市的79.5%。驻京部队的15家三级甲等医院全部位于中心城区，涉及从业人员3.6万人。值得注意的是，北京市有近一半的三级医院分布在三环以内，这些医院的就诊人数占北京市总量的比重超过7成。

北京市就业空间结构及公共资源配置空间结构的不均衡问题，导致中心城区人口过度拥挤、交通流量过大等问题，给城市环境带来了极大的负面影响。

故此，《京津冀协同发展纲要》提出，京津冀协同发展的核心任务是疏解首都非核心功能，北京的首都功能主要是政治中心、文化中心、国际交往中心、科技创新中心，这意味着那些高污染、资源密集型、劳动密集型、低附加值的制造业和服务业将被疏解到北京周边或其他地区。

同时,《京津冀协同发展纲要》指出,要调整经济结构和空间结构,实现公共服务均等化。在该纲要的指导下,北京市通州副中心的建设已经全面启动,这将极大优化北京空间结构。为推动京津冀公共服务均等化,京津冀三地正在探索将北京优质教育资源、医疗资源向津冀均衡配置的机制。

上述推动北京就业空间结构、公共资源配置空间结构优化政策的落实,将极大地缓解北京市人口、交通和环境的压力,对解决北京的"大城市病"问题起到决定性作用。

1.5.2 京津冀协同发展机制创新有助于解决产生"大城市病"的体制、机制问题

解决"大城市病"问题的关键是建立疏堵结合的体制、机制,包括政府激励机制和市场推动机制两个方面。

1. 政府激励机制

政府激励机制是指地方政府要有动力实施解决"大城市病"的疏堵结合的政策,如产业疏解政策、公共资源的共享政策等。市场推动机制是指在人口流动、交通拥堵和环境治理方面发挥市场调节机制的作用,通过价格引导资源的合理配置。

北京的"大城市病"问题持续发展的根本原因是缺乏完善的疏堵结合的体制、机制。在政府激励机制方面,由于中央对地方政府及官员的政绩考核仍然偏重于地方经济发展水平,即GDP增长率,这使得地方政府及官员将主要精力集中在如何提升本地区经济发展规模上,其结果是北京城市中心区集聚了大量的非核心产业。

此外,虽然北京拥有大量的高质量公共资源,但相对于来自

全国的就业、教育、医疗等的需求，北京市政府的公共服务供给能力尚有不足。在缺少政府激励机制的情况下，北京市公共服务供给只能在本地区小规模扩展，无法通过公共服务机构的扩散来疏解北京市中心城区过度集中的公共服务需求。

2. 市场推动机制方面

在市场推动机制方面，北京市在解决人口拥挤、交通拥堵、环境污染等问题时，需将价格机制引入治理体系中。如，为降低人口拥挤水平，在人口拥挤度较高的中心城区，为降低人口拥挤水平，可按照家庭及企业对人口密度值的贡献度缴纳人口拥挤费。同时，该方法也可用于解决交通拥堵问题、环境污染问题。正是由于缺少市场推动机制，现有的经济政策难以阻止各类生产要素进入中心城区，同时市场主体没有动力来推动各类生产要素向其他地区疏解。

京津冀协同发展必然要求市场统一化、构建区域产业链、协调环境治理与经济发展的关系、实现公共服务均等化。

实现上述协同发展目标，需要区域之间的协调与互补，突破行政区划的限制，打破条块分割、各省份各自为政的格局，建立有效的政府激励机制和市场推动机制。

上述机制实施的一个核心目标是疏解首都非核心功能，这相当于在北京城市发展领域构建了疏堵结合的机制，有助于各类经济要素在北京地区实现有效配置，在解决北京“大城市病”问题方面将发挥非常重要的作用。

1.5.3 京津冀协同发展有助于优化城市群结构、打造世界级城市群

1. 京津冀协同发展有助于优化城市群结构体系

城市群结构体系是指城市群内不同规模、不同等级城市的空

间结构、规模结构和产业结构按照协同发展机制而构成的有机体系。其中，城市群空间结构是城市群内社会经济活动相互联系与作用的空间反映，由生产空间、生活空间、生态空间组成；城市群规模结构是指城市群内的城市规模按照互补性原则进行配置的城市体系；城市群产业结构是指城市群内各城市按照承载力水平、要素禀赋水平及产业发展潜力所确定的产业结构。

近年来，京津冀城市群一直处于持续发展中，但没有像长三角、珠三角城市群那样迅速崛起，更没有形成与纽约、伦敦、巴黎、东京都市区城市群比肩的环北京都市区城市群，其主要原因是京津冀城市群结构体系不完善，使得城市群内各城市间没有形成互为推动的集聚与扩散效应。在城市群空间结构方面，北京市“摊大饼”式空间扩张模式不仅导致城市规模增长过快，城市就业与居住的非匹配性日益严重，而且导致大量无效的交通流量，进一步加重了环境污染。

由于北京市城市空间规划与周边其他城市空间规划缺乏互动性，使得其他城市空间布局也呈现出与北京类似的蔓延式增长模式，其结果是各城市内部和城市间的生产、生活、生态空间结构处于无序发展态势。在城市群规模结构方面，随着北京城市蔓延式快速增长，在其“虹吸效应”推动下，京津冀城市群中的中小城市发展明显滞后，出现了北京、天津城市规模过大，而其他城市规模过小的非均衡结构特征。

在城市群产业结构方面，北京市同时发展了资源密集型、劳动密集型、低附加值的制造业和服务业，而这些产业与周边城市相关产业联系度不高，各城市独自发展本市的产业，在京津冀城市群内尚未形成以产业链为纽带的完整的区域产业体系。正是由于京津冀城市群产业发展没有形成有效的分工与合作机制，代表城市群产业竞争力的区域性产业集群也就难以形成，最终导致城市群难以步入快速发展轨道。

《京津冀协同发展规划纲要》指出，京津冀协同发展的核心任务是疏解首都非核心功能。为推动首都非核心功能疏解，北京市首先要优化城市空间结构和经济结构，京津冀其他城市则要创造条件来承接转移产业和转移的城市功能，这也必然要推动这些城市空间结构和经济结构优化。

此外，《京津冀协同发展规划纲要》还确定了京津冀三地的主要功能，如确定北京是全国的政治中心、文化中心、国际交往中心、科技创新中心；天津是全国先进制造研发基地、北方国际航运核心区、金融创新运营示范区、改革开放先行区；河北是全国现代商贸物流重要基地、产业转型升级试验区、新型城镇化与城乡统筹示范区、京津冀生态环境支撑区。京津冀三地各自确立的功能定位，实际上是其经济结构调整的目标。

由此可见，京津冀协同发展将对京津冀城市群空间结构、规模结构和经济结构优化产生深远影响。

2.京津冀协同发展有助于打造世界级城市群

京津冀城市群与长三角、珠三角城市群构成了我国三大主要城市群，受区域经济发展水平、资源环境承载力等因素影响，京津冀城市群的整体竞争力尚有较大不足。根据国家统计局数据计算的三大城市群分类竞争力显示，在能源、资源竞争力方面，三大城市群中北京、上海、广州的竞争力指数分别为0.583、0.730、0.485；在生态竞争力方面，北京、上海、广州的竞争力指数分别为0.550、0.638、0.558；在经济竞争力方面，北京、上海、广州的竞争力指数分别为0.838、0.860、0.447；在公共服务竞争力方面，北京、上海、广州的竞争力指数分别为0.698、0.579、0.512。这表明除了公共服务竞争力外，长三角城市群的核心城市的竞争力指标均超过京津冀城市群的核心城市，尤其在资源与生态竞争力方面存在较大优势。此外，京津冀城市群内部差距较大。根据测算，在能源、资源竞争力方面，北京、天津、石家庄的竞争力指数分别为0.583、0.287、0.156；在生态竞争力方面，北京、天津、石家庄的竞争力指数分别为0.550、0.463、0.392；在经济竞争力方面，北京、天津、石家庄的竞争力指数分别为0.838、0.483、0.134；在公共服务竞争力方面，北京、天津、石家庄的竞争力指数分别为0.698、0.374、0.285。

由以上对比可知，京津冀城市群内部的不平衡主要表现为，以石家庄为代表的河北各城市发展水平较低，尤其是城市间的经济竞争力差距巨大，使得京津冀城市群呈现“尖塔形”发展格局，即北京、天津城市发展水平较高，而其他大部分城市受北京的“虹吸效应”影响发展滞后。区域创新要素过多地向北京、天津集聚，使河北的产业发展难以与北京、天津的产业链对接，破坏了区域产业分工与合作的基础，影响了城市群竞争力的提升。

随着京津冀协同发展战略的实施，京津冀三地的交通统一化、要素市场统一化、公共服务统一化、生态保护统一化和产业统一化发展步伐正在加快，其所代表的能源、资源承载力、生态承载力、交通承载力、经济承载力、公共服务承载力将得到极大提升。京津冀城市群的综合竞争力的提升，将有助于各城市依托北京的科技研发优势，打造完善的区域产业链体系，形成以创新型产业集群发展带动的具有全球竞争力和影响力的世界级城市群。

1.5.4 京津冀协同发展有助于引领经济发展新常态、推动形成新的经济增长极

京津冀协同发展有助于整合区域优势资源，打造具有国际竞

争力的多层次产业集群。区域多层次产业集群是指在区域分工与合作机制推动下，区域内不同规模等级的企业，按照产业链价值最大化原则，在特定区域内，通过纵横交错的网络关系而紧密联系在一起的空间经济组织形式。对于区域经济发展来说，区域内资源的整合程度决定了区域产业集群的竞争力水平。

长期以来，京津冀三地受行政壁垒和地方利益的影响，区域性要素市场发展滞后，资金、土地、产权、技术、人才、劳动力等要素在区域内流动不畅，导致了区域产业发展不平衡。

北京市统计局、国家统计局北京调查总队统计数据显示，2014年北京以第三产业为主，比重达到77.9%，并呈明显的高端化趋势。天津、河北第二产业比重仍占一半左右，分别为49.4%和51.1%。这些数据表明，京津冀三地产业发展不平衡，北京已进入后工业化阶段，天津处于工业化阶段后期，而河北尚处于工业化阶段中期。在产业集群发展方面，北京的产业多集中在科技研发及金融等现代服务业领域，处于产业集群的高端；天津正在大力发展装备制造、电子信息、航空航天、新能源新材料等战略新兴产业，处于产业集群的中端；河北的高能耗、高污染、低附加值的制造业和服务业占比仍比较大，处于产业集群的低端。正是由于京津冀三地产业发展不平衡，使得京津冀三地的产业合作不紧密，难以形成以产业链为纽带的区域性产业集群，进而降低了区域产业竞争力。

《京津冀协同发展规划纲要》指出，京津冀协同发展主要是推动要素市场一体化，其中包括推进金融市场统一化、土地要素市场统一化、技术和信息市场统一化。随着京津冀协同发展一体化要素市场的建立以及区域资源配置的优化，京津冀三地产业对接能力将大幅提高，这将有助于形成以产业链为纽带的区域性产业集群。

京津冀协同发展有助于构建创新型区域经济体，打造具有国际竞争力的经济增长极。经济增长方式粗放、产业结构失衡是制约经济发展的主要瓶颈，也是导致经济增长减速、增长质量不高、增长潜力不足的主要原因。在经济新常态背景下，转变增长方式、优化产业结构及以此构建创新型经济体是突破资源承载瓶颈，推动经济可持续发展的根本动力。

京津冀地区拥有雄厚的科技资源，高新技术产业发展处于全国前列。但由于科技资源分布不均衡，导致围绕科技资源而发展的高新技术产业的经济贡献度有较大差异。

北京市统计局、国家统计局北京调查总队统计数据显示，2014年，北京市规模以上工业中战略性新兴产业增加值同比增长17.9%，对北京市规模以上工业增长的贡献率达到62.7%；金融业、信息服务业和科技服务业对北京市经济增长贡献率达到50.5%。天津装备制造业产值对规模以上工业总产值增长的贡献率达到43.0%，而河北规模以上装备制造业增加值同比增长8.8%，占规模以上工业的20.6%。这表明在经济增长方式方面，创新对北京和天津经济增长的贡献较大，而河北的经济增长动力仍主要来自要素投入。

此外，在产业发展方面，京津冀三地产业同构现象较为严重，河北和天津的工业内部同构系数最高，达到0.81；天津和北京的同构系数为0.61；河北和北京的同构系数为0.37。在研发资金投入方面，北京市统计局的数据显示，京津冀三地研发经费支出之比由2013年的1∶0.36∶0.24调整为2014年的1∶0.37∶0.25。虽然天津、河北的研发经费投入有所增加，但其资金投入规模仍远落后于北京。

上述数据表明，北京市经济增长中科技贡献率较高，但仍有较大增长空间，而河北经济增长的科技贡献率远低于北京、天津。

京津冀三地在打造创新驱动型经济增长模式方面仍有大量工作要做；京津冀三地的产业分工体系尚未完善，并未形成产业链带动下的区域产业集群。

京津冀协同发展的最终目标是打造创新经济体，明确了京津冀三地科技创新优先发展领域，即北京重点提升原始创新和技术服务能力，天津重点提高应用研究与工程化技术研发转化能力，河北重点强化科技创新成果应用和示范推广能力。同时，为推动首都非核心功能疏解，京津冀三地正探索建立园区共建机制、区域性产业联盟、区域产业合作基金、创新型产业集群协同工作机制，这将有助于将创新要素融入产业链和产业集群，打造具有国际竞争力的创新型区域经济体，使创新成为推动京津冀经济发展的重要引擎。

1.5.5 京津冀协同发展有助于大气环境治理，改善区域生态环境

京津冀区域生态环境承载水平是社会经济可持续发展的重要内涵，它包括大气环境、水环境、土壤环境等方面。区域生态环境承载问题是工业化、城市化过程中不可避免的发展问题。例如，在大气环境方面，京津冀2014年空气质量超标的天数为209天，其中有35天为重污染天，京津冀地区13个城市中，有11个排在全国污染最重城市的前20位。2015年，重度雾霾持续出现，年末京津冀地区频繁启动空气重污染红色预警。生态环境恶化已严重影响了区域内正常的生产生活，从根本上解决生态环境持续恶化，构建环境友好型经济发展模式，是当前和未来亟须解决的重大经济问题。

京津冀协同发展有助于基于产业层面推动生态环境治理。受经济发展方式粗放、经济结构偏重的发展惯性影响，近些年京津冀产业结构优化效果并不显著，天津、河北的重化工业比重仍然较大。

2015年，环保部对北京、天津、石家庄等几个大气污染防治重点城市的源解析报告显示，机动车、工业生产、燃煤、扬尘等是当前我国大部分城市环境空气中颗粒物的主要污染来源，约占85%~90%。其中，北京首要污染来源是机动车，石家庄首要污染来源是燃煤，天津首要污染来源分别是扬尘、流动源、工业生产。

由此可见，京津冀地区以河北省为代表的产业结构重化工化是导致区域生态环境持续恶化的重要原因，解决产业结构问题是改善区域生态环境的重要突破口。

京津冀协同发展的一个重要目标是实现生态环境保护一体化，并强调要推进协同发展机制体制创新，这为突破京津冀生态环境治理面临的机制瓶颈创造条件。例如，2015年，京津冀三地环保厅局正式签署《京津冀区域环境保护率先突破合作框架协议》，明确以大气、水、土壤污染防治为重点，以联合立法、统一规划、统一标准、统一监测、协同治污等10个方面为突破口，联防联控，共同改善区域生态环境质量。随着京津冀三地生态环境治理财政转移支付机制、税源共享机制、治理资金筹集机制的建立，京津冀生态环境治理已具有坚实的制度基础。

京津冀协同发展的顶层制度设计完成后，便意味着京津冀协同发展进入了通过协同发展机制创新，实现了重点领域突破及实现协同发展的核心任务的阶段。京津冀协同发展机制创新主要包括以下几个方面：

一是以“协同发展机制创新”来弥补协同发展机制缺位。过去京津冀协同发展机制体系侧重政府层面的治理合作机制建设，但由于利益协调机制的缺失，使得协同发展机制仅能扮演务虚角色，无法真正推动京津冀地区实现协同发展。“协同发展机制创新”的一个重要任务就是形成完整的区域协同发展机制体系，推动区域内空间结构、产业结构优化，提升京津冀协同发展质量，使其成为新的经济增长极。

二是在京津冀协同发展过程中，以最具效率、最适配的方式，以有效衔接的进程构建新型“协同发展机制体系”，如将利益驱动融入“协同发展机制创新”，以市场机制实现空间结构、产业结构优化效率及生态环境优化效率。

三是以“公平发展”作为“协同发展机制创新”的重要内容。如果各相关主体各自以“成本外部化”“公地悲剧”等损人利己方式来达成个体目标，必将有损于整体的协同发展目标。各区域之间、城市与区域之间、不同类型城市之间、城市内部各主体之间，应当公平地分享协同发展福利、公平地承担协同发展责任及成本。

四是将构建“交通、环境及产业协同发展机制”作为现阶段“京津冀协同发展机制创新”的核心内容。交通一体化、生态环境保护、产业升级转移作为京津冀协同发展的突破口，彼此之间存在较强的关联性，构建有助于三地协同发展的机制是实现京津冀协同发展、疏解首都非核心功能、形成首都经济圈新经济增长极的重要基础。

在京津冀协同发展过程中，应针对京津冀跨区合作机制所呈现的“一亩三分地”思维定式及其他深层次矛盾和问题，着力探索跨区冲突治理、“共建、共享、共赢”发展、政府与市场调节相结合的新机制；针对京津冀面临的雾霾、水资源短缺等问题，着力探索通过功能疏解、空间优化，实现中心与外围共生互动的新调节机制；针对京津冀面临的经济发展与环境治理问题，着力探索建设产业结构优化、生态友好、宜居宜业、社会和谐的新机制。

区域协同发展机制创新要求建立区域统筹协调发展新体制，把京津冀都市圈建成科学持续、协同发展、互利共赢的区域协同发展示范区。

2 既有城市群协同发展经验及启示

2.1 国外及国内典型城市群

2.1.1 国外城市群

世界著名的城市群为纽约、伦敦、东京、巴黎及北美五大湖等，都是各种要素集聚度高、国际交往能力强，汇聚了大量财富和先进生产力的城市群。城市群是城市发展到成熟阶段的一种空间组织形式，是以中心城市为核心、向周围辐射构成的城市集合。从经济发展层面来看，城市群是一个集社会、经济、技术于一体的网络化经济空间。它建立在区域市场整合的基础上，也是产业集聚与扩散共同作用的产物。城市群已成为现代经济发展的最重要方式之一，对国家经济持续稳定发展具有重要的意义。

1. 东京城市群

东京城市群是世界上人口密度最大的城市群，采用以轨道交通为中心的交通发展模式，遵循“公共交通优先”的原则。东京都市圈以东京市区为核心，包括东京都、神奈川、千叶、琦玉、群马、茨城、山梨和杨木等七县。总面积约1.34万平方公里，约占日本陆地面积的3.5%；人口有3 400多万，约占全国人口的27%；地区生产总值更是占到日本GDP的1/3；城市化水平达到80%以上。

东京城市群的形成动力主要源于三方面：

第一，日本地窄人稠的自然人文条件，重工业化、外向型经济的发展造就的临港工业地带，形成大规模、高密度的城市社会，促使人口的高速增长和城市化进程的加速，既增加了大型城市的人口规模和密度，又提高了经济效率，形成了日本独特的人口大城市化和城市群化模式。

第二，与西方主要大都市相比，东京城市群是以政府为主导积极推动城市群规划建设并取得成功的典型。以东京为核心的首都城市群规划大约每10年修订一次，现已进行了5次大规模的规划。首都城市群规划每次均根据国际背景变化、国内战略要求和东京承担的历史使命的变迁，作出适应性调整和完善。

第三，以轨道交通为主导的现代交通网建设对加强城市群内部联系作用显著。东京都城市群是一种以轨道交通为中心的交通发展模式，每一次都市规划也都遵循“公共交通优先”的原则。城市电气列车、新干线、轻轨、高架电车等各种轨道交通路线，构成了东京与各个据点城市、业务城市的重要纽带，全世界最密集的轨道交通网有效支撑了整个东京城市群。目前，在东京城市群内，超过30家公司经营着总长约2 000公里的轨道交通线路。

2. 伦敦城市群

伦敦城市群具备良好的工业基础，政府的法律支持发挥了重要作用。伦敦依托产业革命后英国主要的生产基地形成了伦敦城市群。伦敦城市群以伦敦–利物浦为轴线，包括伦敦、伯明翰、谢菲尔德、曼彻斯特、利物浦等数个大城市和众多中小城镇，形成于20世纪70年代。这一地区总面积约4.5万平方公里，占全国总面积的18.4%；人口3 650万，约占英国城市人口的60%；作为产业革命后英国主要的生产基地和经济核心区，其经济总量约占英国总量的80%。

伦敦城市群由封闭到放射，最后形成圈层结构，前后历经50年，其形成与发展主要表现出如下三大特征：

第一，18世纪后半叶的第一次工业革命为城市化提供了必要的社会经济条件，也为伦敦城市群的形成奠定了良好的工业基础。之后，伦敦城市群又成功实现了从工业向服务业的转型升级。20世纪70年代末到80年代初，伦敦以金融业和制造业支援服务业取代了传统工业，此后30年，以法律服务、会计服务和商业咨询为主的商务服务业在伦敦异军突起。而在过去的10年中，随着金融服务业发展趋缓，创意产业开始为伦敦注入新的发展动力。

第二，伦敦城市群在建设过程中坚持始终如一的基本指导思想。伦敦的城市群雏形最早形成于1800年，在巴罗委员会规划的4个同心圈基础上，1971年进一步确定了由内伦敦、大伦敦、标准大城市劳务区和伦敦大城市群4个圈层构成的圈域形伦敦城市群。

第三，在伦敦城市规划过程中，政府提供的法律支持发挥了重要作用。英国议会1944年通过的《绿带法》、1946年通过的《新城法》，不仅推动了大伦敦的发展，也促进了伦敦城市群的形成。

3.巴黎城市群

发达的高速铁路网既可以使法国城市与欧洲其他大城市之间联系更加便捷，又可以促进巴黎城市群内的联系。

巴黎城市群主要由大巴黎都市圈、莱茵–鲁尔都市圈、荷兰–比利时城市群所构成，覆盖了法国巴黎、荷兰阿姆斯特丹和鹿特丹、比利时安特卫普和布鲁塞尔以及德国科隆等大城市，包括了4个国家的40个人口在10万以上的城市，总面积14.5万平方公里，总人口4 600万。

在巴黎城市群的形成过程中，规划引导起着至关重要的作用。1932年，法国第一次通过法律提出打破行政区域壁垒，根据区域开发需要设立巴黎地区，并对城市发展实行统一的区域规划；1956年，《巴黎地区国土开发计划》提出要规划建设5座新城，形成与市区互为补充的城市体系。国家对新城优惠政策的连续性，使得新城实现了快速发展；1960年，《巴黎地区整治规划管理纲要》获得通过，该纲要规划沿城市主要发展轴和城市交通轴建设卫星城市，利用城市近郊发展多中心城市结构；1989年7月，政府对《巴黎地区整治规划管理纲要》进行修订，并于1994年获得议会批准，称为《巴黎大区总体规划》，该规划是巴黎大区发展必须遵守的法律文件，其基本思路是：保持城市之间的合理竞争，在大区内各中心城市之间保持协调发展，在各大区之间保持协调发展。

为了加强巴黎城市群与其他欧洲大城市的联系，巴黎重点发展航空与高速铁路，在具体项目中注意航空港的建设如何积极适应对外开放的需求，并且留有足够的发展用地。发达的高速铁路网既可以使法国城市与欧洲其他大城市之间联系更加便捷，又可以促进巴黎城市群内的联系，使区域的社会功能高效地运转，为人们的各种活动提供方便。

4.美国纽约城市群及五湖城市群

（1）纽约城市群。纽约城市群位于美国东北部大西洋沿岸平原，是世界五大城市群之首，北起缅因州，南至弗吉尼亚州，跨越了10个州，其中包括波士顿、纽约、费城、巴尔的摩和华盛顿5个大城市，以及40个人口在10万以上的中小城市。该区域总面积约13.8万平方公里，占美国陆地面积的1.5%。圈内人口达到6 500万，占美国总人口的20%；城市化水平达到90%以上，集中了美国70%的工业。

纽约城市群的演化大致经历了以下四个阶段：

第一阶段是1870年之前的孤立分散的城市发展阶段。这一阶段，伴随着交通与工业的发展，大量的城外人口聚集到城市，城市规模迅速膨胀，但各城市间的联系较少，显现出各自独立发展的状况，地域空间板块结构极其松散。

第二阶段是1870年后到1920年初的单中心城市体系形成阶段。这一阶段，随着产业结构的变化和横贯大陆铁路网的形成，城市数量急剧增加，区域内的城市化水平提高，各城市的建设区基本成型，整个区域逐渐形成了以纽约、费城两个超级城市为核心的城市发展轴线。

第三阶段是1920年到1950年的多中心城市群雏形阶段。这一阶段，城市发展不断向周边郊区扩展，超越了建成区的地域，逐渐形成了大城市群。

第四阶段是1950年以后的大城市群发展成熟阶段。这一阶段随着城市郊区化的出现，城市群的空间范围不断扩大，且沿着以纽约、费城两个超级城市为核心的城市发展轴线扩散，地域群内各城市的形态演化以及枢纽功能走向成熟。

纽约城市群的形成与发展最主要的动力是基于其地缘优势的外向型经济基础。纽约依靠其港口的优势，通过海运带动国际经济与贸易，并充分利用世界资源、发达国家的先进技术、有序的区域分工格局等，迅速发展成为区域经济的核心力量，并且通过这一核心力量不断地向周围区域扩散与辐射，带动周边城市的发展，形成大规模的产业集聚与城市的扩张。

在此基础上，市场机制有效地调节了区域内资源的配置，加强了城市功能的互补性，加快了生产要素的自由移动，增加了区域发展的收益，加快了城市群经济的发展。

（2）五大湖城市群。五大湖城市群整体尚处于较初级水平，在城市功能和主导产业上未形成各具特色的格局。五大湖都市圈分布于五大湖沿岸，从芝加哥向东，经过底特律、克利夫兰、匹兹堡，一直延伸到加拿大的多伦多和蒙特利尔，共包括35个城市，总面积24.5万平方公里，占全美的2.6%，人口超过5 000万，占全美的15.4%。它与美国东北部大西洋沿岸城市群共同构成北美发达的制造业带。其中，该城市群有人口超过200万的城市5个、人口100万以上的城市20多个，地区生产总值在2.5万亿美元以上，人均约3万美元，制造业产值占全美的40%以上，形成了一个特大工业区域。与纽约都市圈相比，五大湖城市群整体发育尚处于较初级水平。地域群内不仅核心城市的国际影响力有限，而且由于地跨两国及五大湖区，导致主要城市之间的联系比较松散，缺乏统一的区域规划，在城市功能和主导产业上也远未形成错位发展、各具特色的格局，仅仅在空间上结成了都市密集区，属城市群发育较初级阶段的空间结构。

2003年，大湖地区的51个城市成立了一个区域协调委员会，各市负责人定期碰头，商讨通过采取统一行动解决一些跨区域的共同问题。在核心城市内部，芝加哥率先建立起了政府和市场、社会的多边协作机制，其最突出的标志就是在一系列重大决策事务上邀请民间组织有效参与。民间组织的高度专业化，使得它们提出的建议、制定的标准既切合实际，又能引领产业发展方向。作为一个完整的城市群，在长期的功能演变、市场选择和产业升级过程中，圈内主要中心城市必然面临着工业经济的衰落以及适时向服务经济的转型难题，特别是对一些过去以制造业为主导的专业性城市而言，由于经济结构相对单一，这种转型往往更显艰难和漫长。近几十年来，芝加哥和底特律一直在探索经济转型和提升城市可持续发展能力的方式和路径。完成产业升级，促进昔日制造业中心向研发基地和服务中心转型，少不了人才和资金的支持。如何吸引高级人才和大公司在这里落户扎根，是芝加哥、底特律等老工业基地面临的最大挑战。为此，治理污染，构筑有效的环保体系，重塑优美的生活和居住环境，就成了当地政府的首要任务。同时，这些城市政府不但注重在政策上引导全社会保护环境，节约能源，积极提供资金和项目支持，而且在绿色环保技术和模式上也同样做出了示范。

2.1.2 国内典型城市群

1. 长江三角洲城市群

长三角城市群以上海为中心，南京、杭州为副中心。城市群名单为：上海，江苏的南京、苏州、无锡、徐州、镇江、扬州、南通、泰州、淮安、盐城、连云港、宿迁、常州，浙江的杭州、宁波、嘉兴、湖州、绍兴、台州、金华、温州、丽水、衢州、舟山，安徽的合肥、滁州、马鞍山、芜湖、淮南。这些城市以沪杭、沪宁高速公路以及多条铁路为纽带，形成了一个有机的整体。

2. 珠三角城市群

珠三角城市群是我国率先对外开放的城市群，经过20多年的快速发展，珠三角城市群已成为我国经济最发达的地区之一。近年来，国内三大城市群的竞争态势日益激烈，珠三角经济发展排头兵的地位面临着严峻的挑战。其中，欠缺战略腹地，已成为制约珠三角区域发展的瓶颈。为此，广东省率先提出了“泛珠三角”的概念，并于2004年6月在香港、澳门、广州三地合作举办“泛珠三角区域合作与发展论坛”，“9+2”政府领导共同签署了《泛珠三角区域合作框架协议》。

2.2 京津冀城市群与世界级城市群的比较

京津冀城市群在经济规模上已经具有世界级体量，但在经济联系与功能分工上，不仅与国外世界城市群存在很大差距，而且与国内的长三角城市群相比也存在不小差距。

世界级城市群理论起源于法国地理学家戈特曼的研究。戈特曼将类似于美国东北部以纽约、波士顿等十几个城市联合而成的具有3 000万以上人口的城市密集区（Megalopolis）称为世界级城市群。一般来说，世界级城市群的城市数量比较多且较为密集，城市规模比较大，其核心城市与外围地区的经济一体化程度较高，有较为快速便捷的交通网络，在全球经济层面具有巨大影响力。我们将京津冀城市群与美国波士华城市群、英国东南部城市群与中国长三角城市群进行比较，找出京津冀城市群的短板所在，提出京津冀城市群在京津冀协同发展中的着力点。

2.2.1 经济体量比较

京津冀城市群已经具有世界级经济体量。如果把经济规模超过全球第20大经济体的城市群称为世界级城市群，那么中国长江三角洲、京津冀和珠江三角洲三大城市群都已经是世界级城市群。2013年，京津冀城市群地区生产总值约为10 045亿美元，超过印度尼西亚（8 703亿美元），相当于全球第16大经济体；长江三角洲城市群地区生产总值约为15 794亿美元，超过澳大利亚（15 059亿美元），相当于全球第12大经济体；珠江三角洲城市群地区生产总值约为8 568亿美元，超过荷兰（8 538亿美元），相当于全球第17大经济体。

2.2.2 一体化水平比较

从城市群的发展历程看，城市群中的城市之间存在由互不关联、孤立发展演变为彼此联系、不平衡发展，再到紧密关联、一体化发展的规律。我们采用标准差变异系数这一指标来衡量城市群内部的一体化水平。计算2013年美国波士华城市群的24个城市，英国东南部城市群的31个城市和中国京津冀城市群的13个城市、长江三角洲城市群的16个城市和珠江三角洲城市群的9个城市人均地区生产总值的标准差变异系数，比较发现：按地区生产总值计算，英国东南部城市群的一体化水平最高，其次是美国波士华城市群，再次是长江三角洲城市群和珠江三角洲城市群，京津冀城市群的一体化水平最低；按人均地区生产总值计算，英国东南部城市群和美国波士华城市群仍然居前两位，接下来是长江三角洲城市群和珠江三角洲城市群，京津冀城市群依然是最低的。由此可知，尽管中国三大城市群在经济规模上已经达到世界级的标准，但内部的发展差距问题依然突出，一体化水平有待提升。

2.2.3 核心城市功能比较

作为世界级城市群的核心城市，往往是全球资本的控制中心，跨国企业总部的主要集聚地，高端服务的生产场所，也是全球的创新创意中心，与国内外的经济联系高度活跃，是全球城市网络的重要节点和全球价值链的关键节点，在世界经济中发挥着至关重要的影响力。因此，核心城市的强弱直接决定整个城市群的全球竞争力。

1.经济体量

经济规模是决定一个城市对全球资源要素能否有效集聚的前提条件。从发展水平来看，中国三大城市群的核心城市与纽约、伦敦与东京的差距都较大。例如，2012年，世界银行将人均地区生产总值超过9 206美元的国家和地区划分为高收入国家或地区，将人均地区生产总值在2 976美元~9 205美元的划分为中上收入国家和地区。按此标准，中国三大城市群的核心城市已经进入高收入阶段，但与纽约、伦敦和东京相比，差距依然很大。

2.指挥控制

根据2014年《财富》杂志公布的全球500强企业名单，拥有全球500强企业总部数量位居前十的城市分别为北京、东京、巴黎、纽约、伦敦、首尔、上海、大阪、莫斯科和休斯敦。纽约、伦敦、巴黎和东京共占97个席位，全球500强近1/5的总部被四大城市所包揽，而剩下4/5的总部分布在其他222个不同的城市。拥有世界500强企业总部数量衡量的主要是一国城市对跨国公司的集聚能力，体现了该城市在全球经济中的地位。

3. 产业结构

由于大城市土地和劳动力的成本上升、环境保护压力加大等原因，制造业企业纷纷从大城市迁出，大城市的产业结构逐渐转型为以服务业为主。无论是从绝对规模还是从相对规模来看，中国三大城市群的核心城市的服务业水平均低于纽约、伦敦与东京。作为中国首个进入后工业化阶段的城市，北京第三产业的规模和比重都不如纽约、伦敦和东京，如金融、科技服务、信息服务等产业在全球市场上不具影响力，只在很少的产业领域具有全球领先水平。

2.3 世界级城市群的发展经验

城市群在不同的时代背景与不同的发展阶段，采取的发展策略也不尽相同。在城市群形成初期，重点主要是解决核心城市的过度集聚带来的城市效率下降问题；在城市群发展中期，主要是解决依靠核心城市带动周边地区发展的问题；在城市群发展的高级阶段，尤其是在全球化背景之下，主要是解决多个城市的分工与专业化问题，以便提升整个城市群在全球的竞争力，使之成为国家参与全球竞争的重要平台。

2.3.1 核心城市带动中小城市共同发展

纵观全球各大城市群的发展历程，均呈现出大城市带动中小城市共同发展、互为支撑的格局，大城市将劳动力密集性和成本敏感性产业扩散到中小城市，中小城市借助大城市的市场、技术等方面的空间溢出效应，在促进自身发展的同时，也为大城市高端产业提供了市场。在美国波士华城市群形成发展的过程中，纽约市凭借强大的经济总量和服务能力，以现代化的交通网络、互联网等载体向周边城市输出资本、信息、技术劳动力和游客等，带动了周边中小城市的发展；日本东京市通过产业转移与周边中小城市形成了“总部—制造基地”的区域合作链条，并通过这一链条带动周边中小城市产业发展。

中国以上海为核心的长江三角洲城市群形成过程中，也呈现出了上述情况。改革开放初期，上海大量的技术人员自发地以星期天工程师的形式为江浙乡镇企业提供技术和管理方面的支撑。20世纪90年代，随着浦东的开发开放，上海本地的轻纺工业、普通机械制造业等劳动密集型产业开始向周边地区大规模转移。到90年代中后期，跨国公司和本地企业开始根据价值链上下游环节对市场条件的不同要求，将生产和服务分别布局于上海及其周边地区，形成了上海服务与周边城市制造的分工格局。进入21世纪以来，上海与周边地区的企业开始自发推动总部向上海、制造向周边的双向迁移，上海同周边地区的产业分工关系由垂直分工逐步转变为既有垂直分工也有水平分工的竞争合作关系。

2.3.2 交通一体化成为城市群共同发展的基础

城市群内发达、完善的交通网络是推动城市群一体化的重要基础。19世纪中后期以来，在电车和火车组成的快速、大容量交通系统连接下，城市之间的经济社会联系开始大幅增强，由此也推动了城市空间由紧凑式的空间布局转向放射状发展，进而为城市群的经济活动奠定了基础。从美国波士华城市群的交通发展来看，1835年，华盛顿和巴尔的摩之间修通了铁路，3年后铁路就延伸到了纽约。1846—1847年，纽约与奥尔巴尼、波士顿和布法罗被沿着伊利湖向前延伸的铁路干线连接了起来。铁路与运河的建设使得波士华城市群整体框架最终形成。当前以高速公路和铁路干线为主的区域交通系统将波士顿-纽约-费城-巴尔的摩-华盛顿五大城市及沿线城市连接起来，成为美国客运量最大、发车频率最高的交通走廊。

借助交通一体化的推进，城市群内各个城市间的经济社会联系得以大幅增强，并形成一个紧密的整体。从英国东南部城市群来看，依托以伦敦为核心的铁路网络，伦敦与英国东南部其他城市互动非常密切。从到伦敦的人数来看，英国东南部和东部到伦敦的人口通勤量最大，分别为50.7%和40.4%，总占比为91.1%；在伦敦就业份额占比上，东南部地区占比为22.4%；在劳动者份额上，其占比为17.8%。依据《大伦敦规划（2011—2030年）》，为深化与周边城市的关系，伦敦加强了与英国东南部地区在交通、物流及其他基础设施（如开放性空间、教育、医疗以及其他服务）等方面的对接，通过区域政策实现了伦敦与周边地区的一体化发展。

2.3.3　城市间形成较好的分工

美国波士华城市群发展的初中期，波士顿由于受到纽约的挑战，在区位上远离西部和南部腹地、商业优势不复存在的背景下，转而发展工业，在城市周边建设了洛厄尔纺织城等一系列工业城镇，从而形成了与纽约错位发展的格局。2008年，纽约-纽瓦克-泽西都市圈的制造业占比为5.61%，而其周边的阿伦敦-伯利恒-伊斯顿城市圈、布里奇波特-斯坦福德城市圈、东施特劳斯堡城市圈、纽黑文-米尔福德城市圈制造业占比则分别为15.28%、14.5%、21.92%和15.56%，由此呈现一种中心服务、外围制造的分工格局。即便进入后工业化时代以后，在整个城市群均以服务业为主导的产业格局下，其内部分工也较为明确。

皮·卡斯（Kathy Pain，2008，2014）在《印证全球城市区域的中心外围关系：以伦敦及英国东南部地区为例》一文中，通过调研位于伦敦中心和东南部8座城市148家生产性服务业企业发现，在伦敦的生产性服务业企业与东南部地区8个中心城市的生产性服务业企业之间存在技术能力、功能导向和价值层级的不同。伦敦的全球联系性较强，具有人口规模优势，集聚了大量需要面对面交流、非标准化、复杂性较高、专业性较强的总部机构。而东南部地区8个城市的生产性服务业多为专业性不太强的分支型办公机构，主要服务于次区域的市场需求，它们与伦敦中心的办公机构有着较为紧密的联系互动和知识层面的共享，并非竞争关系，而是互补关系。

2.3.4 建设“反磁力中心”，治理“大城市病”

从国外城市群的形成发展过程来看，均存在核心城市因产业和人口过度集聚而产生的“大城市病”。比如，在美国波士华城市群、日本东海道城市群和英国东南部城市群的形成过程中，都存在人口过度向纽约、东京、伦敦等核心城市集聚而产生的诸如房价过高、交通拥堵、贫民窟与犯罪、生态环境恶化等“大城市病”，而其解决此问题的途径，均是建设新城。新城就是核心城市的“反磁力中心”。

从英国东南部城市群发展历程来看，伴随着全国铁路网的建设，伦敦作为工业革命的中心地之一，人口规模迅速膨胀。在1801—1901这100年中，伦敦人口从95.9万人上升为453.6万人，大于巴黎，是美国纽约的3倍，占英格兰和威尔士人口总和的12%以上，成为当时世界上最大的城市。1945年，英国政府颁布了《产业分配法》，推动伦敦城区的制造业向周边地区主要是东南部地区转移。1964年，英国政府提出发展对伦敦具有反磁力效应的第三代新城，这些新城主要设置在南安普顿—朴次茅斯、切尔贝利地区。1968年，又提出依托现有交通道路，发展少数几个地区。在这一背景下，东南部的米尔顿凯恩斯、北安普顿和彼得伯勒等新城开始建设。至此，英国东南部的内部联系逐渐提升，在新城的建设和发展过程中不断与伦敦进行互动，推动了人口向周边“反磁力中心”——新城的转移，减缓了伦敦这一核心城市因人口集聚带来的过大压力。《大伦敦规划（2011—2030年）》提出，通过区域合作，伦敦与周边地区联合打造泰晤士门户和伦敦–斯坦斯特德–剑桥–彼得伯勒这一成长型区域，加强跨区域的联系，扩展这一区域的人口和经济容量；重点投资建设与伦敦地区相联系的城市走廊，包括西部楔形地域、温德尔谷和伦敦–卢顿–贝德福德走廊。

日本在20世纪80年代后期，为了解决人口、产业在东京过度集聚的问题，一方面构建一日交通圈，另一方面通过千叶、埼玉、茨城等新城建设，有效减轻了东京的人口压力，推动了周边区域的发展。

2.3.5 城市群的结构优化离不开市场与政府的双重作用

在市场经济条件下，市场决定城市群的规模和形态，但基于城市群所在国家和地方政府的体制差异，也会使不同国家的城市群呈现不同的发展模式。大体来看，主要有两种模式：一是市场主导型城市群发展模式。从美国波士华城市群、英国东南部城市群的形成过程中可以发现，交易成本的下降、对前后向的联系需求、对成本收益的考虑催生了城市间的彼此联系和要素的相互流动，进而导致了资源要素在某一区域的集中。二是政府主导型城市群发展模式。在美国波士华城市群的形成过程中，为推动区域整合，纽约州曾于1897年立法，将曼哈顿、布朗克斯、国王郡（包括布鲁克林）、皇后郡和里士满郡合并成一个较大的城市，称为纽约城，并结合发展形势的需要组建了华盛顿和巴尔的摩大都市区、纽约-纽瓦克联合大都市区、费城-雷丁-卡姆登联合大都市区、波士顿-伍斯特-普罗维登斯联合大都市区等。英国政府也发布过《巴洛报告》《产业分配法》《1961—1981年东南部地区研究报告》等，以推动伦敦城区的制造业向周边地区转移。日本、法国等政府也针对东京、巴黎的扩张和人口过度集聚问题采取过一系列措施。近年来，围绕维持并提升全球竞争力，一些欧美国家也开始制定与世界城市及城市群相关的区域规划。

目前，在经济全球化的大背景下，政府主导型是后发国家普遍采取的模式，尽管市场的影响日益凸显，但经济效果不仅取决于各种市场力量，还需要政府政策的推动。政府通过内部的资源整合，促使某一区域具有先发优势和规模优势。

2.3.6 京津冀城市群存在问题及发展建议

1. 京津冀城市群存在的问题

京津冀城市群包括北京、天津2个直辖市以及承德、保定、张家口、石家庄、廊坊等11个的河北省地级城市。京津冀城市群满足城市群的基本条件，区域内城市密集，人口相对集中，且城市之间交通便利。

（1）区域内经济发展不平衡。京津冀城市的经济发展水平差异很大。北京和天津的GDP和人均GDP遥遥领先，河北城市总体经济水平低下，内部发展不平衡，在产业结构上，京津冀三个地区目前处于工业化发展的不同阶段，北京正逐步进入去工业化时期，天津处于工业化后期，河北处于工业化中期。河北省城市的产业结构梯度较低，主要是由于第一产业所占比例过大以及城乡二元结构之间存在明显矛盾。北京和天津的两极分化效应仍然很明显，该地区的失衡日益受到限制。

（2）产业同构严重。在城市群内空间经济发展中，需要实现区域内的相互联系，形成完整的生产体系才能够实现高效发展，由于京津冀地区城市群的行政区域和经济区域划分不一致，对城市群发展有一定的影响。由于各个地区经济发展利益趋向不一致，城市群内不同行政区的决策人都会优先考虑本地区利益，制定保护本地区的相关政策制度，并配套便利公共服务。

（3）环境污染与治理。京津冀地区人口密度较高，土地承载压力大，由于工业化和城市化的快速发展，生活和工业废水的排放量急剧增加。该地区有更多的重工业企业，环境退化威胁着可持续发展。除天津外，有必要提高其他城市固体工业废物的综合处置水平。近年来，为应对该地区严重的环境污染问题，三地政府积极实施了各种环境保护战略，取得了初步成效。每个城市污水处理厂的集中清洁水平和生活垃圾的无害化处理水平都有了较大的提高。如石家庄、承德、保定、衡水等。

（4）基础设施重复建设。在城市群中，基础设施是一个可操作的整体，需要不同城市之间的互联与合作。由于行政区划的不同，京津冀城市群区域基础设施建设没有统一合理的规划，缺乏积极的协调合作，存在严重的建设重复和不公平竞争。例如，京津冀地区之间的距离只有100~600公里，城市可以通过高速或城市铁路连接，无须建造众多的机场。这种现状导致基础设施使用率低和资源浪费，也阻碍了城市群的整体发展。

2.京津冀城市群区域发展策略或建议

京津冀城市群在经济规模上已经具有世界级体量，但在经济联系与功能分工上，不仅与国外世界级城市群存在很大差距，而且与国内的长三角城市群相比也存在不小差距。从核心城市的功能来看，京津冀城市群核心城市——北京已经具备了很强的国际竞争力和世界影响力，但其服务业的国际竞争力和世界影响力还有待进一步提高，调整策略或建议如下：

（1）打破行政区限制，实现城市合理分工。目前京津冀城市群发展最为重要的影响因素是行政区域的限制。我国各级行政区域划分严格，导致经济发展也具有较强的地域特征，目前区域内政府对其地域的经济活动干预过度，不能充分发挥其城市区域优势。应强化区域内的重点发展产业，通过优化产业结构与产业升级，更好地为周边区域城市提供辐射效应，使得城市群的布局更为完善合理。

（2）完善城市群内基础设施建设，构建交通一体化。城市群经济发展的主要条件是交通的改善和整合，这是发展元素在城市之间移动的前提。因此，为进一步加强京津冀城市群之间的联系，有必要不断完善交通网络，改善城市之间的交通功能。

（3）成立政府协调机构。通过建立地方政府的联席会议制度，形成统一的合作平台和政策促进机制，来达成城市群的产业协调发展指导，加强区域内的产业分工协作，促进城市群整体的利益最大化。通过政府协调机构和联席会议机制，引导城市群产业分工、管理、生产要素、市场等各个方面的一体化，共同谋划京津冀城市群的协同发展。

（4）加强文旅产业领域合作。提升发展水平，优化产品供给，扩大投融资渠道；共同推动文旅事业繁荣发展，提高文化软实力，推动图书馆资源共享和演艺领域合作，加强文旅信息互联互通；加强文旅市场协作和联动，提升服务管理水平，加强公共文化服务体系建设，完善旅游交通服务体系，发挥行业组织作用；深入落实国家战略，打造协同创新共同体，持续推进旅游试点示范区建设，推动长城、大运河国家文化公园建设。

（5）以雄安新区为龙头，培育新的经济增长极。2017年4月1日，中共中央和国务院宣布设立雄安新区，这是一项重大的历史性战略决策。雄安新区是继深圳经济特区和上海浦东新区之后又一具有全国意义的新区。长期以来，河北中部由于缺乏大城市，导致该区域人口与生产要素大量流向北京、天津两个城市，在加剧北京市“大城市病”的同时，也削弱了河北内生发展的动力。通过培育雄安新区这一新的区域增长极，使之成为北京的“反磁力中心”，可促进全国、全世界的经济要素向雄安新区集聚，有效带动雄安新区周边区域的发展，进而推进京津冀空间格局的优化。

除了雄安新区，应在河北选择一些具有区位优势和发展潜力的地区作为战略性功能区，通过打造产业发展平台，改善投资环境，吸引产业聚集。国家的强有力支持，必将在京津冀协同发展中起到重要的引领和支撑作用。

（6）发挥京津双城的引擎作用，提升对河北各市的辐射带动力。北京、天津两市是京津冀协同发展的主要引擎，应进一步强化京津联动，全方位拓展合作广度与深度，加快实现同城化发展，共同发挥高端引领和辐射带动作用。北京主要通过分散疏解来实现对河北各市的高端引领和辐射带动；而天津主要通过产业链条的延伸和创新、改革、开放功能的延伸发挥对周边河北地区的带动作用。

（7）扩大河北城市规模，构建合理的城镇体系。京津冀城市群规模结构存在明显“断层”。应重点推动石家庄、唐山、保定、邯郸等重点城市加快发展，增强其他节点城市要素集聚能力。可适当增设地级市，同时，对具备条件的县，有序改市（区），培育中小城市和特色小镇，形成定位清晰、分工合理、功能完善、生态宜居的现代城镇体系。

（8）加快建设沿海城市带，优化空间开发格局。依托秦皇岛北戴河新区、唐山曹妃甸区、天津滨海新区、沧州渤海新区等战略性功能区的开发建设，加强津冀沿海港口规划与建设的协调，优化配置区域港口资源。加强港城互动，促进临港开发区与城市的有机融合。

（9）推进京津周边市县区与京津同城化发展。推进北京大兴、天津武清与河北廊坊的同城化发展；推进北京通州、廊坊北三县（三河、香河、大厂）、天津宝坻区的同城化发展；推进昌平、延庆、怀来、涿鹿、赤城的同城化发展。河北省应支持廊坊、保定在全面放开外地人落户的同时，提升廊坊、保定等距离京津较近地区的教育、医疗等公共服务水平，为吸纳人口、产业向廊坊、保定转移创造条件。

（10）加快推进交通基础设施一体化。加快京津冀城际铁路的规划与建设，提升河北各市的通达能力。通过修建城际铁路，加强京津冀13个城市之间的联系。将石家庄作为重要的交通枢纽和冀中南的核心城市进行规划与建设。石家庄是北京南部将京沪铁路、京广铁路、京九铁路、同蒲铁路连接在一起的枢纽城市，可作为京津冀的物流基地和北京的配送中心。

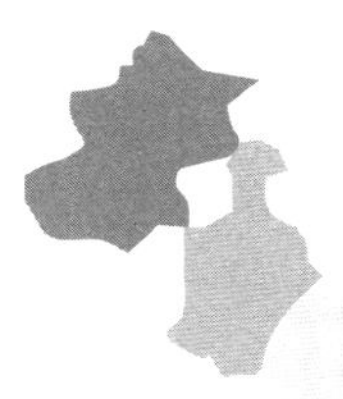

3 京津冀协同发展营商环境综述

3.1 京津冀协同发展营商环境概况

营商环境是指市场主体在准入、生产经营、退出等过程中涉及的政务环境、市场环境、法治环境、人文环境等有关外部因素和条件的总和。

营商环境包括影响企业活动的社会要素、经济要素、政治要素和法律要素等方面，营商环境的构建是一项涉及经济社会改革和对外开放众多领域的系统工程。一个地区营商环境的优劣直接影响着外部投资的数量，同时也直接影响着区域内的经营企业，最终对经济发展状况、财税收入、社会就业情况等产生重要影响。良好的营商环境是一个国家或地区经济软实力的重要体现，也是综合竞争力的重要体现。

京津冀协同发展战略实施以来，三地劳动力、土地、资本、技术、数据等要素流通加快，市场化进展成效显著。目前，劳动力要素方面，京津冀各自的人力资源服务业从业资格互认互通，三地人力资源服务业从业人员资质实现一体化。京津冀三地间人口流动频繁，河北是京津冀地区的主要人口流出地。在北京的河北籍劳动力总量约120万，在天津约70万人，这些劳动力主要集中在建筑业、餐饮业、家政业等领域。

（1）土地要素方面。京津冀在农村土地市场上的合作包括信息发布、项目共享、人才培养、技术支持等多个方面。2015年，《中共中央国务院关于加大改革创新力度加快农业现代化建设的若干意见》中提出："分类实施农村土地征收、集体经营性建设用地入市、宅基地制度改革试点。”随后推出的国家首批33个县级农村土地改革试点中，京津冀三地同时启动，其中北京市大兴区试点农村集体建设用地入市，天津市蓟州区试点宅基地制度改革，河北省定州市试点农村土地征收制度改革。在土地产权交易平台建设方面，北京和天津两地启动较早，河北目前有数十家各级农村产权交易机构。

（2）资本要素方面。2014年，京津冀产权市场发展联盟在京成立，三地产权交易机构将在信息联合披露、业务交流和学习、重点项目推介等方面展开密切合作，建立区域统一的要素市场平台。2016年，京津冀协同票据交易中心成立，着力缓解京津冀地区小微企业融资难、融资贵问题，促进区域商业信用体系的形成和完善。在三地政府和金融机构共同努力下，京津冀区域内金融机构在金融服务、金融创新、项目投融资等诸多领域参与京津冀金融协同发展工作。2015—2018年，在重大产业合作项目带动下，北京到天津、河北投资的认缴出资额累计超过7 000亿元。

（3）技术要素方面。三地创新合作更加密切。例如，2016年，《京津冀系统推进全面创新改革试验方案》经国务院批复，促进京津冀三地创新链、产业链、资金链、政策链深度融合，建立健全区域创新体系，推动形成京津冀协同创新共同体。从能够较好地反映创新产出的质量与水平的发明专利来看，2014—2017年，京津冀发明专利数占国内3种专利申请授权数的比重逐年增加，由23.8%上升至31.9%。从技术市场来看，2014—2018年，北京向天津、河北输出的技术合同成交额由83.2亿元增加至227.4亿元，年均增长率达到28.6%。数据要素方面，2016年12月启动建设的京津冀大数据综合试验区是全国唯一跨区域建设的国家大数据综合试验区。按照《京津冀大数据综合试验区建设方案》，三地政府分别制定并发布了促进云计算、大数据产业发展的指导意见，为京津冀大数据产业的协同发展提供了保障。天津建设的京津冀大数据协同处理中心、廊坊建设的京津冀大数据感知体验中心成为京津冀大数据协同处理的重要基础设施。目前，京津冀正在打造以政府数据开放为切入点、以北京市数据开放平台为依托的公共数据共享和开放平台，京津冀将实现全方位、多领域的大数据协同。

目前，京津冀要素市场化进展取得明显成效，得益于中央与京津冀各方形成的巨大合力与采取的成功做法。区域和城市的新功能定位引领要素流动，方向明确。在协同发展的背景下，京津冀的空间布局被确定为“一核、双城、三轴、四区、多节点”。新的功能定位，给要素市场化流动提供了明确的信号。如天津定位是全国先进制造研发基地，这就引导北京先进制造业向天津集聚；河北省的定位是全国现代商贸物流重要基地，这就引导京津冀尤其是北京大型商贸物流产业向河北转移。要素市场化的承载平台陆续建成，条件改善。为进一步引导三地产业有序转移与精准对接，2017年，三地共同研究制定《关于加强京津冀产业转移承接重点平台建设的意见》，初步明确了“2+4+46”平台建设，包括北京城市副中心和河北雄安新区两个集中承载地，四大战略合作功能区及46个专业化、特色化承接平台。

京津冀协同发展战略实施以来，这些平台中的一部分已陆续建成，并开始发挥作用。天津、河北多地与北京中关村携手合作，致力于共同打造跨区域的创新创业平台和生态系统。河北提出打造重点承接平台，推进曹妃甸、渤海新区、芦台等协同发展园区建设，坚持与北京城市副中心“四个统一”等，都发挥了重大作用。

（1）坚定有序疏解北京非首都功能作用突出。北京以非首都功能疏解为核心，大力促进结构调整优化，持续巩固提升“2+4+N”的产业合作格局，在京津冀乃至更大范围内系统谋划产业链和创新链布局，推动要素输出。从津冀方面来看，主要是创造条件提升承载能力，加快要素的再集聚和再提升。从资金的空间联系看，近几年来，北京对津冀的投资额是天津对京冀投资额的7~9倍，反映出北京对京津冀要素市场化起了较强的推动作用。京津冀要素市场化改革任务仍然艰巨，京津冀要素市场化虽然取得了一定成效，但从区域要素市场化实现程度来看，要素市场化水平不高的问题依旧突出。从发展结果看，要素市场化的效果有限，没有对区域协同发展带来根本性的变化。京津冀协同发展的一个预期目标是推动三地发展更加协调，尤其是要缩小河北与北京的发展差距。但从实际情况来看，以人均地区总产值为例，2010年，京津人均GDP分别是河北人均GDP的2.62倍和2.57倍。到2018年，京津人均GDP分别是河北人均GDP的2.93倍和2.53倍。津冀间人均GDP差距有所缩小，但京冀差距显著扩大。以经济密度来看，2010年京津经济密度分别是河北的8.15倍和7.24倍，到2018年京津经济密度分别是河北的9.69倍和8.26倍。可以看出，京津冀三地之间的经济差距没有出现根本变化。

从人才等要素流动水平与方向看，不平衡成为主要矛盾。2018年全国人才流失最严重的15个省份中，河北排第三位，大学本科及以上人才流失率达到5成以上，仅次于江西与广西，而流失人才一半以上是转移到京津地区。

近年来，京津一些产业链的低端环节加速向河北转移，同时河北一些高端项目出现“逆转移”，即流入京津。这一现象的出现无疑加重了河北“低端锁定”局面。

从区域对要素的吸引看，京津冀资本等要素净流出现象明显。

2014年以来，京津冀要素市场化自上而下推进，力度空前。其中，京津冀合作推进非首都功能疏解发挥了巨大作用。

从一些指标看，经过2015年、2016年的预热期之后，2017年以来，北京向津冀的投资转移呈加大趋势，但2019年至今，受各种因素影响，投资转移的势头有所减缓。2019年北京对河北的投资额不足对外投资总额的3%，更不到对广东、四川投资额的一半。当前，京津冀、长三角、粤港澳大湾区、成渝城市群的中心城市互投活跃，这清楚地说明了京、津资金绕过河北的流向问题。

从推动力量看，京津冀的市场化机制建设相对滞后，内在动力不足。与自上而下的推动力量相比，市场化机制内生力量的成长非常缓慢。国民经济研究所发布的《中国分省份市场化指数报告（2018）》表明，上海、浙江、江苏引领的长三角以及广东引领的珠三角，市场化程度要高于京津冀区域。2016年相比2008年，北京、河北两地的市场化程度在全国的排名分别下降4位。从单向指标的市场化程度来看，京津冀地区主要城市的市场化程度也不高，如在中国人民大学国家发展与战略研究院劳动力市场研究中心对2010—2016年间中国劳动力市场化程度的测评中，北京、天津分别排第30位、第26位。

（2）加快破除要素市场化体制约束。党的十九届五中全会提出："建设高标准市场体系""健全要素市场运行机制，完善要素交易规则和服务体系"。京津冀打造以首都为核心的世界级城市群，对要素市场化配置提出了更高的要求，同时也提供了更广阔的空间。为此，要进一步深化要素市场化配置改革，充分发挥市场配置资源的决定性作用。

进一步提高认识，将要素市场化作为"十四五"时期京津冀协同发展的核心工作。从京津冀协同发展的目标来看，到2030年，首都核心功能更加优化，京津冀区域一体化格局基本形成。

从国内外区域发展的一般规律来看，要素市场化是一体化的关键性阶段和重要环节。从京津冀协同发展的现状来看，从顶层设计到政策框架已经明确并不断完善，交通等基础条件已经具备。应抓住“十四五”时期有利时机，以要素市场化为主线，攻克重点、难点、焦点问题，切实推动京津冀协同发展。着眼区域内部协调平衡发展，统筹解决好三地在公共服务供给方面的协作机制问题。大量案例表明，京津与河北之间在基本公共服务方面的巨大落差，是影响要素市场化的重要因素。民盟北京市委、中国城市和小城镇改革发展中心的调研表明，在教育方面的生均财政支出，河北省分别为京、津的20%、30%~40%；在医疗卫生方面的人均财政支出，河北省分别为京、津的40%、60%~70%。京津冀三地发展差距客观存在，想在短期内消除差距既不现实，也违背经济发展规律。

探索三地公共服务体系一体化构建的新路径，应成为着力点与突破口。应统一京津冀区域内公共服务标准，实现区域内标准的互认与对接。

（3）确定区域内基本公共服务清单，以基本公共服务为示范突破口，对基本公共服务标准进行简化、统一、对接、联通，并纳入统一的区域标准体系，促进区域内基本公共服务资源的有序流动与有机融合，在区域基本公共服务标准一体化的基础上，进一步拓展公共服务标准化的领域和范畴。

构建一体化的共同市场，充分发挥市场在要素市场化过程中的决定性作用。近年来，党中央、国务院和三地政府对于推动要素市场化出台了许多重要政策。政府行政命令在非首都功能疏解、搭建产业合作载体等方面的工作起到了领先的作用。京津冀协同发展打基础的阶段基本过去，目前的重点应是全面加强区域共同市场建设。

以培育和服务市场主体为重点，推动企业全面参与要素市场化进程。全面梳理企业在异地开业、经营过程中遇到的问题，研究企业在劳动力、土地、资金、技术、数据等要素使用中遇到的不合理规定，采取切实措施予以解决。如按照普惠性支持等优惠政策，推广普及到河北等地，减少科技资源跨省市流动不畅的问题。推动区域间相关政策、行业标准统一，优化区域营商环境。

（4）借鉴和吸收其他地区既有成功做法，结合京津冀实际，加快要素市场化领域的创新步伐。

长三角、粤港澳大湾区、成渝等地都在加快推进要素市场化。尤其是长三角加快高质量一体化步伐，要素市场化进展迅速，取得了许多好的经验，值得京津冀对标学习。

围绕要素市场化进程中出现的新问题，京津冀三地要从产业结构、城市结构、内部体制机制、对外开放等方面开展一系列重大的转型发展与制度改革。既要考虑到京津冀区域的特殊性，也要充分考虑世界城市群要素市场化的一般性要求与发展规律。

既要全面学习京津冀协同发展“四梁八柱”的政策框架，也要选准角度，开展丰富多彩的微创新，以点的突破带动面的推进，构建要素市场化的巨系统。既要立足当下，从增量角度优化政策，也要谋划长远，从存量上推动经济社会转型调整，筑牢高质量发展的基础。

3.2　京津冀区域营商环境对商贸的影响

营商环境对区域商贸高质量发展的影响主要是通过营商环境

的优化来影响商贸企业行为和决策，帮助企业降低制度性交易成本和外部环境的不确定性，从而助力商贸企业增强市场活力和经济效益，从影响传递渠道来看，主要是通过技术促进效应和成本降低效应发挥营商环境优化对区域商贸高质量发展的赋能作用（图3-1）。

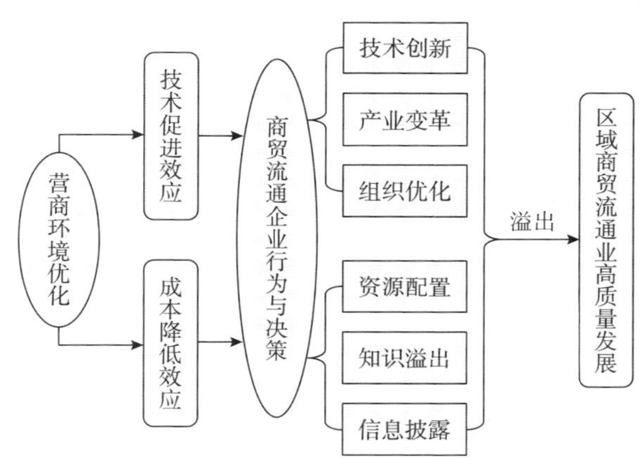

图3-1　营商环境优化对商贸流通业的影响

1.营商环境优化对区域商贸高质量发展的技术促进效应

良好的营商环境能够通过其内在的激励机制影响商贸流通业企业的行为决策，帮助商贸企业稳定参与创新的收益预期，确保商贸流通业企业创新成果得到最大限度的保障。

同时，营商环境优化能够使得政府行政资源得到合理配置，使得企业更能够公平合理地参与市场竞争，弱化政府激励的扭曲，充分发挥政府“无形之手”的作用，引导生产要素流向市场所需的地方，提高市场主体资源配置的总量和效率，确保商贸企业绩效得到有效改善。从当前我国现行体制来看，营商环境优化从传统的以政府直接管理为主的陈旧体制转向以市场需求为主的监管模式，大大减少了企业的制度性交易成本，有利于激发商贸企业主体（企业家）的创新精神，使得商贸企业将更多的人力、物力投入到高质量产品的研发和经营上。具体而言，技术促进效应主要通过技术创新、产业变革和组织优化的溢出效应赋能区域商贸高质量发展。技术创新的溢出效应主要是基于技术进步和应用创新的有机结合，也是商贸企业主体创新活动的最直接体现。商贸流通业企业主体的创新精神能够推动新技术的商业化、创造出高质量的产品，提高生产要素的投入产出效率，从而起到赋能区域商贸高质量发展的作用；商贸企业主体的创新行为会对已有产业进行创新改造，甚至催生出新的产业，实现生产要素在企业间进行优化配置，产业升级和结构优化带动产业变革，助力产业和整个商贸运行体系和效率的提高，进而起到赋能商贸高质量发展的作用。

最后，技术促进效应还表现在通过组织优化实现商贸流通业高质量发展。在商业活动中，商贸主体倾向于实现有效交易，继而会摒弃传统落后的不利于交易行为发生的框架体系，建立更为高效合理的组织架构体系。这种技术创新行为无形中将重塑商贸运行体系和组织架构，提高商贸流通业产业交易效率，从而改善区域商贸流通业发展质量。

2.营商环境优化对区域商贸流通业高质量发展的成本降低效应

营商环境优化有利于区域商贸企业成本的下降。一方面，良好的营商环境可以帮助商贸企业降低开办成本，准入门槛的降低为商贸企业（特别是创新型商贸企业）提供了更多的创业机会，也可以帮助商贸企业改善流通运行的成本，顺应市场运行规律实现商贸企业的优胜劣汰、市场的扩大和结构的优化，提高商贸企业劳动生产率；另一方面，营商环境的改变能够降低企业的制度性交易成本，使得商贸企业能够更加快速、灵敏地根据市场反应做出决策和反应，提高商贸企业运行效率，实现资源的优化配置。总体而言，营商环境优化对商贸流通业高质量发展的成本降低效应可以归纳为资源配置、知识溢出和信息披露三个层面。

营商环境优化有利于商贸企业主体创业动能的释放，帮助商贸企业主体识别市场上的潜在机会，参与创业活动、市场竞争，引导社会资源流向更为合理的地方，实现社会生产不断向生产可能性边界流通，实现资源的最优化配置。商贸企业主体的创业行为可能源自技术创新所带来的知识溢出，通过外部知识溢出效应发现商机，将新知识充分应用于商贸产业中，实现商业化和产品化赋能，这种知识溢出效应能够帮助商贸企业降低运行的边际成本，实现运行效率的提升，促进商贸高质量发展。

总之，信息不对称是影响商贸企业运行效率的重要因素，营商环境的优化能够通过政府行为帮助实现更为透明的信息披露，让商贸企业能够基于这些信息进行更加有效的运行评价和改造，同时也能够为潜在商贸创业者提供重要的市场信息。显然，信息披露降低了市场交易活动中的信息不对称程度，从而改善市场运行效率和提高经济绩效，最终对商贸高质量发展起到了积极的助力作用。

3.3 京津冀三地营商环境梳理（以典型代表地为例）

3.3.1 河北保定营商环境分析

当前，产业转移呈现出三个突出的特征：一是在全球范围内，世界产业正大规模向中国转移。中国已成为名副其实的“世界工厂”，中国产业逐步走出了低端的“中国制造”层次，逐步迈向“中国创造”的高新层次，越来越受到全世界的关注。二是在全国范围内，国内产业正开始由南向北转移。近年来，我国南方经济发达地区的主要经济指标大幅下降，发展成本逐步升高。同时，京津冀都市经济圈，特别是环绕京津的河北地区在劳动力、市场、土地和人才等方面的比较优势突出，加上南方的制度体制红利逐步消失，南方的产业正开始逐步向北方转移。三是在京津冀都市经济圈内，产业逐步由京津都市向保定等周边城市和地区转移。近年来北京、天津大都市土地资源、城市资源和环境容量等约束趋紧，接近极限，2014年国家做出战略决策，京津产业正式有计划地向河北转移。

保定北邻北京、天津，共同构成京津保“金三角”，南接河北省会石家庄市，是京津冀经济圈中的枢纽，是融合京津冀、协同发展的重要节点。这使得保定在承接国际、南方和京津产业转移方面具有独特的地理优势。中国航天科工集团信息产业基地和中国钢铁研究总院转移至涿州，白象和娃哈哈选址高碑店，中航集团和柯达转战至保定市区，长安汽车北上落户定州，这些都说明保定在承接国内外产业转移中具有独特地位。

保定的产业战略目光应该投向京津，依托京津为未来相当长时期谋求承接国际、国内产业大转移高起点规划、高水平运作，居高定位，顺势而为，用国际化视角经营保定这块未来最具竞争力的地区，集中优势资源培育保定的核心产业集群。

保定市下辖新市区、北市区、南市区、高新技术开发区四个市区，安国市、高碑店市、定州市、涿州市四个县级市和18个县。根据2012年第六次全国人口普查的数据，保定市共有人口1 135.14万人，在京津冀都市经济圈中人口仅次于京津，常住人口是北京的1/2，但地区生产总值仅为北京的14%。北京、天津的地区生产总值和人均地区生产总值都要比河北的11个城市高很多，天津人均地区生产总值要比保定高出4倍以上，唐山市的人均地区生产总值也比保定高出3倍以上。可见京津冀都市经济圈经济总量发展差距巨大，需要优化产业布局，在政策和资金上对河北给予必要倾斜和扶持。

3.3.2 天津营商环境分析

天津地处华北平原的东北部，市域面积1.19万平方公里，海域面积3 000平方公里，常住人口1 400万。海陆空交通便捷，铁路、公路四通八达。未来天津将建设成为北方经济中心、北方国际航运中心、金融创新营运中心和改革开放先行区。

1. 天津的优势

在推进京津冀协同发展的进程中，天津主要有以下五个方面的优势。

（1）优越的自然区位。天津东临渤海、北依燕山、面向东北亚，腹地广阔。是欧亚大陆桥距离最短的东部起点，是联系国内外、连接南北方、沟通东西部的重要通道。特别是其紧邻首都北京，具有独特的区位优势。海陆空交通便利，天津港排名国内第三、世界第四，年吞吐量超过5亿吨，是首都北京的海上门户。天津机场潜力巨大，二期航站楼已竣工投入使用，完全可以承接和满足首都机场的溢出分流需求。

（2）丰富的自然资源。天津拥有丰富的油气资源、充足的海盐资源、大量的金属和非金属矿产资源以及潜力巨大的土地资源。

（3）雄厚的产业基础。天津作为我国近代工业的发祥地之一，产业门类齐全，配套能力较强，经过多年发展，已培育和形成了一批优势支柱产业。特别是京津产业新城等平台建设相对成熟，在功能布局上相互补充、相得益彰，为承接首都功能疏解提供了重要的平台支撑。

（4）良好的政策环境。滨海新区作为全国综合配套改革试验区，是政策创新最为集中的区域。再加上申请设立自由贸易试验区，积极探索、促进投资和服务贸易便利化综合创新试验，政策叠加的综合效应明显。天津在综合配套改革、对外开放、自贸区建设、港口物流、先进制造业和研发转化等方面具有一定优势，并先后在行政许可、产业扶持、金融改革创新、人才引进等方面出台了一系列优惠政策，形成了部分优势产业集群效应，力争在促进区域协调发展中发挥更大作用。

（5）突出的开放优势。天津是北京最近的出海口，是最早开放的沿海城市之一。开发区、保税区、综合保税区、保税物流园区、东疆保税港区日臻完善。依托天津港这一核心战略资源，不断完善开放型经济体系，在推进功能区开发建设、吸引海内外投资、扩大对外经济技术交往联系等方面进行了积极探索，为邻近地区走向国际市场提供了便捷的绿色通道。

近年来，天津呈现出快速发展的良好势头。特别是2006年党中央、国务院决定把滨海新区的开发开放列为全国发展战略，以此为契机，天津经济社会发展进入了快车道。2007—2012年，全市GDP年均增长16.1%，财政收入年均增长26.7%，固定资产投资年均增长34%。2011年，经济总量首次突破万亿元，2013年达到14 370亿元，增长了12.5%，财政收入总量突破2 000亿元，增长18.1%。全市经济转型升级取得新进展，创新能力不断提升。航空航天、石油化工、装备制造、电子信息、生物医药、轻工纺织和国防科技等八大优势产业完成工业总产值占规模以上工业的比重达到89.3%。高新技术产业完成工业总产值增长16.5%。战略性新兴产业不断发展壮大，建成7个国家级新型工业化示范基地，产业聚集效应进一步显现。天津呈现出经济平稳增长、改革不断深入、结构调整升级、生态环境改善、生活水平提高，社会保持稳定的良好局面。

2.天津营商环境现状

当前，天津已经进入在新起点上向更高水平迈进的重要时期，京津冀协同发展、大力发展服务业、实施企业转型升级行动等为民营经济发展拓展了广阔空间。

天津具有毗邻北京的优势、实体经济的优势、港口优势、政策先行先试的优势，承接首都科技资源，推动京津产业对接，发挥区位载体功能，促进协同发展的效应已经显现。目前，天津正在按京津冀合作协议，充分自身优势，积极承接北京非首都核心功能溢出和科技成果转化、高端产业转移。围绕航空航天、石油化工、装备制造、电子信息、生物制药、新能源新材料、轻工纺织、国防科技等优势产业，加强与京冀的优势产业、龙头企业对接协作，特别是借助首都第三产业发展优势，积极开展金融、信息、会展、旅游等高端服务业项目合作，主动承接养老、医疗、教育机构转移，促进现代服务业民营企业加快发展。

依托京津合作示范区平台，天津正在加快推进科技城、武清京津产业新城、宝坻京津新城现代服务业聚集区等功能平台建设，积极吸引承接北京疏解的产业功能，提升区域公共服务能力。着力延伸产业链和提高产品配套能力，推动规划建设合作示范区、现代服务业集聚区等一批合作平台，打造京津民营经济科技引领、协同创新、集聚发展的示范区。应把握机遇，增强发展信心，利用首都人才和科技优势，向科技型企业发展；利用京津冀市场优势，提升服务品质，扩大和占领环渤海市场，向服务型发展；依托京津冀和华北地区丰富资源，向外向型发展；联合区域经济体，从分散走向联合，从小企业走向大集团、向规模型发展。

改革开放使得中国经济腾飞，也是中国经济转型升级的不竭动力。当前，天津高举改革大旗，向改革要动力，向市场要活力，推动滨海新区行政管理体制改革，综合配套改革取得突破进展。

截至目前，天津已进行了行政审批改革，组建了审批局，将18个部门18颗印章管理的216项审批集中，一颗印章管理“一个窗口流转，一颗印章审批”，正在全市推广。在全面深化行政体制改革中，天津市积极探索实现“一份清单管边界、一颗印章管审批、一个部门管市场、一支队伍管执法、一个平台管信用、海关通关一体化、一套体系管权力”的“七个一”机制，为企业创造宽松的发展环境。

在金融改革创新上，天津成为继北京、上海之后拥有金融全牌照的城市之一，初步建立了以银行、保险、证券、信托为主体，以财务公司、金融租赁、货币经纪、外币兑换、第三方支付结算、证券基金、保险资产管理等为补充的金融机构体系。上海的实践经验证明，自贸区将是一种全新的对外开放形态，成为带动区域经济发展的巨大引擎。投资、贸易的便利化将吸引更多企业进入园区，吸引更多贸易发生在园区。未来，天津将有更多新兴盈利模式在自贸区出现，比如离岸飞机和高端设备租赁、外汇集中运营和离岸管理、航运金融和保险、国际贸易技术服务等。

在改革过程中，天津市委、市政府大胆探索，积极实践。通过存量引资、项目引资、股东增资等有效措施，吸引民营经济积极参与，努力实现国有资本与民营资本交叉持股、相互融合、共赢发展，取得了明显成效。2013年，天津市委、市政府出台了《关于进一步深化国资国企改革的实施意见》，强调要发展混合所有制，鼓励支持民营企业参与国有企业改革。天津市国资委提出131个企业名单，接着又提出了150个企业名单，旨在鼓励民间资本参与改革，为民营企业发展提供了很好的机遇。实践证明，由国有资本与民间资本合作组成的混合所有制具有很强的优势和活力，也是民营企业做优做强的重要途径。

3.2.3 北京营商环境分析

近年来，我国围绕深化“放管服”改革、优化营商环境作出了一系列重大决策部署，北京作为世界银行和中国营商环境评价的样本城市，结合“放管服”改革要求，以差距为压力，以开放促改革，深化推进市场化、国际化、法治化的营商环境改革，形成了一系列有益做法和成熟经验，为我国营商环境排名持续上升作出了贡献。

作为大国首都、国际城市，北京始终坚持以法治化、国际化、便利化为导向，积极对标国际先进理念、领先标准和最佳实践，用更加开阔的视野、开放的心态，持续有力地推动了北京营商环境的优化。2017年9月，北京在全国率先出台了改革优化营商环境实施方案，推出了26项改革措施和136条政策清单；2018年3月，北京以世界银行营商环境评价为契机，再次出台优化营商环境措施，形成“9+N”政策体系，进一步活跃北京营商的市场环境。2018年11月，北京发布了《北京市进一步优化营商环境行动计划（2018—2020年）》，确定了近三年北京市营商环境改革的时间表和“施工图”，共安排了22项主要任务，梳理细化成298项任务清单，努力创造审批最少、流程最优、效率最高、服务最好、企业和群众获得感最强的营商环境。

近年来，北京市积极对标世界银行评价标准与最佳国际实践，推动政策设计与国际先进标准全面接轨；深度聚焦新政策、新举措的落地性，不断深化营商环境重点领域的改革，在世行评价指标提升及政务服务、市场开放、创新创业、融资纳税、法律监管、人才引进、公共服务等优化营商环境改革重点领域均取得显著成效，加快向国际一流营商环境迈进。具体改善成效包括：

1. 实现营商环境排名大幅提升

营商环境是企业生产经营活动中最具影响力的因素，世界各国各地区都将打造便捷高效优质的营商环境作为促进经济发展的关键着力点。党的十八大以来，中国按照建立社会主义市场经济体制的要求不断全面深化改革开放，营商环境也得到了前所未有的改善。世行通过调查问卷等方式考察北京、上海的营商环境，作为中国营商环境的样本，其中北京占45%的权重，上海占55%的权重，并据此核算我国有关指标分数。根据世界银行发布的《2019年营商环境报告》，中国排名第46位，进入了世界前50名，较上年上升32位，与2012年的第91位相比上升了45位（见表3–1），成为营商环境改善幅度最大的经济体之一。

表3–1

2014—2018年度世行评价排名及北京营商环境分值

项　目	2014—2015年排名	2015—2016年排名	2016—2017年排名	2017—2018年排名	北京营商环境分值
营商环境便利度	84	78	78	46	—
开办企业	136	127	93	28	93.7
办理施工许可证	176	177	172	121	62.05
获得电力	92	97	98	14	92.01

续表

项　　目	2014—2015年排名	2015—2016年排名	2016—2017年排名	2017—2018年排名	北京营商环境分值
登记财产	43	42	41	27	82.18
获得信贷	79	62	68	73	60.00
保护少数投资者	143	123	119	64	60.00
纳税	132	131	130	114	69.02
跨境贸易	96	96	97	65	82.01
执行合同	7	5	5	6	79.12
办理破产	55	53	56	61	55.82

数据来源：国家统计局。

2. 全面优化政务服务

以问题为导向，2019年北京市出台“9+N”政策2.0版本，以智慧服务和服务优化为抓手，注重转变职能和优化流程，全面深化“一网一门一次”的改革，进一步解决企业群众办事痛点难点问题，从“简流程、优服务、降成本、强监督”四方面，持续深化营商环境改革力度，全方位展示国际一流水平的“北京效率”、“北京服务”、“北京标准”和“北京诚信”。

3. 大幅提升投资审批服务效率

北京建设了“六个统一”智慧型政务服务体系，推行审批服务“马上办、网上办、就近办、一次办”。深入推进公共服务类建设项目投资审批改革试点，大幅压缩投资项目前期审批事项和环节，原则上实行一个事项一个部门最多一次审批，推行企业项目承诺制，逐步取消行政审批，全面提升施工许可审批效率，社会投资建设项目办理时限从原来的109个工作日压缩至45个工作日以内。优化升级北京市投资项目在线审批监管平台，整合“多规合一”协同平台、施工图联审平台、联合验收平台、不动产登记系统，实现投资项目审批“一张网”。

增加政策的公开透明度，出台政策性文件公开、发布、解读工作办法，向社会集中发布政务公开全清单做出郑重承诺，全面公开重大建设项目、公共资源配置、社会公益事业等重点领域信息，实时发布“双随机、一公开”和“行政许可、行政处罚7天双公示”等执法信息。

实施综合窗口改革，市、区两级全面实现“一窗通办”，除按住建部要求设立固定资产投资事项专区外，非固定投资事项已基本实现了“一窗通办”。

4. 大力推动“一网通办”

目前，北京市市、区两级事项网上可办率均超90%，实现“网上办、掌上办、自助办、智能办”。以“六统一”提升网上服务品质，即统一身份认证、统一电子证照、统一咨询客服、统一公共支付、统一快递服务、统一中介服务。推行“指尖行动”“掌上办”，打造微信小程序、支付宝小程序、百度小程序等触手可及移动端政务服务，以数据共享协同破解“数据通”问题。市大数据平台汇聚了市级部门5 530个数据项，提供数据共享1.7亿余次。梳理政务服务数据共享“需求/责任”双清单，建立了更精准的数据共享协同机制。

5. 大力推进“一网通查”

北京市政府门户聚焦“找不到”的痛点问题，整合所有市级部门网站资源，引入业界先进搜索技术，上线试运行一体化智能搜索平台。围绕营商环境、户籍、社保等九大热搜领域，开发了场景化主题搜索服务。例如，输入“不动产登记”，可以聚类展现分散在多个政府网站上的办事指南、网上办事入口、政策文件、

政策解读、热点问答、办事地图等，实现“即搜即用、一键获取”。

6. 大力推进“一网通答”

聚焦“问不清”的痛点，破解企业与政府沟通“没回应、回得慢、回得不准”问题，上线试运行一体化互动交流平台。一方面以AI赋能“机器答”，超八成简单咨询实现“秒回”；另一方面，以严格机制保障“人工答”，市政府建立了网上互动响应制度，开设统一入口，实现统一调度、实时转办、限时办结、统一反馈、全程跟踪、监督评价。企业咨询问题答复时间压缩超八成，平均答复时间1.36个工作日。为了实现“同问同答”，打通实体大厅、网上大厅、政府网站、热线电话，建设统一政务知识库，努力核实权威知识，形成一致答案。

7. 持续深化对外开放

《鼓励外商投资产业目录（2019年版）》和《外商投资准入特别管理措施（负面清单）（2019年版）》的推出为北京市新一轮高水平开放创造了前提条件，对标国际通行规则，北京市推出《全面推进北京市服务业扩大开放综合试点工作方案》，从多个维度的基本思路出发，提出了多方面的主要任务，制定了上百项改革开放的具体措施目标，开放水平持续取得新突破。

8. 进一步放宽市场准入

对外商投资全面实施准入前国民待遇加负面清单管理制度，加大对外开放力度，不断缩减服务业负面清单。

在扩大文化娱乐行业开放方面，选择文化娱乐业聚集特定区域，允许外商投资设立娱乐场所和演出场所经营单位，不设投资比例限制；允许设立外商独资演出经纪机构，在全国范围内提供服务；允许外商投资音像制品制作业务（限于在北京国家音乐产业基地、中国北京出版创意产业园区、北京国家数字出版基地内开展合作，中方应掌握经营主导权和内容终审权）。

在扩大商务服务业开放方面，支持在京设立并符合条件的中外合资旅行社从事除台湾地区以外的出境游业务；允许在京设立的外商独资经营旅行社试点经营中国公民出境旅游业务（赴台湾地区除外）。

在扩大国际化专业服务开放方面，鼓励具有金融、建设等领域职业资格的专业人士来京从业；放宽外商设立投资性公司申请条件，申请前一年外国投资者资产总额降为不低于两亿美元，取消对外国投资者在中国境内已设立外商投资企业的数量要求；设立同时招收外籍人士和本国居民子女的国际化特色学校。

在扩大生活性服务业开放方面，放宽外商捐资举办非营利性养老机构的民办非企业单位准入，鼓励外商投资企业在京设立营利性养老机构、医养结合服务机构、社区养老服务驿站、专业护理服务机构，提供多元化养老服务。

9.优化利用外资结构

支持跨国公司地区总部在京发展，支持符合首都城市战略定位的跨国公司地区总部落户北京；鼓励跨国公司研发设计、财务结算、集中采购、国际营销、通关服务、资金集中运营等板块在京实体运营；支持跨国公司地区总部参与城市公共服务设施、基础设施建设以及政府采购项目。

鼓励外商投资企业在京开展研发创新，支持外商投资企业在京建立研发中心，申请设立博士后科研工作站，鼓励外资研发中心在京开展高水平研发活动，参与国家及本市的科研项目以及创新创业平台建设；简化生物医药等重点领域研发所需特殊物品的出入境审批手续；落实外商投资企业享受研发费用加计扣除等优惠政策；改进外商投资企业研发中心认定工作，被认定的研发中心可享受采购我国生产的设备全额退还增值税等优惠政策。

鼓励外商投资高精尖产业，在符合《外商投资产业指导目录》及相关政策法规的前提下，支持外商参与制造业转型升级；鼓励外商投资新一代信息技术、集成电路、智能装备、医药健康、节能环保、新能源智能汽车、新材料、人工智能、软件和信息服务以及科技服务等产业。

提升重点区域利用外资水平，以科技创新、成果转化、金融服务、商务服务等为重点，提升“三城一区”、北京城市副中心、中央商务区、金融街等功能区利用外资水平；支持中关村示范区软件园、生命科学园、动漫园等区域内符合条件的企业设立保税仓库，方便通关；充分赋予北京经济技术开发区投资管理权限，支持开发区积极利用外资拓展产业发展空间，促进产业转型升级；支持新首钢高端产业综合服务区探索开展冬季和户外装备器材国际贸易等业务，加快建设集专业体育竞技、世界时尚运动精品体验与高端服务业于一体的体育产业示范区；支持外商投资企业以特许经营方式参与本市基础设施建设。

10.持续提升贸易便利化水平

推进国际贸易“单一窗口”建设，在全国率先实现出口退税一站式办理，并向全国推广北京试点经验。“单一窗口”模式下，企业填制退税单据由原来的1个小时缩短至5分钟，退税企业自动调用海关报关数据，不必手动录入或导入导出数据，直接在线向税务申报，无须跑现场窗口退税制单和申报，退税时效大幅提高。

2018年3月18日起，京津两地连续发布四期提升跨境贸易便利化水平的公告和一个专项行动方案，推出多项便利化措施，大幅改善北京企业跨境贸易环境。在报关放行方面，精简进出口监管证件，提升海关监管通关环节的便捷性；推进全程无纸化，海运口岸海关监管作业场所实现联网放行，不再要求企业必须凭正本提单、运单办理通关手续；全面推动国际集装箱设备交接单无纸化；在降费方面，实行口岸收费目录清单公示制度，加强监督检查，鼓励竞争，破除垄断；推动降低报关、货代、船代、物流、仓储、港口服务等环节经营性收费；在口岸服务“一站式阳光价格”基础上，打造“阳光价格升级版”，免征港口建设费地方留成部分，进一步扩大“汇总征税”应用范围，提高“先放后税”模式比例；在优化服务方面，优化报关放行、查验检测模式，建立查验提箱“绿色通道”“查验后集港绿色通道”，各堆场7×24小时办理查验箱提箱业务；服务窗口办理业务平均不超过10分钟，进一步提高通关效率。

11.增强创新创业活力

（1）高精尖产业加快形成。完善高精尖产业支持政策。紧扣高精尖产业发展“10+3”指导意见，研究制定具体配套措施，着力打通政策落地“最后一公里”，充分发挥政策组合效益。项目承载空间广阔。北京的CBD商务中心区、金融街、丽泽金融商务区等功能区，城市副中心，顺义、大兴、亦庄、昌平、房山等平原地区新城，门头沟、平谷、怀柔、密云、延庆以及昌平和房山的山区等生态涵养区，为产业发展和项目落地提供承载空间。

《北京市统计年鉴（2017）》的数据显示，北京市新兴产业占比达到全市GDP的83.4%，其中现代服务业增加值为16 963.8亿元，占比达到60.6%；高技术产业增加值为6 376.6亿元，占比达到2.8%；信息产业和信息服务业增加值为7 990.6亿元，占比达到28.5%；金融业增加值为4 655.4亿元，占比达到16.7%。

（2）具有全球影响力的科技创新中心加快建设。以“三城一区”为主平台，培育、聚集科创资源，推进科技成果落地。仅中关村科学城就集中了全国80%的天使投资人和1/3的股权投资机构，平均每天产生200多个创新型企业，“独角兽”企业数量占全国1/2，全球排名第二。2018年北京市全年专利申请量与授权量分别为21.1万件和12.3万件，每万人口发明专利拥有量排名全国第一；R&D占比达到5.64，位居全国第一。建设“科技成果转化承载区”，亦庄开发区全面开展“亦庄行动”。亦庄聚焦科技成果转化，打通企业、政府、高校和科研机构之间的瓶颈，不断完善“产业联盟、研究院专利池、公共服务平台、基金、特色产业园”六位一体科技创新服务体系，相继成立包括京津冀开发区创新发展联盟、北京创投联盟等在内的56家联盟；加强与“三城”之间科技成果的对接，利用高校创新资源集聚协同效应，重点支持清华大学科研团队创建的智中能源互联网研究院等一批高精尖项目落地转化。

（3）积极拓展创新创业空间。全市加快众创空间等创新创业载体建设，推动国际顶尖创新创业服务机构和孵化器落地，打造国际一流的全过程科技孵化服务链条；在全市建设一批城市创新综合体，根据创新创业主体个性化需求，营造集创新服务、商务、居住、生活配套于一体的宜居宜业创新生态环境。

深化科技成果转化制度创新，搭建科技成果转化统筹协调与服务平台，加快推动科技成果落地转化；发挥北京市科技创新基金作用，建立健全各类创新产业基金引导和运行机制，重点支持原始创新、成果转化和高精尖产业培育等高端“硬技术”创新；加大科研人员转化科技成果股权激励力度，全面提升科技成果落地转化率；完善中关村首台（套）重大技术装备示范应用支持政策，推动新技术新产品示范应用，北京上市公司达到342家。

（4）有效扩大民间投资。全面梳理并调整取消非基本公共服务、保障性住房等领域阻碍民间资本进入的“旋转门”“弹簧门”

政策，细化解决“最后一公里”问题的任务清单。针对民间投资特点，在土地供应、区域开发、重大项目等方面制定适宜的进入和鼓励政策，有效提升民间资本的市场竞争力。充分调动民营企业积极性，支持发展混合所有制经济，积极推进国有企业经营性业务板块混合所有制改革。按照“发现引进一批、谋划储备一批、整合盘活一批、梳理推介批、加快推动一批”的工作机制，逐年分领域推出一系列面向民间资本、符合产业导向、有利于转型升级的示范项目。2018年以来，随着放开市场准入、减税降费、推动产权保护等多项激发民间投资活力政策的逐步落实，民间投资增速回升至8%以上，高于全国平均水平；2018年民间固定资产投资394 051亿元，同比增长8.7%。

（5）建立健全市区两级对接服务企业制度。政府主动走进企业、提供便利，上门走访阿里、百度、小米等一批重点企业，市领导分别到对口联系企业调研服务；各区各部门把联系走访企业作为经常性工作，贴身为企业做好服务。建立重点企业“服务包”制度，市委市政府办公厅正式印发建立重点企业“服务包”制度的通知，市发展改革委作为“总管家”，统筹协调服务企业重大事项，相关行业主管部门作为“服务管家”，推动一批“服务包”确定的政策和承诺事项落地兑现。建立服务企业和项目“双平台”工作机制。建立全市统一的企业项目库，入库项目超过600个、投资额超过9 000亿元，已对项目库中的京东、腾讯等数十家企业开展了“一对一”服务。

12. 提高融资和税收便利化程度

北京市已经出台了《深化金融供给侧改革持续优化金融信贷营商环境的意见》，从14个方面入手提高民营小微企业金融服务的获得感和满意度。

（1）推动民营、小微企业融资增量扩面、减费降本。近两年北京在优化企业融资环境方面持续发力，先后出台《关于进一步深化北京民营和小微企业金融服务的实施意见》《全面推进北京市服务业扩大开放综合试点工作方案》《深化金融供给侧改革持续优化金融信贷营商环境的意见》。截至2018年末，各中资银行对北京地区民营企业的业务规模达1.16万亿元，共支持民营企业近3万户；据北京银保监局统测，北京地区的小微企业贷款利率显著低于全国的平均水平，其中普惠型小微企业贷款利率比全国平均水平低1个百分点以上。

（2）深化减税和纳税便利化改革。全面落实国家各项减税降费政策，降低残疾人就业保障金征收标准上限；将享受减半征收企业所得税优惠政策的小微企业年应纳税所得额上限从50万元提高到100万元，将享受当年一次性税前扣除优惠的企业新购进研发仪器、设备单位价值上限从100万元提高到500万元；继续执行阶段性降低企业住房公积金缴存比例政策，企业可在5%~12%之间自主选择确定住房公积金缴存比例。整合税务服务系统，构建高效统一的税收征管体系，实现“一网办税”“一键咨询”和政策统一发布，推进企业财务报表与税务申报表自动转换，建设税务人端和纳税人端两个平台集成再造的新一代电子税务局，综合施策将企业平均办税时间缩短至94小时。充分利用信息技术手段在全市范围内实现住房公积金通存通兑，由税务部门统一征收社会保险费及其他非税收入，相关缴费可通过银行划转，为缴存单位和缴存人提供便利服务。

13.提升人才引进和保障效果

（1）强化引进人才落户保障。2018年发布《关于优化人才服务促进科技创新推动高精尖产业发展的若干措施》，高层次国内人才最快5个工作日办理完成引进手续。加大对引进海外人才的支持力度，引智项目申请单位范围从原来的市属单位扩大到本市行政区域内各类创新主体，给予常规引智项目1年、最高50万元的资金支持，给予重点引智项目连续3年、每年不少于50万元的资金支持；在办理人才签证（R字签证）、在华工作许可和永久居留等方面提供便利，提升服务效率。其中，5~10年的多次往返人才签证最快6个工作日可以免费办理完成，最长期限5年的在华工作许可最快5个工作日办理完成，在华永久居留证最快50个工作日办理完成。

同时，在全市推广职称评审直通车，优秀人才可直接跨级申报工程技术或科学研究系列正高级职称；人才引进年龄原则上不超过45周岁，“三城一区”引进的可放宽至50周岁，个人能力、业绩和贡献特别突出的可进一步放宽年龄限制；引进人才无产权房屋的，可在聘用单位的集体户或聘用单位所在区人才公共服务机构的集体户办理落户，引进人才的配偶和未成年子女可随调随迁；针对外籍人才，深入落实外籍人才出入境便利化政策，优化留学回国人员落户服务，对于符合条件的海外人才，可申请办理《北京市居住证》，可在北京市享受子女教育、购租房屋、小客车指标摇号等方面的市民待遇，还可享受出入境、海关通关等方面的便利。2018年全年，总计230余名优秀科技创新人才办理完成引进落户，数百名外籍高层次人才获得在华永久居住权。

（2）加强人才住房保障。2018年7月，北京市住建委发布《关于优化住房支持政策服务保障人才发展的意见》，对符合条件的人才给予住房支持，满足人才多层次住房需求。北京创新人才住房保障机制，按照“以区为主、全市统筹、以产业园区为重点”的思路，通过新建、收购、改建、长期租赁等方式，加大人才公租房筹集力度，由园区企业自持、统一配租，优先满足入园企业人才住房需求。截至2018年6月底，全市已有共有产权住房项目50个、房源5万套，已申购项目13个、1.2万套，累积提供人才公租房约8.2万套。2017—2021年，北京市加大人才住房保障，加大住房供应力度，合理确定各类住房供应比例，新供应各类住房150万套以上。

（3）优化人才生活服务配套。北京注重以更加完善的生活配套服务保障人才在京更好发展。在人才子女教育保障方面，于“三城一区”、海外人才聚集区域及其他科技创新产业聚集区域配置不同类型的优质学校，满足各类人才子女入学需求。针对就近就便入学、国际化教育等多样化需求，优化国家和本市重大人才工程入选专家、海内外高层次人才的子女义务教育入学服务。在医疗服务保障方面，统筹建立国际化的人才医疗服务保障体系。畅通高层次人才就医“绿色通道”。鼓励符合条件的医疗机构、诊疗中心与国内外保险公司合作开发多样化的商业医疗保险产品。为高层次人才提供一定比例的商业医疗保险补贴支持。截至2018年底，已开展7家国际医院试点工作。在其他服务方面，搭建多元化服务平台，为高层次人才提供科研项目申请、法律服务、创业辅导、投融资、办理永久居留和出入境手续等服务；加快建设国际人才社区，配套建立外国人才办事综合服务大厅，构建国际化的工作生活环境；目前已在朝阳、顺义、通州、中关村建立外国人出入境服务大厅。

（4）深入推进首都国际人才社区建设。2017年，朝阳望京、海淀中关村大街、昌平未来科学城、新首钢等首批四个国际人才社区试点建设正式启动。朝阳区是北京市经济第一大区，也是国际化大区，北京的外籍人士50%居住在朝阳，70%工作在朝阳，望京国际人才社区目前建成了以新兴产业为支撑的建成区；朝阳区海外学人创业大会每年都会举办创新创业大赛；朝阳区建有16所国际学校，在一些国际医院中，外国人才医疗保险正逐渐实现接轨。海淀区是教育强区，拥有北京市人才总量的四分之一，海淀充分利用人才众多的优势，成立了国际人才社区的专家建设（咨询）委员会；在《海淀科技创新发展十六条》中，也提出了“创新合伙人”的概念，以政策引导属地所有单位，共同参与国际人才社区建设。比如，在已经集聚众多央企80多家研发机构、9 000多名科研人员的基础上，昌平区充分发挥空间优势及地理优势，将未来科学城由原来17平方公里的规划扩大为170平方公里，充分做好承接怀柔科学城基础研究成果转化和中关村自主创新科研成果转化工作。新首钢国际人才社区建设，涉及门头沟、丰台、石景山及首钢“三区一厂”，它的建设突出了工业文化和工业价值；新首钢国际人才社区的建设，也将更多借助冬奥会的平台；在石景山和园区里，都搭建了国际国内高端人才事业平台，为海外人才提供办公地点、科技成果转化及推荐科技产品的服务。

14. 稳步提升公共服务水平

落实《北京城市总体规划（2016—2035）》，按照国际一流标准，坚持以人民为中心的发展思想，把北京建设成为在政治、科技、文化、社会、生态等方面具有广泛和重要国际影响力的城市，建设成为人民幸福安康的美好家园。在公共服务方面，稳步提升人民生活水平和质量，健全公共服务体系提升基本公共服务均等化水平；改善生态环境质量，进一步提升生产方式和生活方式的绿色低碳水平，把北京建成国际一流的和谐宜居之都。

（1）提升社会事业服务水平，包括公共文化、公共养老、公共医疗等。在文化服务包容方面，大力促进非国有博物馆健康、有序发展、规范运营，完善扶持政策，发挥北京文化特色，助力国际一流和谐宜居之都建设。2018年，北京地区博物馆共举办各类展览1 900多次，社会教育活动5万余次，全年接待观众超过7 000万人次。文化服务供给水平得到提升。

在养老服务方面，确立居家社区机构“三位一体”发展理念。加大养老服务投入，自2011年起，设立为期5年、年均5.2亿元市级养老服务事业发展专项资金。2016年市财政累计投入养老服务发展资金10.88亿元，2017年、2018年达到12.81亿元。市、区层面，建设两级养老服务指导中心，作为全市和区域养老服务的运行枢纽和指挥平台，集成区域专业化资源，鼓励社会资本进入养老服务业。截至2018年底，全市运营养老机构数百家，养老床位十万余张，其中70%以上养老机构由社会资本建设或运营。大力发展居家养老服务，全市发展服务单位近2万家，依托北京市96156社区服务热线对服务单位进行监督推出系列医养结合政策制度，增强养老机构医疗服务功能，大力推进居家养老健康服务。出台农村养老服务专门政策，逐步改善农村养老服务设施条件。截至2018年底，北京市60周岁及以上户籍老年人口349.1万人，占户籍人口总数的25.4%。其中，80岁及以上高龄老年人口58.4万，占老年人口的16.72%。

在医疗服务方面，医药分开改革成效显著，综合改革实施以来，总体平稳有序，反响良好。改革以来，分级诊疗制度建设取得突破，三级医院门急诊量减少8%，一级医院及基层医疗卫生机构门急诊人数增幅近30%，三级医院出院患者增长11%。医疗机构新的补偿机制有效发挥作用，呈现住院服务向三级医院集中，而门诊向基层机构分流的趋势。规范调整了435项医疗服务项目和价格，并纳入基本医保报销范围，儿科、妇产科、护理、精神心理、传染等部分短板专业发展得到支撑。

（2）提升绿色交通发展水平，强化交通设施保障能力。北京市以城市交通综合治理为主线，全市交通领域完成投资1 282亿元，增长4.1%，绿色出行比例达到73%，上升0.9个百分点，中心城区高峰时段平均交通指数为5.5，下降1.8%，交通拥堵加剧趋势得到缓解。开通了二维码乘车服务，实现全路网扫码购票、扫码进站。在完善公交线网规划方面。以城市副中心、国贸、回天、香山等重点区域保障和改善地铁接驳线路为重点，优化调整公交线路93条，新增多样化线路89条。加快推进望京西等4个综合枢纽建设，在成府路等7条道路施划公交专用道45公里，累计达到952公里。

在改善慢行系统服务品质方面，启动自行车专用路建设，完成三山五园、核心区等重点区域928公里自行车步行系统治理工作，慢行系统逐渐“成片成网”。强化共享自行车停车管理，组织落实《北京市非机动车管理条例》，结合停放区设置，推进1 800余处“电子围栏”试点。

在京津冀交通一体化方面，京秦高速北京段和首都地区环线高速通州至大兴段正式通车。新机场高速、新机场北线高速主体完工。签订承平、G109新线、京雄等高速接线协议。本市8个省际客运站全部接入联网售票体系，实现了京津冀省际客票异地互售。出京公交线路达41条，总长2 826公里，日均客运量超过40万人次，覆盖河北廊坊等17个毗邻市、县。北京市公共交通一卡通累计发卡百余万张，“一卡走遍京津冀”的出行模式初步形成。在副中心交通服务方面，全力推进城市副中心各项交通保障工程，完成行政办公区及周边多条道路、多处公共场站等建设任务，建成并投入使用多个停车场、二百多停车位，完成耿庄桥等多处疏堵工程。地铁6号线工作日早高峰开行小交路列车近30列，有效缓解中心城至副中心客流压力。开通十多条定制公交，覆盖8个区，日均客运量1 400余人次。在路侧停车设施方面，贯彻落实《北京市机动车停车条例》，制定全市分步实施方案，东城区、西城区和通州区按照工作部署积极行动，完成了一百多条道路、一万多个白实线道路停车位施划和电子收费设备安装，并于2019年1月1日起在全市率先实施了路侧停车改革。

3.4 京津冀协同发展营商环境存在的问题

目前，京津冀区域营商环境仍存在一些短板和突出的问题，如企业负担仍需降低，小微企业融资难、融资贵仍待缓解，投资和贸易便利化水平仍有待进一步提升，审批难审批慢依然存在，一些地方监管执法存在“一刀切”现象，产权保护仍需加强，部分政策制定不科学、落实不到位等。应当以市场主体期待和需求为导向，围绕破解企业投资生产经营中的“堵点”“痛点”，加快打造市场化、法治化、国际化营商环境，增强企业发展信心和竞争力。

3.4.1 共性问题

1.政务服务环境待优化

（1）对权力下放后业务办理的不同理解给企业造成困扰。例如，移动式压力容器充装单位许可的审批事项之前由原市质监局负责，现在下放到区级质监局审批。有中外合资企业反映，在原市质监局负责期间，会考虑合资企业往往没有自身名下的《建设用地规划许可证》等特殊情况，允许企业通过补交其他材料达到审批材料要求。但改由区质检部门负责之后，以往被市局认可的解决方式不再被认可，导致其申请充装许可很难通过。

（2）事项办理效率和信息化程度低。企业开办系统功能有限，自动化审批水平有待提高，注销难、变更难，还存在名称核准等环节。办理建筑许可的审批环节多耗时长，存在多个审批系统并行增加企业申报负担的问题。水、气、热未实现并联审批，耗时较长。办理破产时间较长成本较高，重整率与全球最佳水平有较大差距。执行合同的法庭受理执行和裁决时间过长，送达成功率低。事项网办深度低，办件数据分散，“一网通办”和“掌上办”功能有待提升，政务服务标准化水平低。

（3）信息和数据共享程度低，体系化和机制化水平有待提升。办理建筑许可的“一张蓝图”未实现信息共享，获得电力的政企数据未打通，登记财产信息共享不充分，公用事业信息不能实现同步过户，获得信贷方面全国尚未建立统一的动产担保交易法律体系、登记机构和系统，政府服务部门间、市区间服务数据存在壁垒，市场监管的信用信息采集标准和服务有待完善。

（4）安全生产监管规定的明确性和执法的灵活性有待提升。一方面，生产安全事故应急预案的相关规定不够明确，当前管理办法没有对制定应急预案的“生产经营单位”做出明确区分，也没有明确需进行应急预案修订的具体情形以及修订后的应急预案是否还需要评审，这给大型连锁餐饮企业小面积门店是否需要制定应急预案，以及门店改造后是否需要修订相应的应急预案造成困惑。建议进一步完善应急预案管理办法，对企业的疑惑作出回应。另一方面，对企业投保安全生产责任保险的认定较为教条，根据部分外资餐饮企业的反馈问题，企业投保的商业保险已涵盖安全生产责任保险规定的全部险种，但是部分执法人员只对“安全生产责任保险”这一特定名称的险种进行审核查验，认为企业投保的险种名称不是“安全生产责任保险”就不符合规定，给企业造成了较大困扰。在此，建议提升执法灵活性，允许其不再重复投保安全生产责任保险。

（5）工程联合验收流程亟待理顺。在工程联合验收阶段，仍存在住建委、消防局等多个部门进行沟通，并重复提交相关验收材料，等待的受理时间偏长，办事体验交叉等问题，相关部门需要加快梳理联合验收等业务流程，尽快厘清新政策下各部门之间的职责，加强部门之间的协同性，提供清晰、便捷的办事流程。

（6）政府服务水平有待提升，服务效率不高。行政许可审批等事项材料多、手续多，办理烦琐且时限长，从而导致企业人员办事跑动次数比较多（全国最好为0.4次）。审批服务不规范、标准不统一，中介服务事项多、时限长。街乡政务服务大厅综合窗口服务效率低，同时也缺少为企业提供咨询、服务的渠道。政府、政务的政策、信息公开程度低，服务水平考核、监督、投诉机制不完善。

2. 法律监管环境和信用融资环境待完善

（1）网络销售、许诺销售侵权事件的管辖权存疑。“信息网络侵权行为”是否包括网络销售、许诺销售侵权产品行为，将影响案件是否能以被侵权人住所地作为侵权结果发生地。不同法院对这一问题持不同观点。如果法院将网络销售、许诺销售侵权产品行为认定为“信息网络侵权行为”，并赋予原告所在地法院对案件的管辖权，将有助于提高知识产权权利人维权的效率。

（2）调解前置程序存在强制性。当前存在无论当事人是否明确表示不愿意进行诉前调解，法院均会强制性增加这个平均耗时1~3个月的环节。急于解决纠纷的原告往往会产生极大的不满情绪。如果调解员的能力不够，则会出现双方当事人越调解矛盾越来越激化的情况。应进一步明确划定调解前置程序适用的案件类型及范围，确保不适宜调解的纠纷案件能及时进入诉讼程序。

（3）内外资企业同等进入征信市场的法制保障不完善。部分企业反映，外资企业申请设立征信机构的条件更为严苛，并且设立条件的信息透明度不高。需进一步明确外资企业设立征信机构的具体条件，给予外资企业进入征信市场的同等法制保障。

（4）内外资及民营国企公平融资环境亟待构建。根据欧盟商会发布的《中国商业信心调查2019》，对比民营企业，国有企业在接触政府机构、获取优惠的融资渠道、影响政策制定的过程三个方面占据优势，59%的会员企业认为国有企业更容易获得低成本融资。应加快构建内外资和民营国有企业公平参与的融资企业。

（5）中小企业普遍存在融资难、融资贵问题。相较于大型国有企业、上市公司、外资企业，小微企业由于资产规模较小、固定资产少、抵押物不足，以及抗风险能力差、财务制度不健全、缺乏担保等原因，从银行等金融机构获得的贷款明显不足，即使有部分企业能借到钱，资金成本也较高。企业融资成本高，信贷审批效率较低，抵押贷款业务办理环节多、时间长。

3.社会公共服务环境待提升

（1）居留许可证办理所需文件及时间有待优化。据中国美国商会和中国日本商会反映，办理居留许可、居留许可续签的企业员工会出现因上交护照而无法前往国外处理工作业务，或上交时间较长影响特殊情况出境。应通过提交护照复印件形式办理，或把审查时间从7个工作日改为5个工作日。

（2）外商涉税办理事项仍有优化空间。一方面，大型外资企业的法定代表人在中国停留的时间非常有限，仅为办理税控系统而专门前往税务部门进行信息采集，时间成本较高且极为不便，部分区在处理这一问题上较为灵活，企业办事人员提供法人授权书即可办理，但是某些区要求法人代表必须到现场。建议提升新办纳税人首次申领增值税发票事项的办事灵活度，给企业开办提供更多便利。

另一方面，当前企业在使用“金税三期”的过程中，无论系统更新与否，均会遇到系统流畅性不足的问题，尤其是所得税汇算清缴期间，系统的使用量较大，会进一步降低系统流畅性。建议适当调整税收信息系统更新的日期，尽量避开征税等时间段。

4. 产业用地问题成为产业发展瓶颈

例如，2017年北京市出台了《北京市人民政府关于加快科技创新构建高精尖经济结构用地政策的意见》，明确了园区向入园的高精尖企业提供3种土地利用方式，在经市、区政府授权的前提下：一是园区可依法使用园区产业用地，向入园企业出租，但不得转让；二是园区可以建设并持有产业用房及其各项配套服务用房，出租给入园企业，但不得整体或分割销售，不得转让公司股权；三是园区与入园企业可采取共有建设用地使用权方式使用土地。目前产业用地供应机制尚未成熟，产业用地的使用和空间拓展依然存在障碍，成为科技企业进一步发展的瓶颈。

5. 外商投资市场有待进一步开放

外企对中国营商环境意见最多的是“开放少，限制多，审批难”，主要集中在部分领域对外商准入限制、外资与内资在权利、规则和机会上的不平等方面。

（1）落实负面清单的过程中仍存在隐性壁垒问题。负面清单目录以外的行业仍然存在内外资不平等问题，负面清单制度与现行法律法规制度衔接性不强。例如《外商投资准入特别管理措施（负面清单）（2019年版）》第20条规定“禁止投资网络出版服务和互联网文化运营（音乐除外）”，外资企业可以经营网络音乐产品，然而在实际投资过程中却受到各种制约，有必要在外商投资负面清单基础上，分行业对部门规章条例进行合理性审查，全面清理负面清单外外商投资准入限制措施，加快修改不适用的政策条款。

（2）政府政策的兑现度和执行性仍需加强。多数外资企业反映，它们对于中国持续扩大开放抱有信心，但相比持续推出新的扩大开放政策，企业更加期待能够落实好已出台的政策，做到真正放开。根据《中国经济与日本企业2019年白皮书》以及外资企业调研反馈情况，目前，北京市服务业扩大开放的相关政策仍有部分停留在“纸面上”，缺乏具体配套措施和方案。例如，《全面推进北京市服务业扩大开放综合试点工作方案》规定：允许在京设立的外商独资经营旅行社试点经营中国公民出境旅游业务（赴台湾地区除外），然而至今没有出台相应的实施办法。

（3）较大的跨境数据传输监管力度影响企业正常运营。部分外资企业使用VPN（虚拟专用网络）经常面临网速慢、网络不稳定等问题，在重要国事期间，甚至出现长时间无法实现跨境联网的现象，严重影响企业跨境正常业务的开展。对数据本地化和跨境数据流的限制，大大增加了银行业金融机构合规负担。

3.4.2 行业个性化问题

1.外贸行业

外贸行业面临着“内忧外患”的窘境，其特殊性在于不仅受到国内政策和人才环境的影响，还直接受到国际贸易环境的冲击。

（1）政策法规不利于激发中小型外贸企业的活力。作为市场主体的中小型外贸企业未获得充分的便利条件，如中小企业的国际贸易规模受到一些行政管理条例的严格限定，无法享受与大型企业和国有企业同等的税收优惠政策、资金筹集政策，土地使用优惠政策，导致中小企业频频受挫，整体外贸经济环境越来越不理想。

（2）国内人力成本越来越高。在粗放化经营模式尚未得到改善的情况下，企业各类成本上升严重，利润空间被挤压，团队效率和产品利润低下的外贸企业难以具备市场竞争力。

（3）企业融资渠道十分狭窄。除了少数大型知名企业，一般的中小企业融资能力都很有限。

（4）国际形势不稳定，汇率波动幅度大，海外贸易商违约风险增加。

2. 高科技行业

（1）民营科技创新主体存在行业市场准入和政策优惠壁垒。民营科创企业创新活力不足。体制内的科技创新主体几乎包揽了国家重金投入的基础性技术课题和国家产业基金扶持的新技术转化应用，造成角色多元，分工不明确。民营企业则存在信贷风险和人才流动问题，抑制了民营企业技术创新研发及其成功转化长期性发展。

（2）科技创新型企业在知识产权管理方面存在战略认知不足、过分重量轻质、缺乏专业管理人员等问题。大多数企业缺乏将知识产权战略更好地融入企业自主创新活动中去的战略眼光，知识产权战略和企业整体战略的相对孤立会影响知识产权战略的顺利实施；存在把知识产权等同于科技成果的误区，目前专利不仅数量较少而且质量较低，难以实现商业化创造价值；知识产权管理人员大多为兼职，专业化程度较低。

3. 金融行业

总体而言，宏观经济大环境及营商环境对金融行业产生了三大影响。

（1）受经济下行压力影响，企业经营、个人收入承压较多，对金融业务规模、资产质量形成一定影响。

（2）受流动性压力影响，信贷需求端与供给端流动性均承压较多，信贷业务规模及信贷资产质量出现下滑，坏账率上升。

（3）受结构性问题改革、防范化解重大风险的要求，金融行业监管越来越严。

在传统金融行业领域，银行资产扩张持续放缓，不良资产市场被激发；券商在并购重组监管趋严、再融资收紧以及IPO规模萎缩的背景下，各项业务大大减少。在新兴金融领域如金融科技领域，数据安全问题日渐突出，数据隐私保护变成了急需强化的薄弱环节，提高了监管监督的难度和门槛。

此外，金融业增值税征收中的隐性收费问题客观上加重了金融机构的负担。金融业的隐性收费主要是指金融中介机构所收取的服务费用，通常会隐藏于向服务双方收取的金额差价中，但该项金额差价并非简单等同于金融机构因提供中介服务所产生的增值额，因此税法意义上的增值额无法简单通过中介服务的差价准确得出，重复征税现象严重。

4.房地产行业

（1）由于房地产企业的经营风险和信用风险加大，部分房地产公司通过贷款开发楼盘或进行新的贷款清收不良贷款从而导致新的风险，银行对于房地产企业的融资额度和融资门槛都有所提高，一些中小房地产企业陷入融资困境。

（2）量价严控大背景下，市场陷入困境，供应放量、均价低涨幅并未迎来成交的增长，市场环境较差。

（3）市场格局及开发空间已在获得土地使用权时被锁定，传统开发模式陷入困境，土地限价使房企对于土地开发所获得溢价空间明显萎缩，通过“低价拿地、高价卖房”获取价格差异从而抬高利润的方式已不再适用。

（4）政策导向不利于房地产经济发展，随着房地产调控的逐渐深入，对传统开发模式从获得土地使用权到销售证审批，再到网签的多重限制，使房地产开发企业受到较大限制。

（5）房地产公司控制经济风险的能力有限，财务收支核算和损益不科学，不能建立有效的费用开支和固定资产管理制度，而且账外资金清理滞后于实际。

3.5 京津冀协同发展营商环境优化建议

3.5.1 完善政策体系，提高政策效率

针对京津冀协同发展中一些政策精准度、可操作性、协同性、配套政策以及政策落实不到位等问题，政策资源要向京津冀产业协同发展的关键环节、薄弱环节倾斜，引导生产要素向重点产业协同发展的薄弱环节、高端环节集聚，着力解决京津冀三地产业协同发展方面的难题。同时建立政策动态调整机制和退出机制，不断修订和调整相关政策，以确保政策和实际挂钩，让政策更具针对性、前瞻性和引导性。

3.5.2 提升京津冀三地产业链水平

针对京津冀协同发展中产业方面的问题，京津冀三地需进一步促进产业链深度融合，完善和优化产业链，补短板、强弱项，加大科技开发和科技成果转化，减少零部件、元器件、关键材料的进口依赖，增强自主自控能力。在推进三地产业协作方面，坚持产业转移与转型升级相统一，引导非首都功能有序转移，提升京津冀产业整体水平。

3.5.3 推动京津冀三地产业数字化转型

数字化转型是制造业的发展趋势，是制造业提高产品质量和生

产管理效率的重要途径，能够实现工业经济各种要素资源高效共互联互通，推动制造业融通发展。针对京津冀三地产业协同发展，建议建立三地制造业数字化转型试验区，实行统一政策，建立统一网络、平台、安全标准，推动京津冀三地制造业跨区域智能转型升级，使京津冀三地成为引领由中国制造走向中国创造的先行区域和战略高地。

3.5.4 体制、机制再创新

为打破京津冀三地市场和跨行政区划壁垒，要进一步深化“放管服”改革，为产业转移和产业发展协同创造的更好的客观环境，以及从税收优惠、人才扶持、激励制度、基础设施建设等方面的营商环境，协调解决项目建设中的审批、土地、规划、环保等问题，市场资源要素能自由流动，强化企业市场主体地位，真正形成京津冀三地一盘棋的发展局面。

3.5.5 打通企业办事“最后一公里”

由于部分政策出台较晚，部分窗口人员对最新政策和办事流程掌握不全面、不准确、不熟悉、向企业法人和办事人员推送新政不到位。不同地域区县相关指标办理流程还存在较大差异，很多企业反映，同一件事各区的执行标准、回答口径各不相同，部分优化营商环境政策执行存在落实不到位问题，标准窗口建设仍有很大提升空间。下一步要从市区两级同步推进政府服务标准窗口建设，统一要求、统一标准、统一流程、统一培训，窗口人员经严格考核合格后上岗服务。

3.5.6 加快推进“互联网+政务服务”

要深入实施北京大数据行动计划，加强部门信息整合共享，利用云计算、人工智能、区块链等技术，结合政务服务流程的再造，加快推进“一网通办”改革。推进电子营业执照互认互通，推广使用电子印章、电子发票，真正实现办事像“网购”一样方便，做到办事人员最多跑一次，甚至一次都不用跑。

3.5.7 持续加强法治环境建设

按照公平公正公开透明的原则，进一步完善京津冀企业相关的法律法规、服务规范和各类标准，建立综合执法体系，健全商事案件快速化解机制，简化企业注销程序，探索建立与互联网时代相适应的审判模式，实施严格的知识产权保护，全面完善为优化北京营商环境提供司法保障的体制、机制。

3.5.8 建立健全社会信用体系

应加快构建以信用为核心的市场监管体制，建立统一的信用信息平台，完善信用承诺、信息公示、联合奖惩等机制，为守信者提供“容缺受理”、绿色通道等便利措施，让失信者“一处失信、处处受限”。

3.5.9 进一步完善产业用地供应机制

需要深入调研京津冀产业用地供应存在的缺口、主要问题和机制障碍，以目前已经启动产业园区用地供应改革的县（区）为重点对象，以问题为导向，进一步创新产业用地利用方式，出台细化的完善产业用地供应机制、拓展产业用地空间的实施办法，推动产业用地问题的全面解决。

3.5.10 构建企业导向的绩效考评体系

应深入了解京津冀企业需求、对企业需要及时做出正向回馈；

注重企业的实际体验，营商环境优化要从“政府内部考核导向”转变为“企业评估导向”，提高优化营商环境改革的精准度和工作绩效；要让对企业是否满意、创业是否方便、改革之后程序能不能走通、审批和申报中有没有新的瓶颈、企业有没有真正得到实惠等问题的评估成为优化营商环境效果的核心检验标准；要将企业体验和感受作为各级政府、部门和政策实施绩效评价的主要权重。

3.5.11 优化改革任务尚未覆盖的特殊领域的营商环境

（1）进一步完善信息系统。信息系统偶尔不稳定，会导致耽误时间。

（2）提升政务服务大厅承载力。政务服务大厅效率高，但承载力仍有限，转为去工商所办理，时间较长。

（3）完善知识产权审批监管制度。知识产权审批周期长，因为申请多，审查员少。知识产权保护、监管能力有待提高。保护力度不大，罚款较低，且费时、相互推诿，导致小公司不愿意维权。

（4）提高整体环境。例如，北京亦庄经济开发区吸引企业主要是依靠大量人才，因此人才生活环境应进一步优化，忙解决人才居住教育问题、职住平衡问题、交通出行问题。目前首先要将高级管理人员政策落实较好，下一步可着重解决中层人才的住房、医疗问题。

（5）缩短拿到营业执照时间。营业执照现场提交合格，仍需要4~5天才能拿到。而浙江义乌等地已实现当场可得。

（6）解决开发区与行政区管理割裂问题。如将进出口领域的对外经营者备案登记（海关和对外贸易）分开办，效率低下。

（7）中小微企业贷款效率亟待提升。目前实行无限连带责任，中小微企业贷款环境极其严格，审批周期长，不利于临床医学检验所等时间敏感性企业。知识产权质押政策无法落地，不方便评估价格，银行无法执行。

3.5.12 京津冀民营企业营商环境优化建议和措施

1. 建议

（1）细化政策条款，构建亲民亲商的公共组织文化，实行审核清单、正面清单和负面清单制度，探索实行公务员绩效考核制度。

第一，构建亲民亲商的公共部门组织文化，引导各级干部彻底转变服务理念。充分运用舆论工具宣传为民服务的典型事迹，机关单位的评先创优要与服务效率、办事效率挂钩。将公共组织文化建设与党员“两学一做”学习教育活动结合，优先将党员干部培育成亲民亲商文化的引领者和推进者。纪检监察部门及时将公务员推诿扯皮、刁难民商行为列入不担当不作为范围加以惩处。

第二，行政审批部门根据法律法规、中央和国务院文件精神制定公布审核清单，明确规范不同类型审批需提交的文件明细，力争一次审核办结。

第三，建立民商服务的正面清单和负面清单。正面清单即规定公务员必须履行的责任，负面清单即界定严禁触碰的底线。

第四，探索实行公务员绩效考核制度。制定实施各级公务员绩效考核制度，突出行政效率和服务业绩的考核，将考核结果与公务员薪酬和晋升挂钩。

第五，建立政府部门与民营企业直通平台，实现政策上情下达、民意下情上传，促进政商关系和谐。

（2）运用互联网+政务，深化“放管服”改革，构建公共权力和市场主体双向约束机制。

第一，深化“放管服”改革，继续开展简政放权改革。最大限度放松行政控制，减少行政管制，提高服务效率，营造自由竞争、公平有序的市场环境，改变政府对民营企业的控制和民营企业对政府的依赖。

第二，充分利用电子网络平台，实行互联网与政务联合，构建网络信息共享平台。通过网络平台公开办事流程、提交的材料清单明细和办结时间等，实行网上审批或网上预审批，线下一次性提交审批材料，真正做到网络多跑腿，百姓少走路。

第三，构建公共权力与民营资本双向约束机制。当前面向大众的窗口服务社会监督机制相对完善，而不公开的权力运用得不到社会监督，造成资本势力和公共权力的勾结，产生权力不公正使用现象。公平行使公共权力，防止资本势力对公权力的渗透，需要通过自治、法治、德治相结合，建立公共权力与民营企业双向约束机制。重点是推行阳光施政、法治行政，减少不公开的权力运行，加大对行贿和权力不公正使用的惩处力度。

（3）充分发挥商会和协会作用，完善互联共享的信用体系和产权质押制度，拓宽民营企业信用融资渠道。

第一，建立互联共享的信用体系。完善现有的个人信用和企业信用征信体系，实现信用信息的市域和国家联网，保障信用体系的互联共享。

第二，探索实行轻资产民营企业信用与联合担保的融资办法。银行等金融机构实行依据企业信用和企业家信用等级，商会或协会担保、市财政局和行政主管部门有限责任担保的联合担保贷款管理办法，创新面向轻资产企业的金融产品。

第三，完善知识产权质押融资体系。建议成立科技担保公司，保障科技中小企业以专利、商标、应收账款等产权证券质押贷款。政府将科技担保公司和从事质押贷款业务的商业银行纳入专利权质押补偿基金保障范围，根据担保风险和专利权变现风险大小确定风险等级，以此确定风险补偿金标准。

第四，实施土地产权质押融资。银行等金融机构加快制定土地承包权、土地经营权证质押融资办法，探索农村钢骨架大棚及其他不动产抵押融资办法。

（4）完善京津冀基础设施建设，健全教育医疗服务机构，提高人口集聚能力，制定倾斜性人才优惠政策，提高民营企业人才竞争力。

第一，完善京津冀各功能区基础设施建设，提升开发区、高新区等城市功能。如加强住宿、交通、房屋租赁等城市公共服务设施建设，打造生态宜居城市，提升人口集聚能力。

第二，建立民营企业高端人才优惠政策，如降低个人所得税、实施子女上学的照顾政策，健全学前教育、基础教育、社区医疗服务机构，提高教育医疗服务质量水平。

第三，扩大蓝领公寓和白领公寓的建设规模。尤其建设各类面向民营企业不同阶层的租金低廉的城市公寓，保障民营企业员工住房需求。

（5）建立中小微企业服务政策，加大政府采购对民营企业支持力度，提升民营企业经营活力。

第一，借鉴其他城市群的做法，建立中小微企业服务政策。采用“企业定需求、市场出产品、政府来买单”的服务模式，降低中小微企业运营成本。

第二，政府采购中拟定面向中小微企业尤其是科技小巨人企业的定向招标项目，降低投标准入门槛，提高中小微企业竞标竞争力。

2.措施

（1）要明确京津冀区域和三省份各自的责任，分层次改善京津冀区域营商环境。最大限度淡化京津冀三地以地方利益为核心的政绩观，树立京津冀的整体政绩观和国家政绩观，为京津冀区域营商环境的改进提供顶层设计和制度空间。

（2）加强决策咨询，加快出台京津冀区域营商环境的总体指导意见。目前京津冀三地都出台了改进营商环境的文件，但区域层面还没有总体的指导意见。国家和京津冀三地应在听取各方意见的基础上，集思广益，加快出台总体的指导文件。

（3）继续围绕重点产业、重点项目和重要园区构建营商环境政策体系，积累经验，不断总结，持续改进。

（4）及时将针对项目和园区的营商环境政策上升为具有一般性的法律政策，逐步建立起促进产业协同的区域政策法律体系。

（5）优化国家级产业园区在河北的布局，为京津冀产业转移提供良好的空间、政策平台。北京医药产业园之所以能转移到河北沧州，其中一个因素是沧州有一个国家级开发区，所以要从空间上优化国家级产业园区在河北的布局，为京津冀区域营商环境的改进提供更便利的条件。

（6）构建符合京津冀特性的营商环境评价指标体系，科学引导相关政策的改进。

（7）建立完善的多方沟通协同机制，改进营商环境。没有常态性、制度化的沟通协调机制，将会非常不利于产业营商环境的改进。

（8）将京津冀范围内产业发展支撑平台打造成企业营商环境改善的平台。对于信息平台、信用平台、创新平台等诸多平台，要从营商环境角度研究如何打造。

（9）进一步简化行政审批手续，深入推进地方行政部门“放管服”改革。

4 京津冀协同发展科技企业创新、创业环境

4.1 京津冀协同发展创新情况分析

4.1.1 京津冀协同发展创新效率

1.综合技术效率

就京津冀协同发展科技创新综合技术效率而言，2012—2018年，13个城市的综合技术效率平均值在波动中略有上升，由2012年的0.480上升为2018年的0.600，其中2016年的综合技术效率平均值最高，为0.759。但整体上看，综合技术效率平均值基本在0.6上下波动，并且效率值处于偏低的水平。决策单元等于1的较少，即处于技术有效状态的较少。其中，在13个城市中，2012年、2013年只有衡水市的综合技术效率等于1。2014年只有沧州市、廊坊市2个城市的综合技术效率等于1；2015只有秦皇岛市的综合技术效率等于1；2016年，秦皇岛市、邯郸市、张家口市的综合技术效率都等于1；2017年只有张家口市的综合技术效率等于1；2018年只有邢台市、张家口市的综合技术效率等于1（见表4-1）。

表4-1
京津冀城市群内13个城市科技创新效率整体评价（2012—2018年）

DEA效率	效率值特征	2012年	2013年	2014年	2015年	2016年	2017年	2018年
综合技术效率（TE）	平均值	0.480	0.612	0.706	0.548	0.759	0.683	0.600
	TE=1的城市数	1	1	2	1	3	1	2

续表

DEA效率	效率值特征	2012年	2013年	2014年	2015年	2016年	2017年	2018年
纯技术效率（PTE）	平均值	0.709	0.740	0.814	0.816	0.844	0.896	0.885
	PTE=1的城市数	4	4	6	5	7	5	4
规模效率（SE）	平均值	0.684	0.831	0.865	0.668	0.892	0.763	0.672
	SE=1的平均数	1	1	2	1	3	1	2
规模收益	递增	0	0	5	3	0	0	2
	递减	12	12	6	9	10	12	9
	不变	1	1	2	1	3	1	2

数据来源：中国科技统计数据和国家重点科技实验室观察数据。

2.纯技术创新效率

如果从纯技术效率方面来看，2012—2018年，京津冀区域纯技术效率整体也呈现上升的趋势，由2012年的0.709上升为2018年的0.885。各年份的效率平均值虽然小于1，但效率值明显好于综合技术效率值。

就纯技术效率值的特征来看，2012—2018年，北京市、天津市纯技术效率值每年都等于1，说明在京津冀城市群内，这两个城市的创新资源利用达到最优状态。就规模效率而言，2012—2018年，规模效率的平均值处于起伏不定的状态，由2012年的0.684下降为2018年的0.672，下降幅度不算太大。中间几个年份效率值呈现上升状态，2013年、2014年、2016年的规模效率平均值都在0.8以上，处于较高水平。

从决策单元的有效性来看，处于有效决策单元的较少。其中，在京津冀城市群的13个城市中，2012年、2013年的有效决策单元仅有衡水市；2015年、2017年的有效决策单元分别为秦皇岛市和张家口市；2014年的有效决策单元有2个，分别为沧州市和廊坊市；2016年有效决策单元有3个，分别为秦皇岛市、邯郸市和张家口市；2018年的有效决策单元与2个，分别为邢台市和张家口市。就规模收益而言，2012—2018年，京津冀城市群内13个城市的规模收益呈现递减状态的较多，尤其是2012年、2013年、2017年这3个年份，每年都有12个城市的规模收益呈现递减状态，说明随着科技资金和人员投入的增加，科技产出没有出现上升反而下降了。只有2014年、2015年、2018年这3年有少数城市的规模收益呈现递增状态，说明随着科技投入的增加，科技产出的增加更多。

从京津冀城市群内各城市的综合技术效率来看，北京市、天津市的综合技术效率值都不是很高，原因在于这两个城市的科技创新规模效率不高。在纯技术效率有效的状态下，规模效率呈现无效状态。

石家庄市、唐山市作为2010年认定的国家创新型试点城市，综合技术效率呈现偏低的状态，原因在于这两个城市科技创新的纯技术效率和规模效率双低。说明这两个城市需要加强科技创新管理，优化科技创新的资源要素配置。

秦皇岛市作为2011年认定的国家创新型城市，其综合技术效率整体上表现较好，2015年、2016年的综合技术效率值为1，其他年份的综合技术效率值也处于较高水平。说明秦皇岛市近几年在科技创新方面加大管理力度，创新资源配置较为合理。

张家口市在2012—2015年这4年间的综合技术效率偏低，但2016年以来，张家口借着京津冀协同发展和举办冬奥会的机会，大力承接京津的产业转移，加大科技创新力度，纯技术效率和规模效率值都较高，因此2016—2018年的综合技术效率值都等于1，技术效率是有效的。在13个地市中，衡水市虽然在科技投入和产出方面都处于偏少的水平，但综合技术效率值比较理想，原因在于创新资源的配置比较合理，投入和产出的要素组合比较优质，所以综合技术效率值较高。

4.1.2　影响城市科技创新效率的因素

一个地区的科技创新效率不仅取决于科技要素的投入与产出组合关系、配置状况、规模效益，还与诸多外部因素密切相关，比如政策支持、产业结构、对外开放度等。因此，我们在借鉴现有文献指标选择的基础上，主要分析经济发展水平、政府支持、工资状况、外商投资水平、劳动者素质等5个外部因素对科技创新效率的影响（见表4–2）。

表4–2

京津冀城市群科技创新综合技术效率的影响因素Tobit模型回归结果

解释变量	Coef.	Std.Err.	P>lz1
经济发展水平（Z_1）	–0.020 698 3	0.016 549 4	0.211
政府支持（Z_2）	0.112 671 5	0.053 848 4	0.036
工资状况（Z_3）	–0.096 413 5	0.041 394 7	0.020
外商投资水平（Z_4）	0.021 171 2	0.011 063 7	0.056
劳动者素质（Z_5）	–0.007 192 4	0.037 662 1	0.849
YEDR	0.083 315 1	0.025 310 7	0.001
cons	–166.740 2	50.836 03	0.001

数据来源：中国科技统计数据和国家重点科技实验室观察数据。

第一，经济发展水平（Z_1），选取每个城市的人均GDP来衡量。相对于各城市的经济规模（GDP），人均GDP更能体现城市的人民生活状况。如果人均GDP较高，在一定程度上能提升城市的吸引力，可能对城市的科技创新产生促进作用。

第二，政府支持（Z_2），选取每个城市的财政科技支出占地方政府一般公共预算支出的比重来衡量。从实践中来看，一个区域的科技创新程度与地方政府的重视程度关联性较大。京津冀城市群内的13个城市由于财政收入差别较大，其财政科技支出的规模差距也比较明显，这些可能都会对城市科技创新效率产生影响。

第三，工资状况（Z_3），选取在岗职工平均工资来衡量。按照一般规律，工资水平高会增强城市的吸引力，带来人才和各种资源在城市的集聚。但是，工资水平高会带来人工成本的上升，增加创新的成本，对科技创新可能会产生挤出效应。

第四，外商投资水平（Z_4），选取当年实际使用外资金额占GDP的比重来衡量，汇率以人民币对美元的当年汇率平均值进行换算。当前，随着经济全球化趋势日益增强，跨区域的协同创新和技术合作逐步加深。城市在利用外资的同时，可能还会享受到其带来的知识和技术的扩散和溢出红利，有助于提高城市的科技创新水平。

第五，劳动者素质（Z_5），选择每百人在校大学生数来衡量。人才是制约城市科技创新的关键因素。城市如果有大量高端人才，可能会对城市的创新效率产生显著影响。以上变量的数据主要来源于2013—2019年的《中国城市统计年鉴》《北京市统计年鉴》《天津市统计年鉴》，以及2014—2018年的《河北省科技经费投入统计公报》。

分析发现，随着时间的推移，综合技术效率是不断提高的，说明综合技术效率与时间呈正相关关系，也就是说，京津冀城市群内13个城市的科技创新效率随时间推移逐步提高，其中，经济发展水平、劳动者素质与综合技术效率的相关性不显著，因此，

13个城市的综合技术效率受经济发展水平和劳动者素质的影响不大。政府支持与综合技术效率呈正相关关系，而且两者的相关度比较高。意味着随着政府支持力度的加大，13个城市的综合技术效率不断提高。工资状况与综合技术效率的相关系数为负值，其中，工资水平与综合技术效率呈负相关关系，即随着工资水平的提高，城市综合技术效率不升反降，原因可能是工资的上升会导致城市创新成本上升，降低了创新的意愿和积极性。外商投资水平与综合技术效率呈正相关关系，意即随着外商投资水平的提升，城市的综合技术效率也不断提高。原因是外资不仅能给城市创新注入资金流，还能通过技术的扩散与外溢提升城市的创新能力和水平。

4.1.3 京津冀协同发展创新效率提高的对策和建议

京津冀区域的综合创新技术效率不高，原因是规模效率不高，意味着城市群内大部分城市的创新规模与最优规模还有一定的距离。尤其是北京市、天津市两个城市的综合技术效率受规模效率影响较大。

京津冀城市群科技创新效率在不断提升。随着时间的推移，京津冀城市群整体科技创新效率及各城市的创新效率都是不断提高的，这说明京津冀城市群正在逐步实现“创新驱动引领区”的整体定位；政府支持、外商投资水平、工资状况是影响京津冀城市群科技创新效率的主要因素，但政府支持和外商投资水平对城市创新效率具有正向促进作用，工资状况对城市创新效率有一定的抑制作用，而经济发展水平、劳动者素质对城市创新效率影响不显著。

京津冀协同发展创新效率提高的对策和建议：

（1）继续加大政府支持力度，营造良好的创新环境。在13个城市中，北京市、天津市的财政科技支出占地方一般公共预算支出的比重较高，北京市基本在5%以上，天津市在3%以上。而河北省各市由于财政收入较少，财政科技支出占比较低，大部分在2%以内，有的甚至在1%以内。因此，相对于北京市、天津市而言，河北省内的各城市更应该优化财政支出结构，使财政政策向更有利于城市创新的方面倾斜。同时河北省要继续营造良好的科技创新生态，打造完善的产业链、创新链，使京津的科技成果能够就近在河北省内转化，而不是舍近求远流入长三角、珠三角。

（2）继续提高城市的对外开放度，加强与其他国家的技术交流与合作。京津冀城市群内，北京市、天津市的对外开放度较高，而河北省内各城市的对外开放度较低，不利于城市创新效率的提高。因此，河北省各城市要利用“一带一路”建设、中国（河北）自贸区建设、雄安新区建设，加大对外开放力度，不仅要引进国外的资金，还要引进人才、技术和管理经验，更加主动积极地融入全球化创新发展。

（3）继续提高城市的人才集聚度，破除城市科技创新的瓶颈和制约。高端人才仍然是制约城市科技创新的决定性因素。北京市、天津市集聚了全国较多的优质人才资源，而河北省的高端人才相对较少，两院院士、院士工作站、外国院士工作站、产业创新创业团队等人才数量都比较少，这不仅在一定程度上制约了河北省的科技创新，也拉低了整个京津冀城市群的科技创新水平。

因此，京津冀13个城市之间要建立高端科技人才的交流合作机制，引导京津各种创新人才加强对河北的指导，河北也可以考虑在京津人才集聚地建立“人才飞地”，弥补河北省的科技人才短板，共同发挥人才对京津冀城市群科技创新的推动作用。

4.2 京津冀区域科技创新与金融协同

在科技创新与金融协同的背景下，京津冀地区呈现出了科技与金融协同成效显著、金融产业科技创新速度加快、科技型中小企业融资局面大为改善的良好态势，但同时也出现了科技经费投入渠道和资金使用“双单一化”、科技型企业融资模式界定不清、金融支持工具模糊化、环京津冀科技金融创新“新盆地”等现象。这些问题不仅制约了京津冀地区科技保理业、中小科技物联业、科技成果众筹业、知识产权融资业、金融衍生品行业的发展，而且影响了区域科技产业和金融政策的良性循环。因此，必须形成多元化、多层次、多渠道的科技投融资体系，建立科技金融功能区和环京津冀科技金融互助区，积极优化雄安科技金融模式，以提升区域科技金融战略的整体水平和层级，实现科技创新与金融政策的协调发展。

4.2.1 科技创新与金融协同存在的主要问题

在全球金融科技快速演化的大格局下，京津冀地区科技创新与金融协同存在以下几个方面的突出问题：

1.科技经费投入渠道和资金使用“双单一化”限制了科技金融创新的总体水平

目前，我国科技经费投入的资金渠道主要有三种方式：政府财政科技投入、企业自主投入和金融机构信贷。

从京津冀科技经费投入的现状看，一是科技经费投入渠道单一，主要是政府财政科技投入，且投入的资金虽逐年增加，从2011年的924.60亿元增加到2017年的3 281.66亿元，年平均增长率达到23.16%，但企业自主投入和民间金融投入十分有限。这些都导致了科研创新过多依赖于国家投入的单一化现象，并制约了科技创新的质量和速度。

二是资金投入对象单一。政府作为科技投入的主体，出于风险和收益的考虑，在资金投入对象的选择过程中，往往出现“嫌贫爱富”的现象，将有限的资金都投入到大型或认为收益较好的企业。而作为科技创新重要组成部分的中小企业则明显缺乏科技投入资金，呈现出技术研发过程中的资金投入不足、内部融资乏力、资本市场硬约束等现实问题。这都在一定程度上抑制了科技创新的步伐。

2.环京津科技金融创新“新盆地”现象凸显，难以实现金融资源的高效配置

从全国范围看，2017年，河北省综合科技投资融资水平高于海南、广西、新疆、云南、贵州、西藏等经济基础较为薄弱的省份和边远地区，但远远落后于沿海地区和经济较发达地区。河北省综合科技金融进步指数（39.07%）与周边的9个省市比较，仅接近于河南省（39.17%），远远落后于北京、天津两个城市，仅为京津的一半水平，与东北部的辽宁、西部的山西、南部的河南和东南部的山东也存在较大差距，从而形成了独特的“环京津科技金融创新新盆地”现象。

“盆地”现象是指河北省金融政策对科技创新的驱动作用随着京津在“一带一路”建设中地位的凸显而逐渐落后。这种科技金融战略的落后具有区位比较的相对性和暂时性，具有金融变迁的严峻性。面对周边地区科技金融创新快速发展的现实，河北省与周边省份的科技金融政策落差会逐渐加大。与此相应，河北省在科技众筹融资模式、云众筹工具创新、科技保险体系、文化创意产业保理业务、跨界网络金融合作、知识产品要素融资、金融科技企业物联互通等方面都面临着与京津对接乏力的困局。由于河北省的科技投融资水平仅为北京的47.77%和天津的52.41%，呈现出整体发展不均衡的局面，河北在发挥自身环京津区位优势、充分利用京津科技资源的过程中必然面临着金融环境、基础设施等方面对接断层的问题。

3. 科技与金融协同效应呈现“亚健康”状态

京津冀地区科技与金融协同创新的“亚健康”状态主要表现在以下两个方面。

一是研发机制没有有效支撑实体科技企业的金融变迁，导致了研发资源的浪费和金融资源的低效。《京津冀2011—2017年科技研究公报》中披露的数据显示，国家级科技成果中科技与金融协同创新的成果种类较少、总量不足，并呈现出数量和比重逐年下降的态势。科技与金融协同效应不足，使得科技创新如“无水之源、无本之木”，难以推动并有效支撑京津冀地区经济的快速增长。二是京津冀地区对广东、福建科技金融工具的借鉴趋于表面化和形式化，难以推动区域金融科技政策的积极变迁和创新发展。

据统计，在科技金融衍生品领域，以深圳、广州为代表的“广东模式”和以福州为代表的“福建模式”已经形成了多样化、系统化和权威化的金融创新产品，仅科技企业之间的融资方式就有50种之多，如合约性科技融资模式、合会式科技融资模式、众筹式科技融资模式、无抵押式科技信用融资模式、知识产权抵押贷款模式、股权式科技集资模式、影子银行式科技融资模式，等等。这些创新的科技融资模式不仅解决了中小科技企业的初始资金问题，而且弥补了市场信用的官方缺失，具有科技—金融协同创新的积极价值和深远的现实意义。

京津冀在借鉴上述科技金融模式方面明显存在“取其形而弃

其神”的现象，如，一部分中小科技企业在借鉴南方闽粤科技众创模式方面明显存在高喊“大众创业、万众创新”口号的特点；一些地方在众创融资方面完全依赖于政府金融政策的利好导致“经营形象化工程”；有的地方明显存在科技保险体系非制度化运作嫌疑、以官办金融掩盖民间非法融资的科技“违规创新”案例等。

显然，当科技与金融的协同效用被异化为“协同作弊”时，不仅京津冀一体化科技创新形同虚设，就连京津冀协同发展也成为纸上谈兵。

4. 科技型企业缺乏足够的金融支持

受概念理解偏差、统计口径不同等因素影响，目前对于京津冀地区科技企业的具体数量没有明确的认定；科技型企业在种子期、创业期、成长期、成熟期各个阶段，存在不断变化的资金需求，由于缺乏对各地不同科技型企业的具体发展阶段的真正了解，政府无法制订针对具体科技型企业行之有效的资金支持措施，京津冀地区的金融机构无法选择合适的金融支持工具，针对科技型企业的金融创新更是滞后。与此同时，由于缺乏专业的金融科技人才，最终导致了京津冀地区科技创新驱动的潜力不足。

4.2.2 科技企业金融创新政策优化建议

京津冀科技创新与金融政策关联度的显性差异和不均衡性使得该地区具有科技、金融协同创新的迫切要求。为此，必须做好以下几方面的工作：

1. 通过科技金融创新共同体的规划构建大数据金融信息服务平台

京津冀科技金融协同创新共同体，是指在京津冀区域内，各级各类金融服务机构在与高新技术企业、高等院校（科研院所）、政府部门、中介组织合作过程中形成的正式或非正式的投融资系统。

依托首都科技金融发展战略研究院，充分调动中央金融智库的研究力量，为科技资源的自由流动提供优质的金融服务支持。以科技企业孵化器、新兴产业示范区、中小企业创业辅导基地为依托，打造“点对点”科技金融协同创业园区，建立“天津－北京中关村－石家庄”高新科技金融辐射轴。通过与全球创新网络的连接，使科技企业通过跨界数据的自由流动获得新的知识、掌握新的技能、开拓新的领域，最终形成目标同向、措施一体、作用互补、利益互联的科技金融协同创新共同体。

2.加大科技金融研发经费的投入力度，逐步缩小京津冀科技金融投入的“显性落差”

近年来，处于京津冀外围的河北省虽然在科技保理业务方面取得了一定进展，但在金融科技衍生品市场上仍然处于落后地位，尤其是在科技保险研发经费、科技企业金融政策倾斜力度、引进周边闲置资金的数量、科技金融跨国融资方面、科技物联企业资金支持力度等方面远远落后于京津地区。据统计，河北省2010—2017年科技金融研发经费投入量年均仅为北京平均水平的1/4、天津平均水平的1/3，占河北省年均收入的0.85%。

这表明河北省的科技金融研发投入量远远落后于京津地区，更低于科技金融政策发达的国家和地区。

河北省科技金融研发投入不足直接导致了科技创新动力的匮乏，直接影响到本地区科技金融创新模式的优化和升级，也影响了京津冀科技金融创新的协同效能。为此，必须进一步加大科技金融研发的力度，把科技金融研发资金尽快投向金融政策倾斜的科技产业和领域；在政府科技财政投入方面，采取有限增幅的投入政策，政府科技财政技投入增幅应超过地方财政科技投入的平均增幅。

只有当河北省的科技金融环境优化到足以承接北京、天津科技研发重大项目时，与此相应的融资、金融管理、民间资本支持等问题才会随之解决，京津冀科技金融协调发展才会有实质性的效果。

3.建立多元化的科技资金募集渠道

大量吸纳社会资金参与科技金融创新要借助多层次资本市场，充分发挥京津冀社会资金作为未来重要资金来源的作用，采取股权融资与债权融资、直接融资与间接融资有机结合的多元化方式，多渠道吸引各种社会资金。

对京津冀地区科技型企业进行股权投资，并综合利用证券、信贷、保险等金融业务，构筑完善的科技金融服务体制，保障社会资金所有者的合法权益，降低社会资金的参与成本和风险。

对不同阶段的企业采取不同的融资策略和模式。对于种子期企业的潜在融资方式需求要尽快实现多样化，应以内源融资和民间资金为主，种子期企业可以以市场途径扩大企业外源融资渠道；创业期企业由于政府基金和风险投资有较强的融资意愿，采取银行贷款和风险投资双管齐下的方式满足其融资需求；成长期企业半数以上能够享受到政府基金资助，其融资需求主要集中在政府基金和银行贷款上，对其要通过银行满足其贷款灵活性的需要；成熟期企业对银行贷款和政府基金存在较大的融资供求依赖，应鼓励其上市融资。

4.建设环京津科技金融功能区和交流互助区，打造科技金融服务新平台

首先，突破“借力”的传统观点，增强自身的造血功能。京津冀高新企业必须依托国家“环首都”经济发展战略，培育新型战略性产业、改造传统劣势产业，建立“京冀”和“津冀”两大科技金融商务区，形成科技金融机构集聚效应，充分吸收东北、内蒙古、山东、河南等地的资金，有效地解决产业结构升级的巨大资金需求，实现科技与金融真正的协同。

其次，充分发挥京津冀地区中小企业金融信息服务平台的功能和作用。建立“市－厅－局”联动机制，充分利用国家科技厅、国家税务总局现有的信息平台，建设区域科技型企业征信平台、金融企业资源对接和交流平台，最终形成服务高效、衔接有效、服务深化的政府公共服务体制。

最后，要加快建立环京津科技金融交流互助区。要以县域科技金融互助为核心，打造环京津地区的北部张家口科技金融互助区、西部保定科技金融保险互助区、东部廊坊－山海关－秦皇岛直线式科技金融互助区、南部石家庄－沧州科技金融互助区、天津滨海科技金融示范区。充分发挥政府在科技金融互助中的政策引领和政治导向作用，动员民间资本参与到科技金融创新的浪潮之中；对于社会资本参与的科技投融资项目，税务部门和银行监管部门应该给予适当的税收减免和金融支持；对于跨界金融合作而发展起来的新兴战略性科技企业，要采取“配套优先、绿灯先行”的原则。同时，相关的证券机构和期货部门要对跨界金融合作采取“期权优厚”和“配资及时”的政策，保证有限的民间资金发挥最大的科技支持作用，以克服官办金融科技创新短视和科研后劲不足的弊端。

5. 以雄安模式为突破口，优化京津冀地区科技金融创新结构

作为北京非首都功能疏解“承载池”的雄安新区，不仅具有开展科技创新的全新政策环境，而且具有金融机制深度优化的“犄角”优势。“犄角”优势，是指雄安新区在地理位置上具有的优势，这种地缘优势表现在政治、经济、文化、军事和国家战略等多个层面。

其中，经济功能中的科技创新优势代表着未来国家高科技企业克服生态环境“瓶颈”制约，走出“重复低端制造”的基本方向。这些都为雄安新区科技与金融的良性变迁提供了机遇。

从地理特征看，雄安新区距北京120公里、距天津110公里，而天津距离北京121公里，由此决定了雄安在“三角模式”中的“西南犄角”地位。客观而言，雄安模式不仅为河北省科技金融机制的创新提供了样板，而且有效承接了北京科技金融领域的诸多“试水”成果。如依托雄安科技园区创立的“天使投资基金”，让金融大数据发挥极高的科技创新作用；与北京中关村合作建设的雄安资产交易、信息融合、跨界融资、行业预警监控、财务管理、教育培训等平台都大大提升了科技金融协同创新的深度和广度；以河北保定白洋淀基金为突破口创设的信誉贷款模式、虚拟产权抵押贷款、股权质押贷款、小额贷款保证保险等融资创新产品，将云计算和大数据有机融合起来，提升了雄安新区科技金融创新的速度和效率；京津冀合作建立的科技金融企业信息交换平台更是把“带路”科技发展战略推向了新的高度；雄安“智造”模式不仅开拓了“北京研发–网络设计–异地制造”模式的新境界，而且提升了科技金融产业协同创新的核心竞争力和企业实力；智慧医疗模式的试点不仅扩大了基因检测、医学成像工程、健康管理和慢性病工程的跨界交流范围，而且带动了精准医疗产业的勃兴和融资技术的优化；雄安“智能交通”模式的展开不仅加快了“油联网”“气联网”“车联网”“船联网”“票联网”和“空联网”技术的广泛应用，而且把“交通租赁业”的金融电子化模式推向了全新的境界；北京延庆、河北张北地区的分布式能源、风光储输及智能微电网输送工程把国有金融机构的盈利预期提升到新的高度；雄安开创的土地“科技入股”模式不仅优化了虚拟资本的交易模式，而且把红利模式的科技化提升到全新的层次；宇宙航天科研人员的迁移不仅降低了北京航天测控中心的生态依附程度，而且大大提升了白洋淀地区高科技创新的实力和金融创新能力；安新县“无纸化货币”的试点将金融科技时代的科技物流成本降到最低；高铁机车向雄县开发区的技术转移不仅提高了石家庄机车制造的去库存能力，而且缓解了京津冀科技交通的跨界融资压力。

作为环京津冀科技金融创新的关键环节，雄安模式的延展性和独创性必将为未来科技企业融资模式的升级带来全新的发展机遇。作为雄安新区所在的省份，河北省唯有以雄安模式为突破口，优化京津冀地区科技金融创新结构，才能实现区域金融资源和首都科技功能的协同效用。

4.2.3 加强京津冀科技创新金融政策引导

在构建京津冀科技与金融协同创新共同体的过程中，京津冀三方均呈现出科技金融协同初见成效、科技金融产业创新加速、科技型中小企业融资规模改善的良好局面。针对科技财政投入差距明显、科技金融创新平台共享失衡、区域科技金融合作机制尚不完善、科技创新链与金融产业链对接不充分等问题，必须加强政府的金融科技政策引导，丰富科技协同创新主体，构建开放化和网络化科技金融服务平台，实现科技资源与金融资源的显性共享；确定重点金融产业技术路线图，实现科技型中小企业跨区深度隐性融合，打造“点对点”科技金融协同园区。只有这样，才能加速京津冀科技金融创新的速度和效率，最终实现京津冀经济的跨越式发展。

4.3　京津冀创新激励机制（协同创新）

创新是影响京津冀区域协同发展的重要因素。近年来，通过整合创新资源、建立健全区域创新体系等方式，京津冀三地协同创新加速推进，初步形成了“京津研发、河北转化”的产学研协同创新模式，并在交通、生态环保和产业等多个重点领域的协同发展上获得显著成效。科技资源共享是协同创新的基础与保障，但现阶段对于科技资源共享的激励主要依赖于财政补贴和税收优惠等财政手段。如何通过构建科学的激励机制促进科技资源共享，增加科技资源信息在协同创新主体间的流动性是当前的热点问题。市场、政策、系统、意识和环境等多方面因素均对相关主体的科技资源共享行为具有显著影响，科技资源共享激励机制建设应该从共享环境、技术优势和机制改革等方面入手。科技资源共享是相关主体的行为结果，利益是科技资源共享行为的决定性因素，因此，利益驱动应该是科技资源共享激励机制的基本视角。

4.3.1　创新背景下的科技资源共享模式

科技资源共享是指依托一定的信息载体，各类科技资源信息在共享合作主体之间实现交换与分享，其目的是通过优化科技资源配置实现科技资源价值的最大化。从需求者的角度来看，科技资源共享是科技资源信息有效服务于顾客的过程。在区域协同创新的背景下讨论科技资源共享，有助于科技资源共享呈现出跨地区、跨部门和跨时空的特征。随着京津冀区域协同发展进程的推进和协同创新的加速，京津冀科技资源共享正在经历由零散式向基于平台服务的协同共享模式转变。

1. 图书馆科技信息共享

图书馆作为一种传统的信息资源载体机构，在当前科技资源共享过程中发挥着重要作用。图书馆通过不断收集和整理各学科的最新科研文献，集合了各学科基础知识和前沿科技创新文献。

根据图书馆的隶属机构不同，图书馆分为高校（或科研机构）图书馆和社会公共图书馆。高校图书馆为高校教师和科研人员从事学科基础研究和应用类研究提供科技信息资源支持，是实验室科技创新过程中的重要信息共享平台。由于高校或科研机构的图书馆文献信息专业性较强，通常仅对单位内部工作人员开放。京津冀区域拥有众多高校和科研机构，图书馆数量和文献资源比较丰富，但区域分布差异较大，其中北京市高校图书馆文献资源最为丰富。在高校图书馆资源信息共享方面，北京市建立了北京高校文献资源统一检索系统平台，利用平台促进高校图书馆资源在北京市高校范围内实现共享。目前，京津冀区域内的高校图书馆资源并未实现全区域的共建共享，天津和河北区域内的多数高校图书馆是独立存在的。

社会公共图书馆由地方政府设立，向社会公众开放。京津冀三地的公共图书馆是社会大众获取专业文献的重要平台。2015年11月19日，京津冀图书馆联盟正式成立，京津冀三地社会公众可共享首都图书馆、天津图书馆和河北省图书馆文献资源。

2. 基于互联网平台的区域科技信息共享

随着互联网科技的进步，互联网信息传播在社会生产中的地位变得越来越重要。目前，京津冀三地以仪器设备、科技人才和科技成果等科技要素共享为前提，搭建了众多科技资源信息共享平台。

各类互联网科技资源共享平台的基本职能是收集、整理相关科技要素信息，形成科学合理的数据分类；通过前台友好界面建设将数据分享给用户；针对客户需求，利用后台各种匹配算法，为用户匹配到最优的科技要素信息或供给主体。

互联网科技资源共享平台的用户是多元化的，包括高校和科研机构的科研人员、科技管理机构和生产企业等。京津冀协同创新的本质是以市场为导向的产学研联合创新。互联网科技资源共享平台通过对各类科技要素的集合与整理，将产学研联合创新过程中的科技要素集合起来，实现对产学研创新链上所有创新主体的联合共享。基于互联网的科技资源共享平台可以实现科技资源信息的两种共享。

第一，为企业提供科研成果信息。高校教师等科研人员取得的科技文献、技术成果等信息在平台上与其他主体共享。企业通过共享平台信息与相关科技成果持有人建立联系，为双方进一步开展科技合作提供前提，促成科技成果的产业化生产。

第二，为高校教师等科研人员提供基于市场的科研方向。作为科技创新的源头，高校和科研机构远离市场，很难独立从市场需求出发开展应用类技术创新项目研究。企业是直接面对市场的经营主体，对市场需求具有最直观的感受，并掌握领先数据。

因此，企业在共享平台上对科技成果的需求表达反映了产业化生产过程中的科技需求，这可以为高校和科研机构的科研人员提供与市场需求更加接近的科研方向。目前京津冀区域内已经建成一批科技资源共享平台，其中有单一类资源服务平台，也有综合类资源信息共享平台。但大多数平台的共享范围均局限在单个区域内，且各个平台的数据库之间缺少关联设计。2018年7月建成的京津冀科技资源创新服务平台是唯一实现跨区域联合、综合多类型科技资源、集信息查询、分析、评价、辅助决策等功能于一体的京津冀科技资源共享平台。

总体而言，基于互联网的共享平台对京津冀区域性科技信息资源整合度并不高。表4–3列出了京津冀区域内的主要科技资源共享平台及其服务范围。

表4–3
京津冀区域内主要互联网科技资源共享平台

平台名称	整合科技要素信息	服务区域	服务项目
北京市科学仪器设备共享服务网	仪器设备	北京市	仪器设备服务
首都科技条件平台	仪器设备、科技成果科技人才	北京市	测试检测、联合研发和技术转移等
天津科技文献共享服务平台	科技文献	天津市	科技文献查询服务
天津科技小巨人企业发展平台	科技企业	天津市	科技企业查询、分析
天津市科技统计、调查与监测服务平台	科技统计数据	天津市	科技统计数据查询
河北省中小企业科技创新服务平台	科技文献	河北省	科技查新、文献查询、翻译服务
河北省科技创新资源公共服务平台	创新平台、基础资源	河北省	资源查询服务
河北省科技创新与文献共享支持服务平台	科技文献	河北省	科技文献查询服务
河北省科技信息网	科技文献、科技统计、资源信息、科技成果	河北省	各类信息的查询与服务
京津冀科技资源创新服务	科技机构、科技人才、科技成果、科技项目、科技政策、科技统计、产业数据	京津冀	情报预报、查询和分析服务

3. 依托政府科技管理部门的科技信息共享

政府科技管理部门是传统意义上的高校、科研机构和企业之间共享科技资源信息的沟通桥梁。各级政府的科技管理部门掌握辖区内高校、科研机构和企业内的各类科研项目、科技成果和创新应用等数据。为了让高校和科研机构更好地根据市场需求进行技术创新，科技管理部门对高校创新成果和企业创新项目进行统计后，将相关信息发送给各辖区内的高校、科研院所和企业，各类科技创新行为主体依据自身需求与其他主体进行对接与合作。虽然京津冀区域已经明确了“京津研发，河北产业化”的协同创新战略，但到目前为止，科技管理部门牵头的京津冀区域科技资源共享主要形式为辖区内的校企合作和产业项目对接等点对点合作。京津冀各地方政府的科技管理部门之间尚未形成具有可持续的区域科技资源共享计划。

4.3.2 科技创新信息利用主体

1. 高校或科研院所的科研人员

高校教师和科研机构的科研人员是实验室阶段的创新主体，是创新成果资源分享的行为主体。高校教师和科研人员实施科技创新和资源共享行为，主要受三个因素的驱动：

第一，经济利益驱动。高校教师和科研人员作为理性的“经济人”，以追求自身利益最大化为行为目标。因此，经济利益是高校教师和科研机构科研人员实施创新成果资源共享行为的首要驱动因素。

第二，人生价值认知驱动。从事科技创新活动的高校教师和科研人员往往属于高学历群体，这一群体通常具有较强的科学精神和事业追求，科研创新是其人生价值的重要组成部分，对人生价值的追求和对科学真理的探求渴望是推动其从事科研活动和分享创新成果的重要因素。

第三，科研素质驱动。高校教师和科研人员的科研素质是影响其创新能力和创新结果的重要因素，较高的科研素质可以推动其获取和共享更多、更高质量的科技创新成果资源。

2. 企业

实验室层面的科技创新通常不能直接应用于企业生产过程，还需要将这些科技成果转化为生产性技术。在产学研协同创新过程中，企业是从事科技成果转化和产业化生产的行为主体。在这一过程中，企业共享的科技资源主要包括两个方面的内容：一是发布企业生产过程中需要实施技术创新的项目信息；二是搜寻与企业生产技术创新相关的仪器设备、人力资源和上游技术创新成果信息等科技资源。

企业在上述两方面的行为目的是一致的，即通过信息共享与相关的仪器设备、人力资源和技术成果持有方建立联系，获取创新资源，开展企业生产技术创新。企业的科技资源共享行为主要受三个方面因素驱动：

第一，企业预期的技术创新收益。企业是以盈利为目的的经济行为主体，其从事生产科技创新的目的是更好地提高企业生产效率和市场竞争力，最终实现经济利益最大化，因此，预期的科技创新收益是企业共享科技资源的根本驱动。

第二，行业技术进步推动。随着社会科学技术的发展，新型科技不断应用于各行各业的生产和服务领域，从而促使企业不断采用先进科技改造和升级自身的生产与管理。

第三，政府推动。作为市场竞争规则的制定者，政府行为对企业科技创新和资源共享行为具有重要影响。政府可以通过财政政策、专利保护和技术管制等一系列政策措施鼓励企业开展科技创新和资源共享，促进企业技术升级，限制企业老、旧技术项目实施。在供给侧改革背景下，京津冀区域生产企业面临技术改造、产业升级等挑战，利用政府推动企业积极参与协同创新，是企业开展技术创新和资源共享的重要驱动。

3. 科技资源信息共享平台

科技信息资源共享平台是连接科技资源供给者和科技资源需求者的桥梁，其形式和类型多样，包括图书馆、基于互联网的信息共享平台、政府科技管理部门和其他各类科技资源信息中介组织。各类科技信息资源共享平台通常为非营利机构，其存在的目的和意义是收集和整理各类科技资源信息，通过互联网界面或人工服务对各类科技资源的供给者和需求方进行匹配，促进不同层面的科技创新资源在产学研协同创新主体间的平滑流动，以较低的社会成本实现科技创新资源的优化配置。因此，更高效地为各类科技资源共享主体提供优质的信息共享服务，提升科技资源信息共享效率，是各类科技资源共享平台发展的根本驱动。

4.3.3 科技创新激励机制构建

1. 全面推进京津冀区域科技创新资源联合共享平台建设

随着现代科学技术的进步，跨学科创新是现代产业科技创新的特征和趋势之一。科技资源共享服务行业具有典型的规模经济性，在更广泛的区域内搜集和整理跨行业的科技资源信息，有助于科技资源在更广的范围内实现优化配置。因此，针对京津冀高校图书馆、互联网科技资源共享平台和地方科技管理机构互联互通程度低的状况，应该利用互联网、大数据和云计算等新型信息技术，着力推进这些科技资源共享平台之间的互联互通建设。具体内容如下：

第一，促进京津冀区域内高校图书馆资源对不同高校的教师开放，缩小不同高校教师之间的科技文献资源差异，有助于提升天津和河北地方高校教师的科研能力。

第二，协同整合各类科技信息资源，推进现有各类互联网科技资源共享平台之间的互联互通，建立包括科技人力资源、科技成果资源和仪器设备等信息的综合性网络科技资源信息共享平台，面向京津冀区域的所有创新主体开放，促进科技资源信息在全社会范围内的共享。

第三，京津冀三地最高行政级别的科技管理部门制订长期的协作计划，定期汇总京津冀区域内的科技创新成果和企业的科技创新项目需求信息，实现三地科技统计信息共享，促进京津冀高校等科研人员与企业创新项目的跨区域合作（如图4-1所示）。

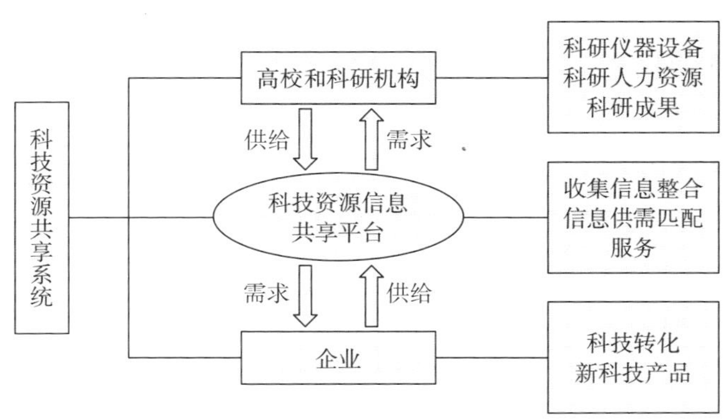

图4-1　京津冀科技资源共享系统

2. 建立基于供给侧改革的行业生产技术升级推进计划

行业生产技术进步是推动企业从事科技创新和资源共享的驱

动力之一。供给侧改革是当前我国推进产业结构调整和产业升级的重要战略，以供给侧改革为契机，建立行业生产技术升级推进计划，利用行政、财政等手段推动行业供给侧生产技术进步，可以有效激励企业积极开展科技创新和资源共享。政府管理部门利用项目审批权，限制和停止落后生产技术在企业的应用，对于积极进行生产技术创新、采用先进生产技术的单位和企业给予一定的税收减免优惠，对行业重大科技创新项目给予财政补贴，推动区域内行业生产技术升级，倒逼部分企业积极开展技术创新和资源共享。

3. 构建京津冀科技创新人力资源流动的柔性机制

科技人才是科技创新的基本要素之一，科技人才的可获性是制约科技创新成功与否的关键因素。增加企业对科技人才的可获性，可以提高其成功实施科技创新的可能性，能够激励其科技创新和资源共享行为动机。科技成果产业化是京津冀协同创新的重要模式之一，主要做法是通过整合北京科技创新优势、天津研发转化优势和河北产业化优势，积极促进北京的科技成果在天津、河北进行中试、孵化和产业化，有效形成区域创新链与产业链对接，实现区域新型产业发展和优势产业升级。在这一过程中，不可避免地需要科技人才与企业之间跨区域合作。因此，建立京津冀科技人力资源流动的柔性机制，减少科技人才的短期流动障碍，形成平顺的科技人才流动通道，可以减少科技人才跨区域流动的成本，增加科技人才与企业实现跨区域合作的可能性。例如，对参与京津冀重大科技项目的创新团队和科研人员实行灵活的科研管理制度，高校或科研机构认可本单位科研人员在京津冀区域内参与的跨区域科研协作项目，参与科研业绩计算，提高科技人才跨区域合作的积极性。

4.对微观创新个体建立经济利益和荣誉的双重激励机制

科技资源共享是科技创新的基础，同时也是伴随科技创新行为而发生的，高校教师等科研人员可以在共享他人研究成果的基础上，通过创新行为取得新的科研成果。这些创新个体或所在组织利用各类科研资源共享平台将研究取得的隐性知识公开（显性化）。一方面，显性化的科研成果可以服务于其他科研活动，产生新的科研成果；另一方面，企业科技人才利用显性化的科研成果改造和升级企业生产技术，实现科技创新的生产性应用。微观层面的科技创新主体包括高校教师、科研人员和企业科技人才等，对他们应该建立经济利益和荣誉的双重激励机制。

第一，经济利益激励。通过增加对微观层面科技创新主体经济收益的方法，鼓励产学研协同创新各环节增加科技创新成果和资源共享。与常规工作不同，科技创新是一项探索性的工作，其结果具有很大的不确定性和未知性。一项科研成果的取得受多种客观和主观因素的影响，在实践中，多数科技成果的取得是以大量失败经验为基础的。因此，对从事科技创新工作的微观个体进行经济利益激励时必须以综合评价为基础，评价指标至少应包含工作量、科研成果的科学价值和科研成果的市场价值等方面。

第二，荣誉激励。从事科学研究，追求科学真理，是多数科研人员人生价值的重要组成部分。科研人员通过努力获取的科技成果是推动社会进步的原动力。因此，要通过宣传和舆论引导，强化社会对科研人员的尊重，增强社会（包括科研人员）对科研工作的职业认同感；对成功进行生产转化的科研成果和科研人员给予荣誉，进行精神嘉奖和宣传，以此形成表率，激励更多科研人员积极与企业等下游科技成果应用环节对接和共享科技成果。

4.4 京津冀协同发展创业环境（以河北省中小企业为例）

京津冀协同发展战略实施以来，河北省把“以科技创新支撑河北绿色崛起”作为发展的指导战略，针对省内科技型中小企业提供资金支持、科技服务、人才培养等多方面扶持政策，为其打造良好的政策环境。

4.4.1 河北省及其各地市出台中小企业创业支持政策

近年来，在京津冀协同发展背景下，河北省的科技型中小企业积极抓住这一机遇，对接京津，协同发展。河北省根据自身所处的发展阶段和发展特点，实施苗圃工程、雏鹰工程、科技小巨人工程、新三板上市工程等四项工程。同时，加强众创平台、与京津共建平台、园区平台等平台建设。多措并举，为河北省科技型中小企业实现快速发展增添动力。例如，截至2015年底，河北省的科技型中小企业已经达到28 741家，其中科技小巨人企业数量达到1 413家。当年科技型中小企业增长数量远超2014年的增长数量，科技小巨人企业数量比上年增长了一倍以上。这反映出河北省2015年新出台的政策取得了较好成效，对促进科技型中小企业的发展起到了良好作用。

1.河北省的支持政策

河北省金融和财政方面的支持政策重点在于解决科技型中小企业的创业融资问题。为此，《河北省人民政府关于促进科技金融深度融合的意见》提出了明确而具体的要求。主要有：（1）推动银行业金融机构在科技资源集聚的地区新设或改造一批科技支行重点为科技企业提供服务；（2）鼓励企业利用多层次的资本市场融资，推动科技企业发行公司债券、企业债券等，利用债券市场融资。另外，河北省首批致力于破解科技型中小企业融资难问题的科技支行已挂牌成立。河北省财政厅印发的《关于财政支持科技型中小企业创新发展的十项措施》指出，省财政安排大量资金发展股权融资，为通过多种形式支持科技型中小企业的金融机构提供风险补偿等。

为加快科技服务业发展，形成完善的科技服务体系，河北省科技服务业发展的重点领域主要是研究开发服务、技术转移服务和检验检测认证服务。在重点发展的区域方面，建设环首都的白洋淀科技城和保定、唐山等高新技术产业开发区，形成京津冀协同创新的科技服务聚集区。建设科技服务业创新发展试点区域，支持国家高新技术产业开发区争创国家科技服务业创新发展区域试点。

在人才支持政策方面，河北省鼓励科技人员创办领办科技型中小企业，支持在校大学生创新创业，同时开展“双百双千”人才建设工程，引进高层次产业创新团队和高素质科技创新人才，努力打造一支高素质、高水平、复合型科技服务人才队伍。

2. 河北省主要地市对中小企业创业的支持政策

例如，石家庄市针对包括科技型中小企业在内的小微企业出台多项扶持政策，《石家庄市人民政府关于进一步加快金融改革发展的意见》《石家庄市人民政府办公厅印发关于全市金融重点工作推进措施的通知》等文件的主要内容集中在加快资本市场的发展，引导社会的融资构成由之前的间接融资为主向直接、间接融资并重转变；提高保险市场的保障水平。另外，督促银行业金融机构单列小微企业的贷款计划。例如，保定市采取资金引导、培育孵化平台等方式，推进科技型中小企业的成长。积极推动科技企业孵化器平台的建设进程；促进科技与金融的结合，保定市科技局与河北银行签约开展针对科技型中小企业的专项贷款业务；《保定市“众创空间”认定管理办法（试行）》鼓励创业孵化区域中由社会力量兴办的信誉良好的部分提出众创空间的认定申请，激发社会的创造活力。又如，唐山市充分发挥财政的激励作用，利用财政资金和相关政策培育、壮大科技型中小企业。通过鼓励科技人员、吸引市外人才创业，扩大科技型中小企业的群体规模；发展股权投资和科技风险投资，奖励企业上市融资；推动科技服务业加快发展。

目前，河北省仍在继续加大财政、金融、人才培养、科技服务和科技成果转化等方面的扶持力度，相比之前针对科技型中小企业出台的各项政策，政策在支持范围、力度和层次上都更进一步，针对科技型中小企业发展过程中遇到的资金、技术等关键问题做了详细而明确的政策说明，为科技型中小企业在河北的发展创造了更好的发展环境。

4.4.2 河北省发展科技型中小企业建议

1.需改变就业工作侧重点

现阶段，直接就业是我国更多劳动者的选择，创业所占的比重仍不高。河北省在未来发展过程中，要促进产业结构的优化升级，需要引导更多的劳动者到电子信息、高技术服务业等高端产业就业，使科技型中小企业更容易引进高端人才，为其短时间内发展壮大提供人才、技术支持。

2.应重视科技与文化的融合

河北省在科技型中小企业发展进程中应充分认识到科技文化融合的必要性，重视科技型企业的文化建设，推动科技型中小企业与文化创意企业开展合作。营造企业良好的文化氛围，提高员工对企业的认同度，促进企业的科技发展。同时，科技的发展有利于企业文化的改造。根据企业发展阶段细化政策体系。河北省应为处于不同发展阶段的科技型中小企业制定有针对性的支持政策，为不同阶段企业制定不同的人才支持计划，比如对初创期的科技型中小企业实施“小壮大”“小升高”等系列工程，帮助它们成长为科技小巨人企业。将支持科技型中小企业的政策体系不断细化，使其更有阶段性和针对性。

4. 重视通过企业并购扩大企业规模

河北省应鼓励实力强、规模大的科技型企业采取收购、兼并方式与实力相对较弱或发展前景不明朗的企业展开合作，在扩大自身规模的同时为小企业开辟新的发展道路。政府应为科技型企业提供并购资金的支持，为其提供金融、法律等多方面服务，开展相关的培训，让企业自身意识到企业并购的重要性。

5. 为高成长性企业提供个性化帮扶服务

成长性好的科技型中小企业在未来有较好的发展前景，可能发展成为业界领先的企业，政府应重点关注这些企业的发展，使其在整个科技型企业发展进程中充分发挥示范和带头作用。对于具有高成长性的科技型中小企业，政府应在技术开发、集聚研发人员等方面给予政策倾斜，为其制订符合自身特点的个性化帮扶方案，提供个性化的服务，充分挖掘企业的发展潜力。

5　京津冀协同发展人才激励及培养

5.1 京津冀协同发展的人才现状

京津冀协同发展旨在实现优势互补、互利共赢及区域一体化。2019年1月党中央领导人在京津冀考察调研，强调要从全局的高度和更长远的考虑来认识和做好京津冀协同发展工作。人才在一个国家或地区的经济发展中起决定性作用，是京津冀协同发展战略落地的重要推手和根本保障。自2013年以来，国家及京津冀三地陆续出台了一系列政策，对人才激励、培养与发展等起到了积极的推动作用。

5.1.1 京津冀区域人才现状

1.学历结构

从《中国统计年鉴（2018）》中的相关数据可以看出，以2017年各地区调查样本中6岁及以上人口为基数进行统计（表5–1），北京未上过学的人口占调查人数的比例为1.51%，天津为2.38%，河北则为4.14%。与北京和天津相比，河北省未上过学的人口比例较大。小学、初中学历人数，河北省的比例与北京和天津相比均较大，但从高中学历开始，河北的比例开始下降，特别是专科及以上学历，北京的比例为30.93%，天津为28.85%，而河北只有9.99%。

由此可见，河北省的专科及以上学历的人数同京津相比相差甚远，高素质人才较少。

表 5-1
京津冀三地调查样本各学历占比（2017 年）

（%）

地区	未上过学	小学	初中	高中	专科及以上
北京	1.51	9.08	22.52	19.28	30.93
天津	2.38	13.29	32.52	22.95	28.85
河北	4.14	23.42	45.27	17.18	9.99

数据来源：《中国统计年鉴（2018）》。

此外，京津冀三地高学历人才资源的比例也存在很大的差距。京津冀三地的统计年鉴数据显示，2017年北京市毕业的硕士生约为6.9万人，博士生约为1.5万人；天津市毕业的硕士生约为1.5万人，毕业的博士生约为0.16万人；河北省毕业的硕士生约为1.2万人，毕业的博士生约为0.04万人。可以发现，北京市毕业的硕士生人数约为天津的4.6倍、河北的5.8倍，而北京市毕业的博士生人数则约为天津的9倍、河北的38倍。由此明显能够看出，北京市的高学历人才资源在京津冀三地中遥遥领先，天津与北京存在一定差距，河北与北京相比存在很大的差距。由此可知，京津冀三地的人才学历结构有着很大的差异。

2. 年龄结构

北京市人才年龄构成情况如下：年龄在15~25岁的常住人口比例为10%，25~45岁的人口比例为39.6%，45~65岁的人口比例为29.1%，但65岁以上的人口比例为10.9%。虽然北京市的劳动力人数比较可观，也具有一定的优势，但仍然要注重提升人才的活力，尤其是北京高科技产业较多，对年龄的要求比较高。

天津市同北京市相比情况类似，其中15~65岁的人口比例为79.7%，65岁以上的人口比例为10.9%。应当继续在天津市推进人才年轻化的策略。

河北省同北京和天津相比则有一定的弱势。65岁以上的人口比例同北京天津相比较高，为11.25%，同时青壮年人口比例较低，仅为70%。究其原因，一是河北高新技术产业较少，二是河北同京津相比对人才吸引力较低，因此加大河北省青壮年（15~65岁）劳动力的引进和人才的招募力度十分重要。

统计资料显示，当前京津冀三地人才的年龄结构也存在一定的差异，其中京津地区同河北省相比经济发展较快，产业群较多，因此青壮年劳动力比河北省优势大，但依然存在人才活力不足的危险。具有高职称和高技术的人才通常集中在40岁以上，容易出现高素质人才的断层，因而继续加大青年优秀人才的引进力度很有必要。

3. 科技水平

人才资源的科技水平往往通过科技成果的贡献来体现，因此选取京津冀三地专利授权数和技术市场成交额衡量各地的人才创造力。2017年，北京市专利授权数为10.69万件，天津市为4.17万件，河北省为3.53万件。而北京市在2017年的技术市场成交额为4 486.89亿元，天津市的技术市场成交额为551.44亿元，河北省的技术市场成交额为88.92亿元。其中，北京市的专利授权数是天津市的2倍左右、河北省的3倍；而北京市的技术市场成交额约为天津市的8倍、河北省的50倍。明显可以看出：北京相较于天津和河北来说，专利授权数多，技术市场成交额大，人才创造力高。与此同时，河北同北京和天津相比，人才创造力差距较大、人才科技水平不高。

4. 工资水平

京津冀三地的工资水平也有较大的差距。由《中国统计年鉴》的数据可知，2017年北京市城镇私营单位就业人员平均工资为7.07万元，天津市为5.97万元，河北省为3.81万元。而2017年北京市城镇非私营单位的平均工资为13.17万元，天津市为9.45万元，河北省为6.3万元。可以看到，各地的人均工资存在差距，依然是北京市的人均工资依然最高，天津市次之，河北省排在最后。

5.从业结构的对比

京津冀地区的专业技术人才在从事的行业结构上也有差异。河北省的专业技术人才在教育行业的最多，其次是卫生、社会保障和福利业以及工程技术人员，最少的是住宿和餐饮业、信息传输、计算机服务和软件业等服务类行业，专业技术人才在服务业的较少，高素质人才资源略显不足。

图5–1为京津冀三地按三次产业划分的专业技术人才结构图。由图5–1可知，2017年京津冀三地的第三产业专业技术人员占比均高于第一产业和第二产业，但河北省的三次产业的专业技术人才分布较为均匀，第一产业、第二产业和第三产业的专业技术人才比例相差不大，北京市第三产业的专业技术人才比例明显高于天津市和河北省，河北省同北京市相比差异尤其明显。而第一产业和第二产业的专业技术人才比例河北省最高，天津市次之，北京市最低。根据分析可以明显看到，各地按三次产业划分的专业技术人才比例差异较大，北京市第三产业专业技术人才更多，因此第三产业发展水平更高。

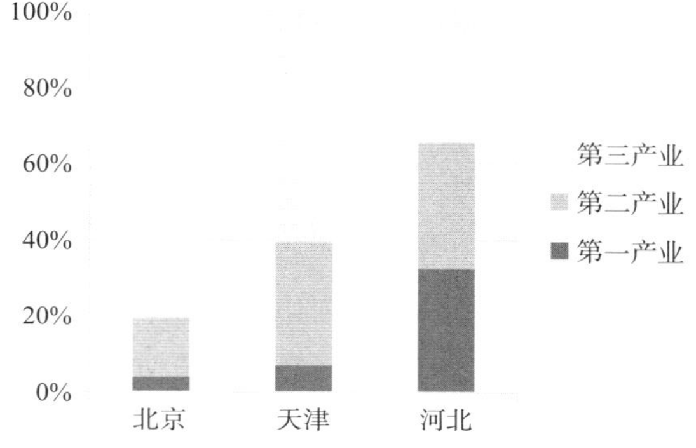

图5–1 京津冀三地按三次产业划分的人才结构

数据来源：《中国统计年鉴（2018）》。

5.1.2 京津冀人才一体化发展存在的问题

1. 规划效果不佳，统筹协调力度不够

京津冀地区人才储备量很大，却没有把人才的优势充分展现出来，人才的发展合作层次还停留在初步的联合阶段，没有形成长期有效的协调合作机制。近几年，京津冀地区的一体化进程在不断推进，人才一体化的相关政策也应运而生。

为促进人才一体化的推进，2017年京津冀三地人才工作领导小组发布了《京津冀人才一体化发展规划（2017—2030）》，但是政策的实施很难做到步调一致，取得的效果也参差不齐。主要是因为推进人才一体化的相关政策都是由三地统一的人才工作领导小组制定的，具体实施时却由各地的人才部门推行，由于各地有不同的情况以及不同的发展水平，因此很难按照规划达到预想的总体协调成效。

京津冀地区建立了人才工作领导小组，但在合作推行政策时，多采用召开联席会议的方式进行协调交流，这在实际推进人才合作时是远远不够的。人才一体化的推进要求实现多部门间的合作，因而需要进行多部门的交流，而不是局限于某一具体部门和某一沟通形式。为加大统筹协调力度，应当建立相关的合作部门，做好战略层面的顶层设计，以便区域间及时沟通各地发展成果及遇到的问题。

2. 政策衔接不通畅，人才流动存在阻碍

北京作为祖国的首都，各项资源都快速集聚，优势政策都率先在北京推行，天津作为直辖市同北京的差距并不是很大，但是河北与北京和天津相比在各方面都比较落后，教育行业的资源配置远远落后于京津两地，师资力量与京津两地相比也有较大的差距，导致三地的人才水平和质量不同。

一直以来，京津冀三地分属不同的行政区域，三地统一的人才政策尚未建立，因而对于人才资源的要求不同，在选人、用人的标准上存在很大的差异，人才的准入门槛也有很大的不同。对于京津来说，从本地高校毕业的高素质人才比河北毕业的人才具有更大的优势，人才很难进行顺畅流动，也使得京津两地错失了许多优秀的人力资源。

户籍准入政策和社会福利保障制度没有实现有效的对接，同时各地对于职业资格的评定不同，导致一些原本具有较高职称的专业技术人才到其他地区只能降级使用，不能继续享受原有的待遇水平，故而进一步阻碍了人才流动，导致人才市场分割。当前三地推行的人才选拔政策不同，优势城市北京和天津具有更高的人才选拔门槛，导致三地的差距不断扩大，各地的人才培养质量出现更大的差别，已经出现的人才市场分割现象愈演愈烈，京津冀三地的人才一体化到达发展瓶颈阶段。

3. 合作领域较为局限，协同形式单一

近几年来，京津冀地区人才一体化发展合作更注重表面工程，很难从实质上实现突破。当前的人才一体化合作形式主要包括人才招聘信息共享，各地在举办相关的人才招聘会时支持异地招聘，相关的人才信息网站实现三地关联，不同地区进行高素质人才相互派遣。

虽然京津冀地区的人才一体化推进方式已经有所改变，但是在各地人才合作领域仍然具有较大的局限性，合作的形式较少、层次较低，难以真正集聚高素质人才。当前存在的合作领域应当进一步拓宽，合作形式应当进一步丰富。例如，现在的校招会多是本地的企业在当地高校宣讲，北京的招聘信息虽然在天津和河北相关平台有一定的共享度，但是大部分招聘信息对于其他两地来说仍然比较闭塞。京津冀地区目前缺乏三地循环召开的校招会，不仅减少了各地高校毕业生多种选择的机会，不利于人才流动，也导致了某一领域人才在同一地区过分集中，阻碍了人才一体化进程的进一步推动。

4.发展动力机制缺乏，合作积极性偏低

北京和天津作为直辖市，其经济水平、社会配置和福利保障都明显优于河北省，可能会导致河北省当地的人才资源流失。这不仅不利于河北省加速发展追赶京津两地，而且会促使京津两地更快速地发展，不断拉大与河北省的差距。导致这种现象出现的根本原因，就是缺乏合理的发展动力机制，难以促使人才资源向发展力度较小的河北省流动。

目前，京津两地为招募到优秀的人才，提出了一系列福利政策，例如天津的“海河英才”行动计划，降低了在天津落户的门槛，促使大量技术性人才以及高学历人才快速向天津流动。河北省虽然也推出了“零门槛落户”以及“租房补贴”等引进人才的政策，但是与京津两地的先天差距，使得高素质人才会更优先选择北京和天津。京津冀三地的合作意愿并不强烈，利益竞争却十分激烈，三地作为一个整体尚未做到互帮互助，只注重自身城市的发展，而忽视了其他城市的发展水平，这与京津冀协同发展的目标背道而驰。人才一体化发展动力机制的缺失，直接导致三地不能形成良性合作机制，不仅难以顺利推进人才一体化，而且阻碍了京津冀城市群经济发展一体化的进程。

5.1.3 京津冀协同发展人才激励方向

1.加强顶层设计，加大协调力度

人才一体化发展的基础，就是要有强有力的领导组织，能够统筹全局，协调各地区各部门的发展。促进京津冀地区人才一体化的协同发展，首先就要加强顶层设计。目前，京津冀只建立了人才工作领导小组，在实际政策实施过程中很难做到把控全局，各层级步调不一致，很难真正了解各地具体的发展程度。加强顶层设计，一是要从合作机制入手。京津冀人才一体化的推进不单单是京津冀三个地区的重点，也是国家发展的重点。因此，首先要由国家层面进行机制的设立。二是要成立三地的整体领导小组，加上各地分属的相关部门，环环相扣，确保各层级机制都能对下属机制进行严格监管，对整体措施的落实进行高效协调。

2.提高合作的频率，丰富合作的形式

目前，京津冀三地的合作停留在较为低级的层次，主要是自发地组织交流沟通，时间上也比较随意，各层级对此不够重视，很难达到预想效果。各级机制应当组织更正式的活动，全国层面的可以一年一次，京津冀地区间可以每季度或每半年召开一次，各地区间则应当每月进行相互沟通。只有这样，才能提高合作效率，促进各层级推进人才一体化协调发展。

3.强化政策衔接，实现资格互认

人才政策不能做到无缝衔接，很大程度上阻碍了京津冀三地人才流动的正常进行。目前，首先要构建统一的人才选拔制度。三地分属不同的行政区划，对于人才选拔都有自己单独的体系和准则，不同的标准下同水平的人才可能面临不同的待遇条件，因此会选择待遇较优的地区。如果统一了人才选拔制度，就会从根本上避免这种情况的发生。比如要尽快实现三地职业资格互认，避免在某地具有正高级职称的人才到其他地区后面临职称不被承认的情况，形成人才流动壁垒。

要强化京津冀三地人才市场的衔接。各地区人才市场不能只为当地的人才服务提供帮助，对于京津冀地区来说三地为一体，各地区应当一视同仁，为所有高素质人才提供服务，答疑解惑，为他们节省时间，省去不必要的麻烦。

最后是促进京津冀地区的社会保障制度的互认和对接。社会保障制度的对接不顺畅会直接阻碍人才的流动，如果能消除地域差异，实现京津冀地区各项社会保险的一体化管理，人才一体化的进程就能得到进一步推动。

4. 多元主体参与，丰富协同形式

人才一体化的推进不单单需要人力资源的相关部门参与，多元主体的参与才能丰富人才一体化的形式。当前京津冀地区的合作更多地停留在政府层面，而政府也不可能完全把控三地的人才协同工作。

当前政府部门会推出一系列政策推进人才一体化进程，如果政府能将具体的政策与企业挂钩，鼓励三地相关的大中小企业成立人才引进联盟，将一个地区某一类型企业过剩的人力资源安排过渡到其他地区相关的企业，不仅避免了人才流失，也能避免高素质人才失业的情况。

要拓展政府以外的合作，充分发挥企业、学校、科研部门和人才市场的协同作用，建立长效持久的协同发展机制。发挥不同地区高校和科研部门的协同作用，不同地区的高校不仅可以承接本地区的科研项目，还可以承接其他地区科研部门的相关科研项目，鼓励高校研究型人才参与项目。一是可以充分调动高校学生的积极性，避免项目内容单一降低学生参与的热情；二是优秀的项目参与者在毕业后，可以优先进入所承接项目科研单位，这样不仅可以吸引大批人才，也可以加速三地人才循环流动。同时，京津冀三地的人才市场应该相互协作，不只局限于网站上相关信息的发布，在实际的人才市场中也应当相互合作、互通信息。

5. 形成利益纽带，提升互享动力

京津冀三地虽然在推进人才一体化的过程中实现了相互协作，

但是明显缺乏动力，因为尚未形成环环相扣的利益纽带。京津冀三地虽然一直强调协同发展、相互合作，仍然是将本地区的利益放在首位，地区间的利益竞争依然较为激烈。京津冀三地作为一个整体，应当将整体的利益放在首位，而不是让地区间的竞争不断加剧。应当通过出台相关的规划，明确三地人才一体化发展中的定位，具有先天优势的北京和天津应当发挥自身优势带动河北省的发展，重新分配资源，实现三地的利益共享。

在协调机制间，应当逐步建立环环相扣的利益传输关系。国家层面的机制发放人才合作基金到京津冀地区层面，再均等地传输到三地人才部门，反之三地的人力资源创造出的社会成果应当实现京津冀地区间的互惠共享，再进一步促进国家的发展。不仅如此，各地区还应预留部分人才合作基金对积极参与人才合作的相关企业、高校、科研部门给予支持和利益补偿，充分发挥利益在人才合作中的重要作用。

6.促进内外循环，打造新型格局

人才一体化发展的实质就是要求京津冀区域的人才实现良性循环流动，不仅要加强区域内部人才的高速流动，也要求实现区域人才同外部区域，甚至同国外的人才实现流动循环。区域内部人才的流动就是要不断消除人才流动壁垒，去除人才流动障碍，通过层层把控、各级调整，不断完善人才流动体系，形成流动高效、循环有序的内部运作机制，实现内部人才的自主流动。

另外，还要加强人才的外部流动，不能只局限在京津冀三地之间，应该广纳英才，不仅要吸收全国各地的高质量人才，还应该同国际接轨，吸纳国外的能人贤士，始终保持同外部进行人才交流，进一步参与全国和全世界的人才资源配置，最终形成内外循环结合，打造人才流动的新格局。

7. 完善法制建设，保障服务水平

人才一体化在推进过程中，应当依靠相关的法律法规保障人才协同发展的顺利进行。人才在流动过程中需要注意多方面的问题，因此要对人才政策实施过程中出现的违法行为进行制裁。此外，在流动到新地区时产生的户籍认证、学历认证、社会保障的对接和转移过程中发生的各种问题，也需要相应的法律和条例进行规范。

不断完善人才合作的法制建设，用法律的手段打破地区间人才流动的障碍。例如，京津两地拥有高质量的资源，也不断地吸收河北省的优秀人才，通过出台相关的法律条例，可以推动三地部分资源共享，打破当前人才一体化的壁垒。完善人才合作的法制建设，根本上是为人才一体化服务，在出台相关法律条例时要多从各地区的利益出发。三地可以针对人才一体化推进过程中出现的问题进行协商，并且经由重大立法项目组的审核构建与国家利益、地区利益不冲突的法律条例。同时，在构建相关法律条例时应当注意，京津冀人才一体化的协同发展，并不是要求三地人才资源水平完全趋同，更应该多与各地区现实发展的情况相结合，并且结合京津冀三地的历史情况，完善法律机制为人才合作服务，最后通过人才合作不断促使各地区实现高速发展。

8. 打造人才聚集载体，提升区域创造力

京津冀地区在不断推进人才一体化的进程中，会吸引大量的人才集聚，不断强化顶层设计，并且设立相关的部门接纳人才尤为重要。通过设立各层级的协调机构统筹整体的人才一体化进程，可以更为合理地广纳英才。比如，通过开设相关的特色产业园区、高新产业示范园区，可以接纳高新技术产业方面相关的优质人才。目前，北京和天津相关的产业园、示范园以及科研机构较多，但河北与其相比则略显弱势，因而河北也不能很好地留住人才。为促进三地的协同发展，应当根据河北当前的发展情况，构建河北省的人才聚集载体。但是在河北大力建造产业园区、示范园区并不现实，因此可以先制定一些相关的科研计划和人才发展计划，接纳聚集的人才资源。

从根本上来说，京津冀地区不断地集聚人才就是为了提升创造力，将聚集的人才所具备的知识优势转化为创造优势是促进人才一体化的根本目的。在打造人才聚集载体时，要注意同科技创新相结合，因此还要设立京津冀地区的高端科技创新平台进行人才交流，不仅要在全国范围内进行高科技技术交流合作，还要与世界接轨，同国外优秀大学开展科技项目的合作，并且派遣人才到技术发达的国家进行学习交流。这不但可以提升人才的学习能力，培养人才的创造能力，也增加了对人才流入京津冀地区的吸引力。

9.完善选拔培养制度，形成人才一体化政策体系

完善的人才政策体系是京津冀人才一体化发展的重要保障，是加大三地人才协同发展力度的助推剂，也是构建人才发展良好环境的基本要求。完善人才政策体系应当从两方面入手：一是完善京津冀人才协同制度，二是完善各地人才选拔培养制度。完善人才协同制度，首先就要打破以往三地较为激烈的竞争局面，通过制度和相关政策的发布，向三地渗透“一荣俱荣，一损俱损”的发展理念；其次，要加快建立三地共同的人才基金保障机制、解决争端的调解机制、公平合理的配置机制以及人才资源的自由流动机制。从人才基金的分配，到人才资源的配置，再到人才流动的实施，都做到有法可依、有章可循。最后，要通过制度和政策扶持建立人才信息共享平台，三地科研成果共享数据库，实现信息互通。完善各地人才选拔培养制度，一是将人才选拔规划纳入京津冀协同发展的整体规划，将人才一体化发展作为重要的发展战略，引起三地乃至中央政府的高度重视，才能加快人才选拔培养制度的完善速度。二是可以借鉴其他地区或者国外的经验，实现三地统一的人才选拔制度和人才评级制度，消除人才流动障碍。

目前，京津冀地区没有统一的人才选拔制度，导致人才流动不畅，从而阻碍人才流入。另外，还可以从人才的培养入手，没有统一的选拔制度，主要也是因为三地在具体的人才培养上既没有一套完善统一的方案，也没有一套适合三地人才培养的方案，更没有形成科学合理的人才培养体系。

10. 强化产学研人才合作，提高成果转化能力

强化京津冀三地产学研人才合作，就是将生产、教育和研究结合起来，相互配合，相互协调，发挥各自优势，其实质是不同领域人才间的合作。企业通过利用高等学校培养的高素质人才和科研机构输出的研究成果取得发展，又为高校和科研机构的研究提供资源和资金支持，同时高校也可为科研机构提供具备高科技知识的人才，帮助推进各项研究，科研机构则为高校人才提供了锻炼和学习的平台，三方相互合作促进人才合作。产学研联盟的设立，不仅有助于各地人才之间的高效合作，而且通过政策大力扶持产学研人才合作也是推进京津冀地区人才一体化的重要途径。

北京和天津两地拥有众多高等学校和科研机构，科研力量充足，科研水平很高，同京津两地的高校和科研机构合作的企业经常会迁至河北，甚至在河北开设企业分部，通过鼓励企业与河北高校和科研机构进行合作，实现三地成果的区域内共享，人才资源的配置也得以流动，因而在京津冀地区会因为某个企业将三地的人才资源和创造成果进行共享，加强合作。而要建立三地共同合作的产学研创新联盟，就需要政府统筹全局，三地共同协作制定适合的发展规划，协调三地的资源配置，优势互补。

11. 构建创新人才培养平台，促进三地人才交流

通过京津冀三地协同优化科技创新人才培养机制促进人才一体

化进程，对三地人才交流和培养起着重要的作用，要以创新人才培养机制为平台，为三地间人才的交流提供机会。构建创新人才培养平台，首先要加大对人才创新能力培养的投资力度。除了给各地提供人才合作基金，还应该加大创新人才培养基金的投入，根据各地人才培养情况不同，对发展较慢的地区给予更多的资金投入，加快其追赶优势城市的步伐。加强高校的创新人才教育，增进三地人才合作。

京津两地先天的优势和充足的资源，使得两地在创新人才培养中也具有得天独厚的优势，但是河北相比之下就处于弱势。具备实力的北京和天津可以起到带头作用，建立科技创新联盟，举办科技创新大赛，鼓励三地的学生和教师积极参与，在培养创新能力的同时也逐步加强人才合作。对于进入工作岗位的高科技人才，也要不断提升其创新能力，进而促进地区间人才交流合作。

京津冀三地可以联合开展企业间创新型科技人才培训活动，增加地区间的人才培训和学习交流机会，通过参加企业间的团队活动，促进三地有合作关系的企业内人才进行交流和学习，不断提升三地人才的整体素质。

12.全面监管政策实施，科学评估发展成效

在人才政策和规划的具体实施中，需要设立相关的部门和机构进行监督和规范。各地对政策的理解不同，具体的实施过程也各有不同，因此首先要对政策的实施过程进行监管，保证相关政策和规划能够按照制定的初衷顺利实施，还要对规划实施的成效进行评估。加大监管力度，这就需要保证人才政策监管部门体系的完善度和权威性。完善监管体系要求各层各级都有相关的监管部门，上到中央政府，下到各地人才部门。京津冀人才领导小组可以作为中间的桥梁，在内部再分设监管部门，定期要求下级部门进行政策实行情况的汇报，同时定期向中央政府汇报，以便把控全局，及时调整政策和规划中不合适的部分。但加强监管并不是全程监管，也要给各地留上一定的发挥空间，提倡在总基调不变的前提下推进政策创新。监管还要求对政策实施过程中出现的不规范和违法行为进行严厉打击，对人才培养基金以及科技创新资金的使用要严格把控，避免挪用和套用科研经费的行为出现。定期对京津冀三地人才政策和规划的实施效果进行评估也很重要。特别是在制定了三地统一的人才培养制度后，为消除实行效果的不确定性，应该首先在三地进行小范围试行。及时对实施效果做出评估，解决出现的问题，调整培养制度中不适合的部分，最后才在三地全面推广。通过对人才政策实施过程进行及时的监管，实施效果及时评估，可以充分发挥人才政策的作用，保证人才政策的顺利实施，从而推动京津冀地区人才一体化的发展。

5.2 京津冀协同发展人才扶持政策

人才政策是配置人才资源、提高人才素质、优化人才结构的重要手段。学者或探讨国家人才政策的演进与发展，或通过实证研究发现制约地方人才政策发挥效能的差异性不足、协调性不够、均衡性不高、时效性不强等关键因素。

5.2.1 京津冀协同发展人才政策目标

一方面，人才政策目标呈现出的状态与规律反映了京津冀三地不同的政策理念和宗旨，也在一定程度上体现了三地在京津冀格局中的不同定位与各自发展的环境。北京人才政策的目标相对均衡，在注重人才质量提升与人才效益发挥的同时，对人才规模和人才流动的政策目标有一定程度的控制。与之相适应，从其匹配的政策工具可以看出，人力资源的规模不是其主要目标，流动层面也更多地体现在对人才的引进，尤其是高端人才、海外人才及契合首都定位的专业化人才的引进方面，同时，注重对本地人才的激励、开发与利用。

天津人才建设目标之一是追赶北京，努力提升人力资源的质量，更好地服务于天津的经济、文化及社会建设等，因此，提升人才质量的目标最为显著，人才规模和流动目标的比重相当。

受地理、社会、经济等条件限制，河北在人才引进和流动方面存在一定的局限，规模和流动的目标最不明显，主要关注人才质量与人才效益，这与其政策工具中供给型工具占比大的情况是一致的（图5-2）。

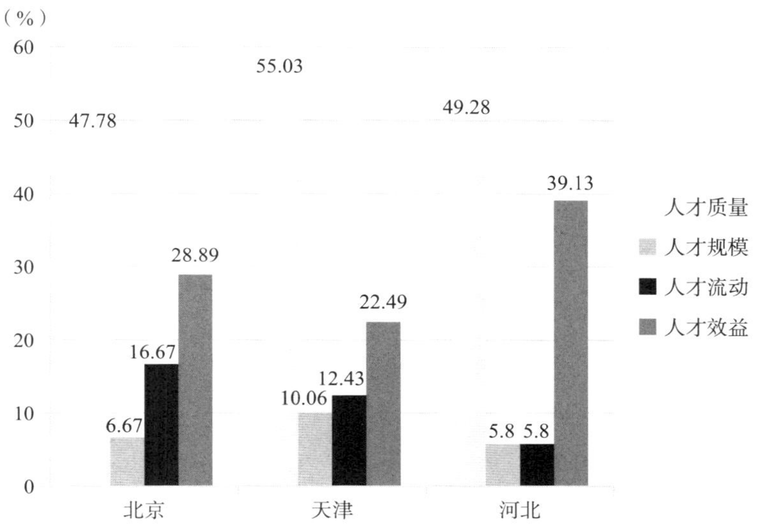

图5-2　京津冀人才政策目标占比分布情况（2013—2018年）

数据来源：《中国统计年鉴（2018）》。

另一方面，三地人才政策目标明确性存在差异。目标是否明确，在很大程度上决定着政策是否具有清晰有力的导向功能。北京的文本目标表述较为明确。如《中共北京市委关于深化首都人才发展体制机制改革的实施意见》指出，“通过深化改革，在首都人才发展体制机制的重要领域和关键环节上取得突破性进展，与首都作为全国政治中心、文化中心、国际交往中心、科技创新中心城市战略定位相适应的人才发展治理体系基本建立”。相比之下，河北和天津的文本目标不甚明确。如《市委组织部市人力社保局关于开展2014年天津市人才服务月活动的通知》指出，“为进一步提高人才服务水平，优化人才环境，引导企业和各类人才为美丽天津建设贡献力量”；《关于申报河北省2013年高层次创业人才项目资助的通知》指出，“为深入实施人才兴冀战略，更好地为建设经济强省、和谐河北服务”。其中“美丽天津”和“和谐河北”概念较为宽泛，影响相关政策举措在具体操作中的对应性和有效执行。

5.2.2 京津冀协同发展人才政策工具类型、权重及内涵

一方面，从政策工具的类型分布及数量权重来看，北京的三类政策工具较为均衡，天津的供给型政策工具居多，河北的需求型最不明显（图5–3）。

另一方面，三地对政策工具的运用也不同（表5–2）。在供给型政策工具中，人才培养政策在三地中均占比最高：北京24项，占比39.34%；天津73项，占比68.87%；河北18项，占比37.50%。就需求型政策工具而言，北京的人才管制举措最为突出，有27项，占比50.94%，天津则注重人才引进，河北没有突出的侧重点。就环境型政策工具而言，策略性措施数量多、占比大。北京在注重培养与引进的同时加强人才管理，其具体举措除法规管制之外，还多体现为策略性措施。天津侧重人才培养和引进，既注重人才的数量又注重质量，但在知识产权、税收金融方面的力度明显不足。河北注重人才培养，注

重资金投入与策略性措施的匹配，但产学研合作、海外机构、人才管制措施等方面明显不足，2017年才出台首个国外人才引进政策。

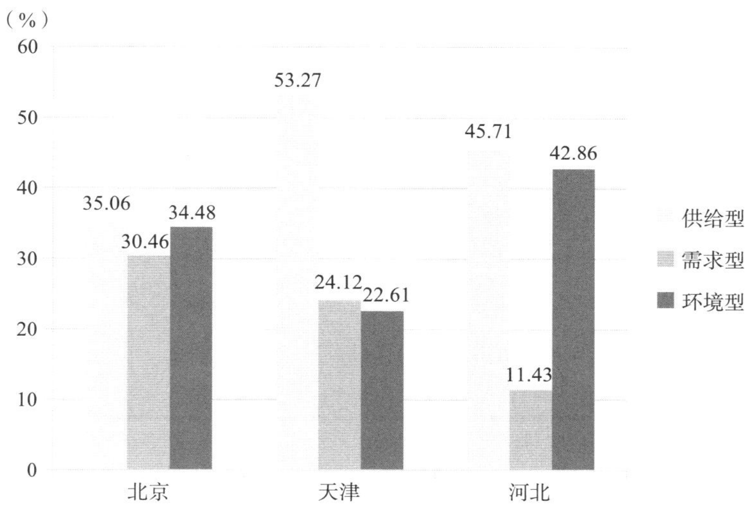

图5-3 京津冀人才政策工具类型占比分布情况（2013—2018年）

数据来源：《中国统计年鉴（2018）》。

表5-2

京津冀人才政策工具类型结构

单位：项

政策工具		北京	天津	河北
供给型	人才培养	24	73	18
	人才基础建设	13	12	8
	人才资金投入	11	11	17
	公共服务	13	10	5
	合计	61	106	48

续表

政策工具		北京	天津	河北
需求型	人才引进	11	20	4
	产学研合作	11	11	2
	海外人才机构	4	9	1
	人才管制	27	8	5
	合计	53	48	12
环境型	税收金融	3	1	7
	知识产权	5	1	1
	法规管制	19	6	5
	策略性措施	33	37	12
	合计	60	45	45

数据来源：《中国统计年鉴（2018）》。

5.2.3 三地人才政策的实施规律、模式策略与创新机制

1. 人才质量目标：注重人才培养+协作基地建设+创新产学研合作

（1）在人才培养层面，三地须进一步深化全方位、多领域的协作，以培养多层次人才，为协同发展提供动力支撑。落实和推进京津冀协同发展，首先要促进三地人才的均衡发展。在此目标指导下，三地应突破传统范畴及领域的局限，梳理各自在人才培养方面的特点、优势、需求及可能存在的功能重叠和冲突，同时，厘清中央、区域、各地、各部门等在人才协同发展中的责任。京津冀三地在人才培养的理念、举措、领域、层次等方面还存在较大差异，未来在实现优质资源共有、共享的同时须进一步拓展多领域、多层次的交叉与协同的人才培养。

注重多领域、全面的人才培养。从政策文本来看，北京有完善的制度及政策顶层设计，同时匹配有切实可行的行业规范。换言之，既有宏观指导性政策，又有具体的执行举措，人才培养涉及多个领域，包括法律、教育、农村、体育、科技创新等，并出台相关指导性文件。例如，《首都法学法律高级人才库入库人才管理办法》提出，“为充分发挥首都法学、法律人才的作用，为首都法治建设提供强有力的人才保证和智力支撑，建立首都法学法律高级人才库”；《北京市民政局关于开展农村社会工作人才队伍建设试点的通知》指出，“为推动我市农村地区、城乡接合部地区、农转居等各类涉农地区的社会工作专业人才队伍发展，开展农村社会工作人才队伍建设试点”。相较而言，天津与河北的指导性政策偏多，实施细则和配套少。虽然人才培养的文本数量多、占比高，但多为常规型、事务型、指导型政策文本，且同质性高、领域覆盖面窄。例如，2013年以来，天津每年都会颁布会计领军人物计划，共计37个，文本量占比35%，但文本内容变化小、重复性表述多。河北人才政策中涉及中医药主题的文本有11个，涉及地震的文本有3个。河北的人才培养、教育设施及资源等比京津地区更薄弱，更需要加强复合型、应用型人才的深度培养，同时伴随产业升级发展，开展更具目标性和针对性的人才培养。

进行人才改革探索，注重多层次人才培养。北京充分发挥优质教育资源优势，多举措推进资源共享，不断创新人才培养新模式，不仅有面向海外高层次、科技创新、高端领军人才层面，也有面向基层职业技术类、农村社会工作的类型。2015年以来，北京出台了贯通、双培、外培、实培计划等多项政策。天津与河北在人才培养方面有持续性跟进，如天津的“131”创新型人才培养工程、河北的“三三三人才工程”等。从文本来看，天津的地方特色鲜明，形式较为固定。此外，天津还着眼于专业技术人才和高技能人才的培养，河北也涉及高层次创业人才的培养，如《关于申报河北省2013年高层次创业人才项目资助的通知》等。

（2）在基础建设与产学研合作层面，三地协作建设人才培养基地，开展多样化、创新性产学研合作空间大。建设人才培养基地、开展多形式的产学研合作，旨在实现教育、科研与产业的资源优势互补，提升理论与实践兼备的复合型人才培养质量。三地在这方面投入力度不同、广度与深度存在差异，未来在基地建设、产学研合作方面的空间较大。

人才培养基地内涵建设不同。北京的人才基础性建设投入大，相关文本13个，占比最高。近几年来，北京不仅遴选和建立了一批人才培养基地，还在此基础上探索带动学科、专业发展及高端人才创业基地建设等。天津集中在人才培养基地、档案教育基地等领域，如《2015—2017年天津市档案人才教育培训规划》指出“提升档案培训学校硬件水平及档案教育师资队伍建设”。河北则集中在人才培训和实训、继续教育、职业技能、公共实训基地等方面，如《中共河北省委办公厅、河北省政府办公厅关于提高技能人才地位的若干意见》中指出，“每年继续支持5个国家级、10个省级高技能人才培训基地和5个国家级、10个省级技能大师工作室建设”。

京津冀三地都积极开展了较为丰富的校企合作。北京加强高校与企事业单位的合作，建设校外人才培养基地及国际交流合作、国内外联合培养基地等。例如，《北京市教育委员会关于公布北京高等学校市级校外人才培养基地项目验收结果的通知》指出，“增强校企合作的深度和广度，丰富合作内涵，完善质量监控和评价体系”。天津对接企业，利用高校资源，搭建合作平台，进行技术攻关、骨干带培，新建一批高技能人才培养基地。河北有2个文本涉及产学研，如《中共河北省委办公厅、河北省政府办公厅关于提高技能人才地位的若干意见》提出，“依托企业、院校、高技能人才培训基地、职业技能公共实训中心开发高端专项职业能力项目”。

2. 人才规模与人才流动目标：资源优化配置+合理流动集聚+畅通海内外合作

（1）为有效扩大人才规模，应进一步完善旨在推进区域人力资源结构优化与合理配置的政策。三地人才规模的政策目标均不显著，注重控制与增长的平衡，文本匹配少，表现在有条件地控制人才规模方面，人才发展主要关注高质量的人力资本，而不是数量上的扩张。北京的相关政策文本有6个，如《2013年度北京市引进海外高层次人才专项计划》提出“紧密围绕全市科技创新与产业发展的需要，有针对性地延揽海外高层次人才”，“全市每年引进200名左右海外高层次人才”。天津相关文本有17篇，河北有4篇。天津指出要抓住京津冀协同发展机遇，加快集聚高层次人才。工作目标是自2015年起，经过3年努力，全市高层次人才总量由7.5万人增加到9.5万人，增长27%。

（2）在人才引进方面，政策须进一步跟进实现区域内人才要素的自由流动和合理的人才集聚。人才流动既是社会生产力发展的客观要求，也有利于调整人才的社会结构、充分发挥人才潜能、提高人力资源的使用率。京津冀协同发展背景下的人才一体化，就是要通过联合引才、多向流动优化人力资本的配置。然而，当前三地间的人才流动不足，人才使用、人才集聚等方面还存在体制机制等障碍。

在人才引进方面，三地政策理念及导向存在较大差别，需要在协同发展的格局中创新人才引进政策与机制，采取可行的、有针对性的措施引进特殊、高端和急需人才，并根据人才的不同特点、专长和优势，提供不同的发展平台和机会。

北京主要倾向于构建具有国际竞争力的人才开发机制，实行更具竞争力的海外人才引进举措，不仅人才层次高（如海聚工程），而且为吸引外籍和海外高端人才完善了公共服务和一系列策略性措施，彰显国际化的视野。其涉及人才引进的相关文本有11个，占比最低。

天津既关注人才培养，又着力于人才引进，涉及人才培养的政策文本有73个，占比68.87%，涉及人才引进的有20个，占比41.67%，在三地中占比最高。

受制于地域环境、总体经济发展状况等因素，河北在人才引进方面存在一定困难，加之政策优势不大，对人才吸引力不足，且没有具体的领域、层次、数量及相关要求、措施等，涉及文本有4个，其中只有1个提到“外国人才”，如《中共河北省委、河北省政府关于加强新形势下引进外国人才工作的实施意见》指出，“着力扩大引进外国人才规模，切实提高引进外国人才质量”。

（3）在海外人才机构发展方面，须借鉴开放灵活的机制，畅通海内外合作，促进地区间的资源共享。从政策文本看，北京有4个，主要探索建立海外人才供需精准对接机制，发挥外事、侨务、外专、海外人才服务机构等渠道作用，建立海外联络机构与协同运行机制。天津有9个，内容涉及创新海外高层次人才引进模式，探索在全球范围内设立一批天津市海外人才工作站。河北只有1个，《中共河北省委办公厅、河北省政府办公厅关于提高技能人才地位的若干意见》指出，“深入开展技能合作交流。引进国外优质职业教育资源，推动我省职业技工院校、大型企业与德国、瑞士等国家知名职业学校、知名企业合作共建特色院系或专业”。相比而言，北京、天津在海内外合作方面成功的经验较多，河北可以因地制宜地学习，同时，地区间应更大程度地推进资源共享，综合有效发挥人才效益。

3.人才效益目标：有效政策激励+规范人才管理

（1）在环境型政策层面，三地多措并举，政策激励性功能凸显。有效的政策激励能激发创新活力，通过资金投入、税收金融、知识产权、公共服务、策略性措施等完善人才服务保障。在尊重人才、维护人才合法权益的同时能激励人才效能发挥，也能营造合作共赢的人才发展环境。

一方面，操作性强的支持与激励措施，明确的经费支持、资金投入和补助、奖励等措施，对政策适用群体能形成较强的引导。北京涉及人才资金投入的文本有11个，如《北京市优秀人才培养资助实施办法》指出，“为青年骨干个人提供不超过10万元资助经费，为青年拔尖个人提供20万~80万元资助经费，为青年拔尖团队提供200万~300万元资助经费，为人才工作集体项目受资助单位提供10万~50万元资助经费”。天津有相关文本12个，河北有17个，如《河北省人力资源和社会保障厅关于开展2018年度河北省“三三三人才工程”人选选拔工作的通知》指出，“在四年培养期内，由省财政为一层次人选每人每月发放300元、二层次每人每月发放200元工作津贴（免征个人所得税）”。在税收金融方面，北京实施了诸如给予股权等激励办法，河北则提到了奖金部分的税收减免措施。

另一方面，在公共服务和策略性措施方面，三地具有不同特点。公共服务包括住房、社会保险、子女入学教育、落户、医疗、创业服务等。北京相关政策较为全面，有13项，占比最高，达21.31%，如《北京市农村工作委员会、北京市教育委员会、北京市科学技术委员会等关于推进北京市种业人才发展和科研成果权益改革工作的若干意见》指出，“鼓励科研单位和种子企业积极吸引集聚海内外高层次人才，对符合政策规定条件的高层次人才，在引进落户、义务教育入学等方面给予支持”。在策略性政策方面，北京举措多且切实服务实践需求，既有规范的组织机构，又附有详尽的工作要求和具体的责任单位。如北京市人民政府印发《关于优化人才服务促进科技创新推动高精尖产业发展的若干措施的通知》（京政发〔2017〕3号）指出，“鼓励海外人才来京发展。探索建立高层次海外人才担任事业单位性质的新型研发机构和民办非企业单位法定代表人制度”。河北的45个环境型政策文本中，策略性措施有32项，占比71.11%，天津有37项，占比82.22%，相较而言，两地的文本阐述较为抽象，政策系统性、综合性、引导性不足，内容略显松散，可操作性不强。

（2）在人才管制层面，三地须统一和完善规范化全流程的人才管理。在推进区域人才一体化建设进程中，统一规范的人才管理是必要的制度规范。

北京的人才管制政策文本有27个，占比50.94%，在三地中最高，在注重人才激励、服务的同时，也注重人才评估、监管等规范的人才管制，强调绩效，并制定了一系列考核评价规范。如《北京市优秀人才培养资助实施办法》明确规定：“受资助人所在单位党委（党组）人才工作部门负责对受资助人及项目进行日常考核管理。项目结题须经归口推荐单位党委（党组）批准，并将结题报告和有关成果材料报市委组织部备案”；“对违反学术道德和职业操守产生恶劣影响，以及有违法违纪行为的，将取消相关待遇，构成违法的，按照相关法律法规处理”。

天津、河北的政策多为一般性概括，少有具体的监管办法，人才管制强度低，措施不明确。如《河北省中医药管理局关于组织全省优秀中药人才培训暨开展全国中药技术传承人才年度考核的通知》规定：“年度考核结果采用定量与定性相结合，60分以上为合格，不满60分者为不合格，年度考核不合格者，将予以退出。”

5.2.4 京津冀协同发展背景下人才政策优化建议

人力资源作为三地区域发展的第一资源，对实现京津冀协同发展至关重要。《京津冀人才一体化发展规划（2017—2030年）》提出2030年基本建成“世界高端人才聚集区”的发展目标及13项重点工程，以打造区域人才一体化发展共同体。

当前，京津冀地区虽在地理上紧密相连，但由于城市发展定位、经济发展基础水平和条件、行政区划、政策保障等方面的差异，区域人才发展及结构不平衡。契合京津冀协同发展的目标，成功地运用政策工具，可以实现价值理性、制度理性和工具理性的自洽与耦合。应基于“强主导、重定位、深优化、力创新”的路径完善京津冀三地人才政策，在协同发展视角下进行适应性的策略调整。

1.强主导：建立人才规划和政策机制，加强党对人才工作的领导

发展是第一要务，人才是第一资源。党的十九大报告强调，要坚持党管人才原则，聚天下英才而用之，实行更积极、更开放、更有效的人才政策，让各类人才的创造活力竞相迸发。习近平指出，党管人才主要是管宏观、管政策、管协调、管服务，既包括规划人才发展战略，制定并落实人才发展重大政策，还包括协调各方面力量形成共同参与和推动人才工作的整体合力。

从政策文本看，由党委牵头或联合发布的文件，较其他政策效力大且文本质量高，不仅政策目标表述清楚，而且政策工具规范性强。三地政府在协同发展背景下应切实树立和落实科学人才观，增强人才规划的针对性和可操作性，发挥人力资源在区域建设中的基础性作用。

2.重定位：明确城市发展定位，完善区域人才政策

一方面，完善区域人才政策的顶层设计。《京津冀人才一体化发展规划（2017—2030年）》提出人才建设“三极”：围绕全国科技创新中心建设，把北京打造成创新型人才聚集中心，形成京津冀原始创新人才发展极；围绕全国先进制造研发基地建设，把天津打造成产业创新人才聚集中心，形成京津冀高端制造人才发展极；围绕河北省转型发展需要，发挥雄安新区创新发展示范作用和石家庄承接转化带动作用，形成京津冀创新转化人才发展极。

近年来，国家为积极推进京津冀区域发展制定了一系列政策，如建立北京中关村高科技产业园、天津滨海新区、河北雄安新区等。区域人才政策须进一步加强顶层设计，打破“自扫门前雪”的思维定式，利用政策优势，广泛吸引人才，实施人才引进、流动、评价、激励、合作等机制的统筹化改革。

另一方面，三地结合自身需求，明确城市发展定位，聚焦人才建设工作重点。人才建设与城市的功能定位息息相关，良好的政策又是推动人才建设的重要因素。作为政治、经济、科技创新、国际交往中心，北京具有明显的资源优势，人才政策可以侧重高端技术、教育等领域；同时，北京的首都功能定位及城市发展基础，可以在区域发展中起到一定的引领和示范作用，在以多种方式引进、培养、使用人才的同时应加强辐射和带动能力，帮扶津冀发展。

天津具有较强的研发转化能力，在人才引进和培养双驱动之下，人才政策可以更具有地方特色；政策文本集中于各行业会计类人才培养，可以基于地缘优势开发这一类人才的新领域。

河北具有产业的资源条件，产业转型可以带动和更新人才发展；政策文本较集中在中医药发展、地震科技及农村人才等方面，可以依据资源优势，契合河北的发展基础和农村资源的有效利用，实现人才开发与建设的新突破，同时，应重点关注人才培养，有效促进人才流动，完善政策以吸引人才。

3. 讲优化：优化政策协同与全流程人才管理

（1）打破区域及行政壁垒，打破属地化管理的桎梏和体制机制障碍，加强政策扩散与创新，构建人才发展的治理体系。以雄安新区建设为人才发展引擎，三地加强联系、沟通与合作，整合人才合力，以协同环境凝聚人才、用机制激励人才、用法制保障人才。为增强政策开放度，可以逐渐探索并增加区域间政府的联合发文，增强政策间的协同性及政策效力。

（2）人才建设包括选、育、用、管等多个环节，需要完善跟踪与落实机制，加强人才管制与激励。当前，京津人才虹吸效应与人才辐射效应不均衡，人才流动具有显著的地域性特点。京津国企的外迁、北京城市副中心及雄安新区的建设，能带动一定范围内的人才向河北及周边地区流动。以京津冀一体化建设为契机，在人才管理方面，应尽快建立起在区域内人才“引得来、留得住、用得妥、流得顺、管得好、出得去、绩效优”的全流程管理模式和共享机制，促进人才效益的发挥。

4. 求创新：人才建设专业化、专门化与技术化

（1）探索建立人才建设专业委员会。该委员会实行区域间的联席制度，共商制定区域人才政策，并建立日常联系机制，切实推进协同发展；创新管理，以才引才、以才荐才、以才育才，制定不同层次的人才评定、培养、选拔、考核、激励、服务等机制，加强人才流动及合理化开发利用；积极总结各地人才特区建设的经验，在一定的政策领域和空间范围内，建设多层次、多类型、专业化的人才特区；完善政策、优化环境，创新引才引智策略与人才管理、服务措施，解决人才总量不足、高层次人才欠缺、人才结构和分布不合理等问题。

（2）利用互联网和大数据等信息技术建设面向全域的人才资

源信息平台。搜集、整理各地区人才信息，整合区域的人才需求，以统筹区域人才规划，并构建与社会、经济发展相适应的人才供给框架及实现合理培养、使用与流动的人才共享平台。

5.3 京津冀协同发展人才队伍的培养

5.3.1 创新人才队伍的培养

1.培养创新人才队伍的意义

人才是推动发展的重要资源。党的十八大以来，党中央站在党和国家事业全局的高度，围绕我国人才事业和人才工作，作出一系列重要指示、提出一系列关键命题，为我国人才工作的创新发展指明了方向、提供了遵循。为此，我们要充分认识加强人才队伍建设的重要性。各级党委要增强领导人才工作的责任感、使命感；要具备忧患意识、危机意识，用党中央的战略决策统一思想，进一步强化人才是第一资源、是重要战斗力的观念，真正把人才工作作为一项重大而紧迫的任务放在心上、抓在手上、扛在肩上，努力开创人才辈出新局面。要适时组织开展干部人才双向挂职、高层次人才国情研修和联合休养、企业专家人才对接等系列活动，形成推进经济繁荣发展的大好局面。

2.培养要点

（1）创新党管人才工作。党的十九大报告指出，“要坚持党管人才原则，聚天下英才而用之，加快建设人才强国”。人才工作的战略性、紧迫性和系统性，决定了人才工作只有在各级党委的坚强领导下，才能保证工作方向正确、工作力度强劲、落实成效明显。

党管人才的核心要义是，党要对人才工作进行全面领导。对此，各级党委要切实发挥领导核心作用，牢牢掌握人才工作的领导权、主动权，敢于负责任、勇于挑重担，做到统全局、负总责、负首责。

要加强统筹规划，做好顶层设计，在人才工作的指导思想、工作目标、工作思路等事关方向性、全局性、关键性的问题上拿好主意、定好路子。要把人才的管理教育纳入工作范畴，努力培养德才兼备之人。要成为人才成长的坚强后盾，支持他们改革创新，为他们排忧解难。要关注、鼓励人才创新，对拔尖人才给予重用、重奖，使之成为标杆性人物。

（2）创新人才培养机制。要深化科研人才发展体制机制改革，完善战略科学家和创新型科技人才发现、培养、激励机制，吸引更多优秀人才进入科研队伍，为其脱颖而出创造条件。

一方面，要创新人才培养内容。创新素质尤其是独立思考能力、思维发散能力、知识应用能力，越来越成为人才培养的核心要素。在西方学者提出的创建学习型组织的“五项修炼”中，第一项就是自我超越，即突破极限的自我实际，始终保持创造力张力，以创造的现实面对自己的生活和生命，鼓励人们冲破条条框框的束缚，不断创新突破。因此，要把提高创新素质作为创新人才培养的重要内容。当前，“三去一降一补”的产业战略转型离不开“双创”事业的快速发展，只有排除万难、奋发图强，不断使广大人才队伍增强创新观念、提高创新素质、开展创新实践，坚持走人无我有、人有我优、人优我精的创新之路，才可能打开一片新天地、赢得科研新发展、开创建设新局面。

另一方面，要创新“互联网+”的人才工作机制。要紧扣信息时代脉搏，借助互联互通的网络手段，实施“人才信息化工程”，推进京津冀区域人才合作。要立足京津冀各自产业短板和转型升级战略谋划，高度重视科学技术，培育壮大高新技术产业，发展现代服务业，尤其要紧盯尖端紧缺人才及其专利成果，高效沟通引进，实现“专家教授+科研成果+河北省需求”的精准对接。

3.培养原则

人才队伍培养应秉承全面发展的理念，不仅要处理好人才队伍建设质量与效益、结构与规模的关系，也要协调好局部与整体的关系；既要关注人才个体的成长发展，又要注重人才队伍整体质量的提升，努力为各级各类人才搭建广阔的发展平台。

树立协调发展的人才观。把人才队伍建设作为一个系统工程，注意各个方面的统筹协调。要协调好人才建设与培养、科学研究、服务社会、文化传承、理论创新等关系，自觉克服条块分割、各自为政、相互扯皮的问题，努力形成“党委统管、机关合力、上下联动”的机制和“规划科学、责任明确、组织严密、协调发展”的良好局面。

树立可持续发展的人才观。人才队伍培养是一个历史的、持续的、事关全局的过程，因此必须遵循公平性、持续性和共同性原则，长计划短安排，抓大事，干具体，勤督促，用真功；必须强化实践、发展、创新意识，增强人才队伍建设可持续发展后劲，防止出现重眼前轻长远、重表现轻实际、重过程轻效益等问题。做好开放型项目以及人才引进规划工作。

既要重视资本，更要重视人才，引进人才力度要进一步加大，人才体制机制改革步子要进一步迈开。在产业转型升级过程中，要把项目引进作为人才引进的头等大事，以雄安新区作为京津冀三地深化和拓展人才合作交流的引领区、示范区、先行区、支撑区，围绕服务发展，不断创新合作方式，促进交流协作，唱好项目引进“六部曲”。一要“看得远”，把引进的人才技术优势转化为京津冀的新兴产业优势；二要“选得准”，瞄准国内外的龙头企业和具有成长潜力的新兴产业；三要“追得紧”，对于优秀人才和优势项目，要锲而不舍地追下去；四要“娶得快”，使经济项目尽快落地；五要“爱得深”，要对引进的在研项目高看一眼、厚爱一层；六要“生得早”，即早生就业岗位、早生GDP、早生财政收入。营造公正透明的人才选用环境。当前，一些基层干部的选拔使用存在与尊重知识、尊重人才要求相违背的问题。对此，要坚持以人为本，遵循人才成长的客观规律，努力为基层干部的成长进步营造公正公平的环境。一是坚持科学考评。按照德能勤绩廉五个方面，把考核的标准具体化，使之具有可操作性、可比性。坚持领导机关考核与群众评议相结合、任职机关考核与平时表现相结合，做到既看评时又看平时、既看全面素质又看个性特长、既看知识理论水平又看实际工作能力、既看当前工作情况又看将来潜能。二是坚持公正选拔。做到岗位公开、标准条件公开，防止以领导个人好恶论长短、以个人形象定调子、以人际关系用干部。三是坚持知人善用。每名干部都有自己的个性和特长，要根据其特长及岗位的要求选人用人，做到人尽其才、才尽其用。

4.培养建议

培养一支高素质人才队伍，是当前河北省实行产业战略转型的一项重大而紧迫的任务。为此，必须将其摆在战略位置，紧跟当前国际国内经济发展形势，突出重点建设；必须结合人才特点，采取切实有效的方法对策，创新完善培训机制，抓好选拔、使用等重要环节，确保人才队伍整体素质的提高。引进竞争机制，把好选拔关。

人才引进一方面要在源头用力，把好选拔“五关”。一是“政审关”，即将思想政治素质作为选拔的首要标准和基本标准；二是“面试关”，即从面试时的气质形象、语言谈吐、思维逻辑等进行考核；三是“测试关”，即由用人单位、职能部门和专家组成考察组，全方位考察引进对象的才学、心理、品行、身体、专业、性格、技能等；四是“应用关”，即主要检验应考者的分析、判断、应变能力，考查形式以论文答辩为主，由考官提问，要求应考者临机回应；五是“体检关”，即对引进对象的身体及心理进行全方位的医学检查及测试等。

另一方面，要坚持试用制。试用期一般以三个月或半年为限，通过分任务、明责任、压担子等形式，详尽了解每位入围人才的优点和特长、短板和不足。对专业基础好、业务能力强、业绩突出的人才，可适当缩短试用期；而对专业能力差、业务能力弱、业绩差甚至无法胜任工作岗位的引进对象，可适当延长试用期或直接淘汰，从而实现人才队伍建设的高质量要求。改进工作机制，把好使用关。选准、用好干部是发挥人才最佳效能的关键。如何把人才使用好、管理好、爱护好，是摆在各级党委政府面前的课题之一。对此，要把好使用关，真正做到公正择优、选贤任能。一方面，建立任务牵引机制。锻炼和提高人才的素质，须在重点攻关任务上使用人才，通过任务、活动的筹划准备和组织实施，提高其科学研究能力、思维发散能力、开拓创新能力、团队合作能力等，使其积累实际工作经验，进而整体推进人才素质提高。另一方面，建立定期讲评机制。对人才坚持定期讲评，可以让他们静下心来反思、反省，查找自身不足，从而在实际工作中少走弯路，始终沿着科学正确的道路前进。

建立激励机制，把好挖潜关。要努力形成争先创优、建功立业的氛围，要善于运用“典型”推进人才进步。各级党组织应结合年终总结、考核讲评、业务竞赛等，以务真求实的精神，发现、培养“典型”，切实把那些扎实工作、乐于奉献、吃苦在前、享受在后、业绩突出的优秀人才推荐出来，激励和提高人才热爱本职、建功立业的积极性、主动性和创造性。团结产生力量，和谐孕育希望，公平凝聚人心，公正纯洁风气。为此，要注意营造团结和谐、公平公正的氛围，激励人才进步、发挥整体优势；注重人文关怀，让人才心情舒畅；加强引导教育，使人才不断团结进取；建立风清气正的政治生态，为人才发展提供良好环境。

5.3.2 京津冀协同发展高校创新人才培养

1. 高校创新人才培养的重要性

（1）有利于支撑京津冀创新体系战略。高校作为创新人才的培养者，是协同创新的骨干力量。目前，京津冀高校大都采用传统教育模式，创新主体无法有效联动，缺乏深度合作，创新人才与社会需求不能有效衔接，某种程度上与国家创新驱动发展战略相悖。

（2）有利于京津冀协同发展政策有效衔接。京津冀高校创新人才培养需要资源优化配置的协同培养，不仅包括京津冀内部的政府、高校、企业的协同，而且包括三地之间政府、高校、企业的协同。京津冀三地提出相应的人才培养政策，北京市结合首都产业的区域转移，按照“人才+产业”的发展模式，使人才流动带动产业群发展；河北省实施重大人才工程，提出“京津冀区域人才合作推进工程”；天津提出加快京津冀完善渤海区域人才交流合作机制，加快开发区域人才开发机制。京津冀三地政府加强顶层设计，实现政策的有效衔接，签署了《京冀两地教育协同发展对话与合作机制框架协议》，为国家和地区教育可持续协调发展提供保障，促进京津冀区域教育优质均衡发展，更好地落实京津冀协同发展的战略规划。

（3）有利于实现京津冀高校资源共享。京津冀高校的资源和发展不均衡，各高校培养学生创新能力水平也不均衡。京津高等教育资源丰富、呈现溢出的状态，河北的高等教育发展较快，但人口众多，优质高等教育资源匮乏，落后于京津地区。京津冀高校资源共享有利于促进区域教育进行合理、科学的整合，为京津冀区域的经济发展提供充足的动力。

2. 京津冀协同发展高校创新人才培养建议

京津冀高校应积极推动产学研合作，致力于培养创新人才，服务于前沿领域的新兴产业和高科技产业，在知识创新体系和技术创新体系中发挥主导作用。

（1）树立协同创新育人理念。在人才培养目标方面，应根据京津冀协同发展战略规划，围绕自身学科优势和特色学科开展协同创新模式，积极对接京津冀协同发展战略。要科学布局，优势互补，重视发挥高校集群效应，在协同创新过程中各司其职，实现资源共享和交流。

北京高校应以高新技术产业园为依托，明确以培养原始创新型人才为目标的培养方案，同时承担高校优质教育资源的疏解和转移。

天津市应以国家示范职业院校为核心，建设高端技能型人才培养中心的特色鲜明一流学科。

河北省劳动力充足、地域广阔，应借助京津优质教育资源，建设服务于承接产业结构调整的应用型学科。在人才培养政策上，需以“双一流”建设为目标，提高科技创新能力。因此，高校应加大人才培养、学科建设、科技研发的资金投入力度，提升协同创新层次，培养创新型人才。

（2）完善协同创新管理制度。协同校内外资源，提高高校知识凝聚力。校内优化学科专业结构，建设优势学科；加强重点学科和高水平学科建设，努力达到国家先进水平；注重教学内容跨学科、跨专业融合，注重实践，强化学生创新创业能力；重视人才、科研、学科建设的融合，鼓励学生参与教师科研工作，提高创新和实践能力。校外利用京津冀地理优势和交通优势，深化三地区高校合作，积极建立校外实习基地，实现校企合作，进行校地合作，培养技术型创新人才。这就需要京津冀高校间建立教学联盟，实现课程互选、学分互认、选派优秀教师交流互教等协同办学模式。

（3）构建协同创新运行机制。一方面，京津冀高校、政府、企业应构建协同创新的合作机制，协调三地高校教育资源，确保京津冀高校协同创新的人才培养取得实效，并对京津冀三地的产学研合作项目进行动态追踪与评价；另一方面，应构建三地区间高校、政府、企业相互协同的人才培养体系，合理引导教育资源由京津向河北有序流动，加快京津冀教育一体化进程。

5.3.3 河北人才引进分析（以秦皇岛为例）

1.秦皇岛引进人才取得的成果

近年来，秦皇岛市人才工作取得了长足发展，以高层次、高技能人才为重点，努力打造了一支结构合理、素质优良、富有创新精神的高素质人才队伍。根据秦皇岛市统计局公布的数据，秦皇岛市总人口从2015年的295万人增至2019年底的314.63万人，在一定程度上吸引了较多人才来秦工作、居住、生活，为全市经济社会发展提供了坚强的人才保证和智力支持。

虽然秦皇岛市人才引进工作取得了一系列成绩，但也要深刻认识到，作为首批沿海开放城市，人才引进工作还存在一些短板和突出问题。例如，在政策落实、环境建设和服务保障措施等方面还存在一些阻碍，人才引进补贴力度相对于其他先进城市力度偏小，人才政策宣传力度仍需加大，人才发展的体制机制面临一些亟待解决的难题，要清醒地认识到自身的成绩和不足，摆正位置，把握京津冀协同发展的机遇，发挥优势，奋起直追，增比赶超，通过人才强市战略，为促进秦皇岛经济建设，持续推进实施京津冀协同发展战略提供强有力的智力支持。

人才引进工作中问题的产生，原因是多方面的：一是人才引进政策不够创新。秦皇岛市人才引进创新政策偏少，主要还处于跟随阶段，缺乏细致的配套措施。二是人才管理政策不健全。京津冀协同发展是一把双刃剑，既面临人才引进的机遇，也面临人才流失的挑战，秦皇岛市工作环境和生活环境方面的优化存在一定的滞后性，相关保障政策的创新需要进一步加强，需要在做好人才引进工作的同时，更加细化人才管理政策，特别是户口、职称评审、随迁子女上学、社保等政策，以更新的服务留住人才。三是人才引进存在信息不对称问题。京津冀协同发展虽然在持续推进，但是受到地方保护主义等思想影响，信息不对称问题突出，地方政府人才引进宣传渠道相对较少，宣传主要靠地方人才市场平台或政府协作平台，供需信息对接、信息流转不畅，人才招聘协同平台不够多。

2.秦皇岛市人才引进工作优化建议

（1）强化忧患意识，明确人才引进目标。秦皇岛基础坚实，产业园区、基础设施、人力资源、生活服务配套完善，人均地区生产总值、人均财政收入均居全省前列。拥有燕山大学等高等院校13所，在校大学生15万名，人才密度居全省首位，但是相对于石家庄、唐山等城市，人才引进政策力度偏小，缺乏相关更加具体、细化的配套政策和措施，吸引外来人才的政策待遇和重大技术创新奖励政策还不够优厚，加之高层次人才工作生活的文化环境和社会保障环境等还不够优化，致使人才引进步伐缓慢，甚至出现人才流失问题。

在人才引进工作中，秦皇岛市应对标唐山、天津，对标实施诸如天津“海河英才”、唐山“凤凰英才”等人才专项计划，研究制定引进培养高层次人才鼓励政策、国际高端人才引进政策、人才创新支持政策、企业研发激励政策、高校毕业生保障政策、社会化引才引智激励政策；打造人才发展平台，强化人才创新创业金融支持、实行精细化人才服务、强化人才住房保障、对高校毕业生“零门槛”落户，推行“先落户后就业”等政策，积极开展专家教授秦皇岛行，假日博士、研究生社会实践等引智活动，争取国家部委和省直经济综合部门干部来秦挂职，在人才引进中，取长避短，强化配套服务，打造秦皇岛市人才引进特色品牌。

（2）加大人才政策宣传力度，拓宽人才引进渠道。秦皇岛不仅有良好的生态资源，还有优良的投资环境和强劲的发展动力，在京津冀协同发展大环境下，秦皇岛的未来发展不容小觑，应充分利用协同发展的平台和机遇，高站位、谋长远、细措施，通过多种形式展示自己的特色和形象，特别是充分利用信息传播新技术、新媒介，如微信公众号、微博、抖音、今日头条等新兴媒体，大力宣传人才引进政策，增加财政补贴力度，提高人才引进补贴标准，推动创新创业人才队伍建设，为企业和高层次人才搭建良好发展平台。与此同时，要加快建立城乡人才交流机制，引导科研人才、高校毕业生、新生代农民等下乡创业，加快乡村振兴，推动县域经济高质量发展。

（3）加强人才引进培养，推动校地、校企合作。建立创新驱动的经济发展方式、实现赶超发展，基础是加快人力资本积累。秦皇岛市于1996年建立了全国首家由人社部门承办的清华大学研究生暑期社会实践基地，截至2019年，秦皇岛市累计引进清华大学研究生500多名，到市第一医院、中铁山桥集团、康泰医学公司、尼特科技公司、海湾公司、卢龙县城建局、市城市数字化管理中心、交通投资公司等单位，为秦皇岛市企事业单位解决了400多个生产技术难题，推进多项合作与成果转化，为快速提升企业的研发能力、产品质量和经济效益提供了有效帮助，为持续推进实施京津冀协同发展战略提供了强有力的智力支持。"清华引智"项目的成功经验应大力推广，围绕政府牵头、企业、高校等社会主体积极参与，加强与京津冀区域内著名高校的沟通合作，特别是积极加强与驻秦高校对接，搭建著名高校与秦皇岛市企业的合作平台，坚定不移支持高校、企业"请进来、走出去"，通过校企合作、校地合作等多种方式，助力企业解决技术难题，提升企业竞争力、创新力和研发力，吸引更多企业、更多人才扎根秦皇岛谋发展，为各方合作提供政策与条件保障，推动地方、学校、企业开放发展、合作共赢。

（4）充分利用"互联网+"技术，简化人才引进流程。人才引进不能只是人社部门的事，而是应该各部门相互合作，建立和完善人才引进联席会议制度，形成"合力"，开设人才服务专窗，整合人才工作的服务功能和服务资源，充分利用"互联网+"技术优势，坚持顶层设计和创新改进公共服务方式，让大数据技术在人才工作领域大显身手，简化办事流程，提高办事效率，及时办理人才引进手续，通过人才数据库、CA和电子签章平台等功能的框架建设，在全市各级人才交流服务机构保管档案的流动人才，都可以从互联网上自行打印具有法律效力的存档证明，实现"一口对外，一站办结"的目标，使高层次人才办事"不见面"或者只需"跑一趟"，优化提高人才业务服务水平和基层群众满意度，以贴心、用心的服务帮助人才解决后顾之忧，让秦皇岛成为"拴心留人"的沃土。

（5）完善人才服务体系，营造浓厚人才氛围。坚持党管人才原则，落实好市、县（区）领导直接联系服务专家和“港城英才服务卡”制度，把企业家、科学家、创新型人才当成城市最宝贵的战略资源，打破传统门槛，畅通职称晋升渠道，结合秦皇岛特色，加快引进金融、康养、旅游、创新等各方面人才向实体经济聚集，对不同人才制定不同标准，支持引进人才可不受学历、任职年限、岗位等条件限制，破格晋升和聘用专业技术职务，让干得好的人能评得上，注重解决教育、医疗、住房等与人才引进息息相关的民生问题，为引进的人才及时提供子女入学（入托）、落户、职称评定等服务，为各类人才搞好服务，确保引得来、留得住，解决引进人才的后顾之忧，努力营造全社会广泛关注、参与、支持人才舒心、安心工作的浓厚氛围。

大力争夺和吸引人才已成为各地政府赢得竞争优势的战略性选择，在京津冀协同发展背景下，三地正在深入落实《京津冀人才一体化发展规划（2017—2030年）》，但是必须清醒地认识到，京津冀人才一体化发展仍处于起步期，这对秦皇岛市人才引进工作而言既是机遇也是挑战，在“引”上用心，抢占人才竞争的制胜高点，改进和提升人才引进质量和水平，不断吸引、留住更多的高端人才来秦皇岛发展、奋斗，只有这样才能确保人才优势得到最大限度的发挥，做到人尽其才、才尽其用；同时，还要不断优化城市社会的软环境，增强产业基础等，使人才优势和城市发展实现“共赢”。

5.4 京津冀协同发展人才交流

在京津冀协同发展战略指导下，京津冀三地人才领导小组密切配合，多措并举，深化三地人才交流合作。例如，实施人才发展战略是“聚天下英才而用之”重要人才论述的生动实践；是集中承载非首都功能疏解中北京外溢科技人才的战略选择；是打造河北省国际国内科技人才竞争优势的有效途径；是培育河北省经济高质量和可持续发展的动力引擎；也是开创新时代全面建设经济强省、美丽河北新局面的现实需要。

5.4.1 京津冀人才交流取得的成果

为稳步推进京津冀协同发展这一全局性、系统性的战略，京津冀三地政府、科技管理部门及企事业单位审时度势，进一步加大力度，提高站位，制定积极的人才政策，依托项目平台，组织系列活动，科技人才交流合作工作持续深入，较好地把握推动科技人才发展趋势和科技人才竞争态势，取得了一定成绩。

以京津冀协同发展战略为指导，深入实施科技人才优先发展战略和人才一体化战略，将区域人才协调发展和交流合作摆在更加突出的位置。

2011年，《京津冀区域人才合作框架协议书》应运而生。2017年，京津冀三地共同发布了《京津冀人才一体化发展规划（2017—2030年）》，该规划明确了以支撑京津冀协同发展战略实施为出发点，以人才一体化发展体制机制改革及政策联动创新为主线，以京津冀人才一体化发展重大任务、重点工程为抓手，大力推进人才一体化发展，打造京津冀协同发展新引擎的总体思路。这是我国首个跨区域的人才规划，也是首个服务国家重大战略的人才专项规划。

2016年，河北省委省政府等多个部门联合印发了《关于深化人才发展体制机制改革的实施意见》；2018年，河北省委省政府发布了《河北省科技创新三年行动计划（2018—2020年）》和《关于加快推进科技人才评价机制改革的实施意见》；河北省社会科学院在新时代背景下，对深入实施人才强冀战略、促进人才高质量发展热点及难点问题进行了科学调研和深入研究，连续推出分年度的《河北人才发展报告》。

京津冀协同开展科技人才创新发展保障机制研究，制定并实施了有利于科技人才创新发展的宏观政策，健全了科技人才创新发展的内外部保障机制。2018年，中共河北省委办公厅、河北省政府办公厅出台了《关于落实以增加知识价值为导向分配政策的实施意见》，对于科技人才的交流合作具有激励作用。三地成立了专门的人才领导小组，建立了人才合作联席会议协调机制，定期轮流组织召开联席会议促进京津冀区域人才合作交流常态化，为三地区科技人才的长期交流合作奠定了基础，有助于解决交流时间紧、无法深入达成实质性成果的问题。进一步完善了多元化的科技人才共引、共育、共享机制。北京大学、清华大学、南开大学与河北经贸大学等单位共同成立了京津冀协同发展中心，依托此平台，三地科技人才实现了互相沟通、互相交流学习，成为京津冀科技人才一体化的示范。

2017年发布的《京津冀教育协同发展“十三五”专项工作计划》中提出，京津冀三地将组建100多对合作学校，同时实现学分互认、课程互选。随着三地大学之间的学术交流活动的深入，必将促进三地科技人才及专家学者互动交流，对区域科技人才交流合作起到了重要推动作用。在京津冀三地区人才协同发展视域下创新了三地高层次人才共享机制，河北省人民政府通过组织“院士行”“院士联谊会”等活动，设立科技人才创新团队、京津冀协同发展、冬奥会科技等专项，以促进京津冀高层次人才的交流和沟通，吸引京津科技专家或院士来冀服务河北省经济建设，效果明显。

5.4.2 京津冀科技人才交流合作存在的问题

尽管京津冀三地竭力推进科技人才交流合作机制落地，取得了良好效果。但由于区域定位、文化差异、政府参与过多、政策落实不力等多方面原因，导致有的区域、部门或单位科技人才奇缺，而有的区域、部门或单位又出现科技人才过剩、用非所学，甚至长非所用。为促进京津冀区域人才合作一体化进程，政府和社会也成立了“京津冀人才开发一体化联席会议”“环渤海人才网站联盟”等区域合作性组织，但由于其缺乏法律上的权力，在打破现有多层级体制性人才合作行政壁垒方面效力甚微。京津冀协同人才交流合作创新机制有待进一步优化，仍未形成科技人才协同创新合力，成为制约京津冀区域协同创新发展的瓶颈。

目前来看，较为明显的问题主要有：在推进区域人才交流合作机制方面存在政府干预过多，企业及社会组织等非政府主体参与不足；高层次科技人才地方保护主义；三地跨部门重视不够、协调不够到位；跨地域科技人才共享机制束缚或落实不到位等。

1.京津冀三地因为文化、人才政策等差异导致科技人才交流合作问题凸显

第一，文化差异导致三地科技人才交流重形式、轻机制，河北科技人才流失严重。京津冀虽比邻而居，但长久的政治格局和行政区域划分，造就了三地不同的文化品格。

第二，城市功能差异导致的难增长、泛合作，使河北科技人才缺乏平等竞争平台。

第三，行政分割差异导致的高储备、低利用，使河北科技人才结构欠合理。京津冀作为三个独立的行政区，各自出台的政策更多还是倾向于自己的实际利益分配和获得，人才一体化的目标常常受到各种条件的制约，尤其是目前存在的户口管理制度和社会保障制度的不规范和混乱现实，抑制了人才的自由流动，容易让人才产生畏难情绪和抵触意识。

第四，模式化教育体制导致的复制能力强、创新能力弱，使河北科技人才资源配置效率较低，这也是导致三地科技人才交流合作形成瓶颈的原因之一。

2.就河北省而言，科技人才创新发展保障机制方面还存在一些亟待解决的问题

（1）人才引进的保障机制不完善、不系统，人才培养力度与多元投入保障亟待加强。

（2）以收入分配为主的激励保障政策没有跟进到位。

（3）未能充分发挥好人才评价“指挥棒”的作用。

（4）科技人才潜心研究的工作生活环境有待改善。

（5）高层次人才对科技创新的支撑能力严重不足。

（6）创新型人才在企业一线的配置优化度低。

（7）创新型人才整体缺乏自主创新活力。

（8）科技创新投入水平过低。

（9）本地教育难以培养出创新型科技人才。

（10）产学研结合不紧密，导致高校和科研单位的创新成果转化率较低。

（11）科技创新人才政策“红利”释放不足。

5.4.3 京津冀协同发展视域下人才交流合作对策和建议

（1）搭建京津冀科技人才大数据平台，进一步提升政府、企业、社会组织及个人等主体的合作性，凝聚力量，形成良性互动机制。政府既不能包打天下，也不能撒手不管，必须做到有限有效参与，通过积极引导和有效调控，鼓励域内企业和其他社会组织广泛参与，各取所需，实现共商共建共赢共享。

（2）借鉴国外科技人才流动管理经验，通过大数据手段，逐步建立合理的科技人才利益分享与补偿机制模型，通过政府服务合同买卖方式，积极引导科技人才下沉到需要并且能发挥人才技能、获取更多利益的地方。如京津域内过剩的科技人才，可以保留本地落户待遇，同时通过服务合同形式将科技人才流动到河北省内急需人才的相关企事业单位，由省内相关单位负责落实待遇。

（3）借助大数据，探析京津冀三地的特色产业、优势产业和重点产业，实现错位发展，优势补充，协同攻关，培育和发展核心产业和产业集群造就大批科技精英，大力实施“北京科技强基工程”“天津工业强基工程”“河北生态强基工程”等，科学规划和发展产业集聚，构筑“京津冀协同产业之巢”。通过搭建人才供需信息平台、专家数据库、人才协会联盟等基础性数据平台，解决当前京津冀科技人才合作交流信息不对称、资源闲置浪费、政策机制对接不畅等问题，真正实现三地科技人才政策同步联动、资源信息共享。

总之，要把京津冀协同发展这一国家战略的美好愿景转化为现实，关键在人。京津冀三地要充分发挥科技企业和科技人才的枢纽作用，以科技人才的协同带动区域科技企业协同，以科技企业的协同驱动经济发展的协同，不断汇聚区域发展合力，助力京津冀协同发展早日实现更大突破，为其他区域协同发展树立标杆，向中央交出满意答卷。

6 京津冀协同发展税收环境

6.1 京津冀协同发展税收环境及存在的问题

6.1.1 京津冀税收概况

从京津冀三地近几年税收税源数据分析，北京市为税收收入的净流入地，河北省为税收收入的净流出地，天津市虽然不如北京市，但是整体是净流入，所以京津冀三地税收和人均税收不均衡。例如，2015年北京市公共财政预算收入4 723.9亿元，地方税收收入3 868.2亿元；河北省公共财政预算收入2 648.5亿元，地方税收收入2 427.2亿元；天津市公共财政预算收入2 667亿元，地方税收收入1 486元。

京津冀三地中河北省的财力较弱，北京市的财力最强。但北京市的财政支出压力也是三地中最大的，这主要体现在如下几个方面：一是财政保障范围广，要履行首都“四个服务”职能，为中央党政军领导机关服务，为日益扩大的国际交往服务，为国家教育、科技、文化和卫生事业的发展服务，为市民的工作和生活服务；此外，还要为中央明确定位的“四个中心”（政治中心、文化中心、国际交往中心和科技创新中心）服务。二是人口、资源、环境重点领域资金需求量大。北京市“城市病”严重，疏解非首都功能、构建高精尖经济结构基础设施建设质量、控制大气污染、建设综合交通体系等均需要资金支持。

当前，河北省在京津冀协同发展中处于相对落后的现状没有显著改善，应该从税收政策上切入，通过三地税收政策的协调，缩小区域经济发展水平差距，推进京津冀一体化建设，促进区域协同发展。

6.1.2 京津冀协同发展中税收方面存在的主要问题

1. 税收利益分享方面面临的问题

随着京津冀协同发展的推进，相关产业要进行重新布局和调整，这个过程中难免出现税收利益分享的矛盾。现行分税制建立时，没有考虑区域横向税收的利益分配问题，这样使得经济落后地区和经济发达地区的差距拉大。税源和税收的背离影响了区域经济的协同发展。北京市具有独特优势，许多企业和公司总部都设立于此，而一些分支机构设立在天津和河北，按照目前的税收分配框架，河北不仅很难分配到税收收入，还可能会承担由此带来的相关环境问题。这种情况影响了河北和天津承接相关产业转移的积极性。因此，要解决好京津冀区域跨区经营的企业产生的税收利益分享问题。

2. 税收稽查协作方面存在的问题

我国税务机构实施的是垂直管理，横向协作很少。随着京津冀一体化的推进，三地经济结合得越来越紧密，跨区的投资和企业越来越多，产生了跨区的涉税行为。这给京津冀三地税收稽查部门带来了问题，日常管理中缺乏有效的协调机构和沟通机制，影响了税收协查的工作效率和办案的质量。由于在税法中存在自由裁量权，京津冀三地税务机关在处理税收案件时，可能会出现执法尺度不一的情况，使得企业无所适从，影响跨区经营企业的正常经济活动。税收稽查中数据的采集、整理、分析非常重要，而京津冀三地税务机关没有信息共享的经验和措施。涉税违法信息的处理仅限于当地税务机关内部，没有形成有效的互动协作。

3. 京津冀产业转移使转出地税收短期内下滑

以首钢为例，2008—2010年，首钢作为北京市最大的产业转移项目从石景山区迁至河北省，搬迁后石景山区财政缺口明显，2010年石景山区财政收入减少约4亿元。作为北京市最大的国有企业，首钢曾经是石景山区乃至北京市的主要税源，仅2008年其缴纳的地税收入就占全区地税总收入的44.9%；在北京市财政收入中，也曾一度占比5%。数据显示，石景山区2008—2013年的地税收入分别为43.6亿元、32.2亿元、33亿元、45.1亿元、50亿元和56.6亿元。通过对比分析可以看出，石景山区政府税收先降后升。通过经济结构调整、加大招商引资力度等措施，到2011年摆脱了首钢搬迁造成的影响，税收收入恢复至2008年水平。

4. 京津冀政府间税收分配协调机制缺失

中国税收竞争主要分两块，一块是中央政府与地方政府之间的纵向税收竞争，另一块是各个地方政府之间的横向税收竞争。1994年分税制的出现使得纵向税收竞争方面有了制度规范，但在横向税收竞争方面则缺乏相应的规范机制，即一套全国性的区域间税收分配仲裁体系，包括常设机构及相应的规章制度乃至法律法规。这种制度的缺失使得区域间税收竞争问题没有相应的争端解决办法，往往只能是一事一议。这不仅是京津冀三地税收分配的问题，也是全国的共性问题。

6.1.3 税收政策导向方面存在的问题

虽然京津冀三地已经出台了一些相关的税收协调的政策和办法，但还是不能完全满足京津冀协同发展战略规划。相关税收政策在京津冀协同发展上还有缺陷和空白，需要有关部门进行进一步的补充和完善。京津冀三地的税收政策标准存在一定差异，不利于该区域内生产要素的流动和市场主体的竞争，难以完成三地协同发展的统筹规划。天津和河北省现行的税收政策支持区域创新发展的动力不足。如迁入园区享受税收政策的优惠条件和力度不够，阻碍了相关产业的转移。

中小型创新企业的研发支出扣除标准太高，相关优惠很难享受。

总部经济税收政策导致京津冀税收和税源背离。总部经济是指某区域由于特有的优势资源吸引企业总部聚集布局，形成总部集聚效应，并通过“总部——制造基地”功能链条辐射带动生产制造基地所在区域发展，由此实现不同区域分工协作、资源优化配置的一种经济形态。

在总部经济体系内，由于企业的生产基地和企业总部的异地经营，使得总部经济企业的税收流动不均衡，税收往往从边缘地区流向中心城市，出现了税收与税源不一致的现象。这扭曲了市场经济活动的激励机制，导致了区域间财力的不平衡。北京市有48家世界500强总部，数量居世界第一，而天津仅有2家，河北仅有3家。相比北京的总部众多，河北和天津聚集了众多的分支机构。在企业所得税和增值税等税种方面，总部最多的北京税收收益多，而分公司所在的津冀地区收益较少。

按照《中华人民共和国企业所得税法》规定，一个企业从一个地区转移到另一个地区，企业分公司的税收要汇总到总部进行缴纳，总部地区政府再依据分公司缴税比例给予当地适当返还。法律规定使总部所在地的税收额度比生产基地所在地的税收额度要高出不少。比如诺基亚亚太总部位于北京，而生产制造基地主要在苏州，根据现行的税收政策，2005年苏州诺基亚转移到北京的税源总额约3.5亿元，而北京总部贡献的税收仅有约5 000万元。

6.2 京津冀协同发展税收征管

6.2.1 征收情况

在京津冀协同发展的探索中，三地税务部门不断加强沟通与合作，贯彻落实协同规划等一系列发展纲要，切实履行协同责任，为实现京津冀协同发展这一重大的国家战略建言献策。同时，结合地方具体情况，三地不断提升服务水平，完善产业转移中企业的基本配套设施，实现区域基本公共服务普惠化。

京津冀地区人口众多，区域内经济差距日益凸显。疏解北京的非首都功能，将部分产业转移到天津、河北和山东等地，不仅能促进区域内协调发展，而且能带动产业现代化和城市现代化发展。税收作为调控经济、保证政府财政收入的重要工具，在促进京津冀协同发展中必然需要科学合理的制度设计。

在京津冀三地税收征管的实践中，北京、天津总部机构较多，获得相对丰厚的税收。而河北则存在较多分支机构，税收收入移出明显，不利于调动河北在京津冀协同发展中的积极性。因此，三地税务部门通过召开研讨会议，加强沟通交流，达成税收协同的相关协议。

2008年以来，我国税务系统针对京津冀协同发展先后出台多项政策，明确三地税收利益分配机制。例如，《京津冀协同发展产业转移对接企业税收收入分享办法》明确了税收分享制度，保障了产业转移和税收公平。而且，在国家税务总局的京津冀企业跨省迁移的通知中，简化了办税手续，减轻了纳税人负担，促进企业合理流动。当前京津冀协同发展处于加速期，三地产业转移初见成效，但三地涉税服务水平和征管效率仍有一定差距。这需要国家针对京津冀协同发展实际，进一步完善相关的税收政策，制定更为便利的税收征管方案。

6.2.2 税收征收相关文件

京津冀协同发展中的税收重要会议及相关文件见表6–1。

表 6-1
税收重要会议及相关文件（2008—2015 年）

时间	相关文件及重要会议	主要内容
2008 年	跨省市总分机构企业所得税分配及预算管理暂行办法	在总、分机构统一计算的当期应纳税额中，由地方分享的税收收入，可按照 25%∶50% 的比例在总机构、各分机构之间进行分享，余下的 25% 可以按照一定比例由各地进行分配
2014 年 7—8 月	国家税务总局召开京津冀协同发展税收工作会议，并成立京津冀协同发展领导小组	打破分灶吃饭区域分割管理常态，协调三地资源要素，促进沟通与合作
2014 年 10 月	《京津冀协同发展税收合作框架协议》	该协议提出，京津冀的税收协同要从网上办税平台着手，完善电话办税咨询业务，采取资质认证、征管互助、信息互通的“一统三互”措施，为京津冀协同提出供配套的税收政策
2015 年 6 月	《京津冀协同发展产业转移对接企业税收收入分享办法》	该办法明确了企业迁入地和迁出地在企业所得税、增值税、营业税的税收收入上实行“五五分成”方案。该办法能促进资源要素合理流动，提高三地税务部门协同发展的积极性
2015 年 12 月	《深化国税、地税征管体制改革方案》	该方案提出，发挥国税、地税各自优势，在共享信息、融合征管服务、提高征管效率方面推进改革，促进征管信息和现代化发展
2015 年 12 月	《国家税务总局关于京津冀范围内纳税人办理跨省（市）迁移有关问题的通知》	该通知对使用范围、时限要求、业务衔接和迁出地税务机关具体业务操作进行了详细的说明，而且该通知简化了纳税人办税手续，切实减轻了纳税人的负担

资料来源：国家税务总局法规库。

6.2.3 京津冀税收征管情况

1.京津冀税收总收入情况

京津冀税收实际总收入见表6–2。

表6–2

京津冀三地税收总收入情况（2011—2015年）

单位：万元

	2011年	2012年	2013年	2014年	2015年
合计	957 294 619	1 107 640 355	1 199 599 118	1 295 411 156	1 360 218 303
北京	77 379 237	90 425 483	103 662 148	115 344 971	122 779 191
天津	34 238 431	37 722 380	40 241 905	42 943 413	39 563 862
河北	29 963 960	34 672 867	36 119 126	37 500 039	37 585 737

资料来源：《中国税务年鉴》。

京津冀三地税收和人均税收不均衡现象由来已久。根据相关数据对比可得，2011—2015年京津冀三地税收总收入中，北京的税收总收入较多，天津次之，河北的税收总收入最少。2011年北京税收总收入是天津的2.26倍、河北的2.58倍。而2015年，北京税收总收入是天津的3.10倍、河北的3.26倍。由此可见，三地税收发展的差异较大。

2.京津冀地方税收收入情况

京津冀地方税收情况如图6–3所示。

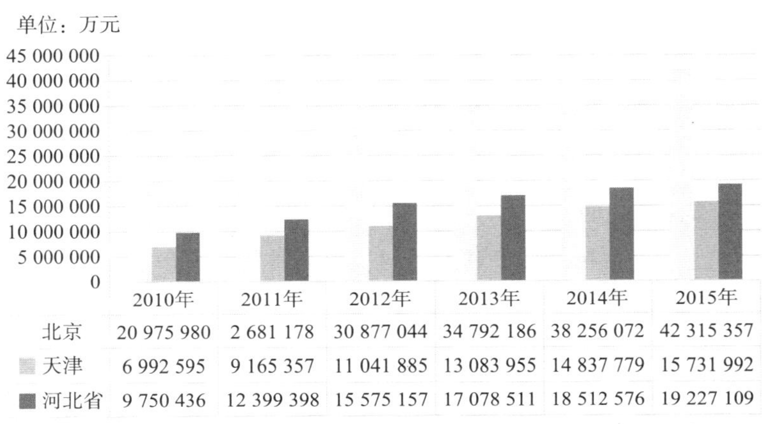

	2010年	2011年	2012年	2013年	2014年	2015年
北京	20 975 980	2 681 178	30 877 044	34 792 186	38 256 072	42 315 357
天津	6 992 595	9 165 357	11 041 885	13 083 955	14 837 779	15 731 992
河北省	9 750 436	12 399 398	15 575 157	17 078 511	18 512 576	19 227 109

图6-3　京津冀税务部门地方税收收入情况（2010—2015年）

资料来源：《中国税务年鉴》。

从上图可以看出，2011—2015年，京津冀的地方税收收入均呈现稳步增长，但是税收收入的增长率却呈现总体下降的趋势。通过对比近年来京津冀的地方级税收收入及其增长率，不难发现各地区之间税收差距逐步扩大。其中，京津、京冀之间的税收收入差距尤为明显。根据2016年《中国税务年鉴》，在京津冀地方级税收收入中，增值税、营业税、企业所得税和个人所得税之和，约为各地方税收收入的68.02%~79.52%。因此，关注重点税种，尤其要重视京津冀三地之间产业转移与承接前后企业所得税的变动情况。在京津冀税收协同中，各地税务系统一方面要合理进行税收利益分配，为纳税人提供更为便利的涉税服务。另一方面，税务系统要借助“互联网+税务”的浪潮，利用金税三期和三地税收征管合作平台，重点监控和保护税源，用好税收工具发展京津冀协同之路。

6.2.4　京津冀税收征管存在的问题

1.税收征管法律体系不完善

分税制改革以来，在坚持税收法定原则的前提下，地方税务部门具有一定的自由裁量权，各地税务部门“分灶吃饭”的特点较为明显。京津冀协同发展中，坚持税收法定原则，提高税收征管效率，需要完善的税收法律体系予以保障。

京津冀协同发展战略实施以来，三地并未出台统一规范的税收征管法规。而且，由于各地税务部门拥有自由裁量权，税收竞争问题一直存在，京津冀三地的税收征管效率也呈现较大差异。为了促进京津冀协同发展，国家税务部门对京津冀区域内对接企业税收收入分享比例、企业跨省迁移的办税手续等事项作出了规定。这些具体办法在近期能够有效解决各地的税收收入分配矛盾，方便纳税人申报纳税。

但是在京津冀地区的实际税收征管过程中，各种总分机构和异地经营的涉税问题层出不穷，这些通知、办法和征管建议并不能解决所有纳税人的涉税问题。因此，提高税收征管的效率，需要完善的税收法律体系作为前提，才能实现税法对税收征管的保障功能。因此，为了实现京津冀发展的税收协同，税收征管的法律体系需要从国家层面和区域协同发展层面进行统筹设计，综合考量。

2. 横向税收分配制度不健全

分税制改革后，中央与地方的纵向税收分配基本明确，但是区域内各级地方政府之间的横向税收分配制度尚未完善，利益分配、生态治理等问题均引起财税学界的关注。随着京津冀协同发展的推进，北京逐步将部分产业转移至天津与河北。例如，北京东天意市场、西直河石材市场、大红门批发市场等地均逐步关停、外迁和改造升级。在各类企业落户天津和河北后，为当地带来大量投资，带动就业的同时也引发了三地税务部门对税收收入的关注。2014年以来，各类在京企业在津、冀投资项目累计分别达到

865个、6 431个，资金分别达到2 403亿元、5 686亿元。三地税收中，北京由于自身的经济、技术、人才和区位优势，总部机构数量较多，分享了天津与河北的税收收入，所以税收收入较多。而河北的税收与税源背离情况较明显，呈现税收流出状态。京津冀三地不断拉大的税收差距不仅打击了河北承接企业转移的积极性，也影响了税收征收的公平性。

目前，京津冀税务部门明确了迁移企业的企业所得税、增值税的税收收入由企业迁入地和迁出地所属税务部门“五五分成”。但是天津、河北承接迁移企业后带来的生态环境污染、税收征收成本上升等一系列问题却仍未解决。京津冀协同发展，需要立足区域整体的协同，完善横向税收分配制度，缩小京津冀的税收收入差距，维护税收公平。

3.税务系统的征管难度提高

京津冀税务部门的涉税信息共享度较低，三地缺乏有效沟通和信息融合，征管协同面临信息困境。随着企业规模的不断扩大，越来越多的企业选择异地设厂投资，从而形成“总部经济”“连锁经济”等新兴发展模式。

京津冀三地税务机关对同一纳税人或者同一纳税事项的税务信息相对片面。这不仅给纳税人申报纳税带来不便，也给税务机关的征收监控和纳税稽查工作带来不小的挑战。而且，三地税务机关的税收征管在实际执行中也存在差异。在没有统一的制度规定和绩效考评的前提下，税务机关对各行各业的税务监管存在漏洞，面临税收流失的风险。近年来，随着国地税机构的合并，征管体制改革取得了阶段性的进步。

但是京津冀三地之间的税务部门缺失横向联动机制，区域内涉税服务水平存在差距。在“互联网+税务”的浪潮中，三地税务机关应当以金税三期工程为基础，构建京津冀区域内统一的税务信息平台，融合有效信息，提高涉税信息的共享度，做到对区域内企业的涉税信息的定期评估，形成及时有效的税务监管，规避税收风险。

4.税收征管的执行存在差异

一方面，京津冀三地税收政策在征收标准方面存在差异。近年来，京津冀三地的税款征收差异逐渐拉大。2015年，北京的地方税收收入为42 315 357元，天津为15 731 922万元，河北为19 227 109万元。京津冀三地税款征收的差异，原因之一便是各地的税制设计不同。在2015年京津冀三地的地方税收收入中，营业税占比约为30%。就营业税中的娱乐业而言，北京分为20%、10%和5%三档税率，天津分为7%和5%两档税率，河北分为10%和5%两档税率。京津冀三地的土地使用税、车船税的税额标准也不一致。这些地方税收征管标准的差异不仅形成了地区内的贸易壁垒，阻碍了区域内资源要素的充分流动，而且不利于京津冀的税收协同发展。

另一方面，京津冀三地税收政策在创新驱动方面存在差异。以高新技术企业为例，在北京的中关村创新示范区，经认证的高新技术企业对单独进行核算、单独设置辅助核算账目归集计入当期损益和形成无形资产的研发费用，实行加计扣除。同时，中关村示范区内的融资租赁业，不仅有业务总额1%（每年不超过500万元）的补贴，而且有一定程度的办公用房补贴。天津的滨海新区高新开发区自2011年设立以来，享有中央和地方的财政补贴。税收优惠方面，区内设立高新技术企业，符合认定资格的，可减按15%缴纳企业所得税。而且，滨海新区内企业可按相关规定和自身发展情况，调整折旧年限，从而提高固定资产折旧率。北京和天津均与有产业园区相配套的税收优惠，河北则无法享受这些政策。

6.2.5 国外税收征收经验

1.美国

美国涉及北美五大湖城市群、美国东北部大西洋沿岸城市群两个世界级城市群。五大湖地区拥有世界钢铁和汽车工厂，东北部沿海则是世界最大的金融中心。由于历史原因，美国东北部、大西洋沿岸地区以第二、第三产业为主，经济发展迅猛，但是西部、南部和太平洋沿岸地区以农业为主，相对落后。从1930年开始，为了缩小南北贫富差距，稳定政治局面，美国政府充分采用税收手段进行协调，改善区域间经济差距。

首先，区域协调方面，美国政府积极开发落后地区，完善基础设施建设，大力发展高科技产业，从立法和国家指导多方面实施开发。对于落后地区，美国采用减免公司所得税、部分或全部退还销售税等税收优惠吸引投资。

其次，税收征管方面，美国奉行差别化的税收政策。考虑到美国各区域经济发展差距，东北部沿海等发达地区执行税负较高的税收政策，西南部等落后地区执行税负较低的税收政策。同时，在税收优惠力度上，落后地区也有巨大优势。一般而言，美国东岸居民的税负比中部、西南部的居民要高。例如，2013年，纽约居民税收占总收入的12.6%，而怀俄明州居民税收占总收入的6.8%。

美国东部沿岸的加州、东北部沿海的明尼苏达州等州的公司所得税和个人所得税的税率较高，而华盛顿州、得克萨斯州等州免征公司所得税和个人所得税。

最后，在涉税信息方面，美国居民的社会安全号是身份证号码，也是纳税代码。凭借计算机技术和完善的互联网，美国构建税务管理计算中心，与银行、保险业开展合作，做到有效监控税源，各部门能够共享税收数据，促进税收征管的现代化。

税收分权方面，美国采用联邦、州、地方三级税收体系，各级相对独立。而且，美国逐步扩大州、地方政府的税收豁免权或减免权，促进落后地区的资金聚集。

2. 欧盟

欧盟自1993年正式成立以来，经济总量增速迅猛，为包括德国、法国、意大利等在内的各成员国带来巨大的经济利益。2015年，欧盟的GDP为16.31万亿美元，人均GDP为3.2万美元。随着欧洲经济、政治一体化进程的推进，欧盟统一的货币、完善的税收法律、超前的税收征管模式等区域合作都为欧盟的经济协调提供了保障。

首先，完善的税收法律体系保障欧盟税收协同。欧盟根据各个税种的征收实际，立足区域整体的高度，制定区域税收征管规范，既协调相关税种的税收收入，又为成员国保留了税收征管的选择范围。在欧盟的税收征管中，协调间接税，统一直接税成为主流趋势。同时，欧盟积极扶持创业和中小企业，大力发展文化产业，为区域内的经济发展提供良好的法律环境。

其次，独立的超国家机构促进欧盟税收协同。根据西方“三权分立”的民主思想，欧盟设立超主权的执行机构。这样，在综合考虑各成员国的实际发展和修改意见之后，区域内的税收合作能够快速有效地执行。而且，扁平化的税务机构和税务稽查部门维护税收征管。欧盟区域内的税务系统层级较少，能够促进横向政府之间税收征管的协同，提高征管效率。同时，各成员国如德国、荷兰等也成立了自己的税务稽查和审计机构，加大了税收违法的处罚力度，提高纳税遵从。

最后，欧盟实现涉税信息共享、征管责任共负。在德国、法国和英国等几个国家中，税务部门通过互联网实现涉税信息的共享，保证税收情报的真实有效。而且欧盟税务部门要求对成员国的税收征管、税务稽查等事项提供帮助，共同承担税收征管的责任。

6.2.6 京津冀协同发展税收征收建议

1.完善顶层制度设计

（1）立足区域整体，统一京津冀的税收征管制度。京津冀协同发展，核心是从顶层设计角度出发，制定区域内统一的税收征管制度和地方税种的征管规范。面对京津冀三地税务机关征管协同的困境，应当从国家层面或者京津冀区域整体层面出台具有较强约束力的税收征管制度，保障税收收入。

（2）结合征管实际，规范区域内的税收优惠政策。由于三地地方税种的税率设置差异及税收优惠力度和范围差异，京津冀区域内的资本、科技、人才等要素流动受阻。因此，规范税收，归并整合京津冀三地在增值税、车船税、土地增值税等方面的税收优惠政策，避免过度的税收竞争。例如，将中关村、天津滨海新区的税收优惠政策在河北曹妃甸产业园区等地进行推广，发挥税收调节作用，保障京津冀区域的创新驱动。

（3）保障税收协同，设置独立的区域税收管理机构。2014年，京津冀协同发展已经建立了税收工作小组，但是区域税收合作的具体范围、税收争议处理等工作机制并未细化。当前，地方税务部门的税收自由裁量权有限，京津冀税务部门的征管合作机制有待进一步完善。待京津冀的协同程度达到一定的水平，可以考虑设置独立的税收管理和监察机构，综合监控税源，保障区域税收征管的高效运行。

2. 保障：健全税收法律体系

在欧盟、美国城市群、我国长三角和珠三角的区域经济协同发展过程中，税收法律体系无疑占据了较为重要的地位，不仅为区域税收征管提供了保障，也提高了纳税人的纳税遵从。值得注意的是，欧盟从区域整体的高度，对增值税、公司税、个人所得税等具体税种的税收征管做出了详细规定，强调成员国遵守欧盟的基本条约原则。在京津冀协同发展过程中，完善的税收法律体系不仅能够为经济发展营造良好的税收法治环境，而且能为税务机关开展税收工作提供法律依据和规范标准。就国家层面而言，国家应当不断完善区域经济税收征管的法律法规，健全高新企业、产业园区的税收优惠等配套政策。同时，针对区域税收竞争愈演愈烈、“税收洼地”泛滥、高新企业资格造假等问题，政府部门要加大处罚力度，维护税收法律的尊严。就地方政府而言，京津冀三地的税务机关要加强合作，为税收法治积极建言献策。例如，三地税务部门可以在《京津冀协同发税收合作框架协议》的基础上，积极探索增值税、企业所得税等重要税种的征管协同公约，为区域内产业发展提供良好的税收法治环境。

3. 协调税收利益分配

一方面，京津冀的协同发展，需要构建横向的财政转移支付制度。例如，京津税收工作小组可以设立京津冀区域发展基金，主要负责为河北落后地区的基础设施建设、公共产品投入、高新企业和小微企业融资提供担保，支持首都迁出企业的搬迁补偿等项目，致力于缩小三地间的经济发展差距。

同时，成立京津冀环保专项基金，对迁出地的生态保护提供资金支持和财政补贴。在京津冀协同发展过程中，河北等地承担了工业企业的污染排放，河流、植物、空气质量等受到部分影响。环保基金不仅能够解决迁入地的生态涵养问题，提高河北的协同积极性，而且能为京津冀的现代化建设提供绿色、发展、共享的新思路新思想。

另一方面，京津冀发展的关键是合理分配税收利益，不断创新税收协同共享思路。当前，三地税收收入差距明显，北京为税收流入地，河北则是税收流出地。为了解决税收与税源背离问题，协调税收利益，可以制定产业转移的税收共享制度。

目前的分享办法规定，迁移企业在迁移后三年（不超过五年）内在主要税种上实行迁出地和迁入地“五五分成”。该办法对承接地的税收利益考虑不周，容易挫伤河北、天津的协同积极性。合理的税收利益分配既要考虑各行各业的税收共享度，也要考虑迁入地的征管成本和环境治理成本。

针对无污染工业或企业，可以借鉴中关村在河北秦皇岛市开立分园的做法，采取40%、40%、20%的比重在迁出地税务机关、迁入地税务机关和企业发展扶持基金三个方面进行配比。针对污染工业或企业，可以采取40%、40%、10%、10%的比重在迁出地税务机关、迁入地税务机关、企业发展扶持基金和地区环保专项基金四个方面进行配比。

京津冀协同发展，需要三地税务机关立足战略布局的高度，在各地方政府之间、税务部门和纳税人之间、企业发展和环境治理之间进行合理的税收利益分配，促进区域可持续发展。

4.基础：构建信息共享平台

京津冀协同发展中，区域内税收数据交换平台是基础。借鉴长三角信用平台共建共享和美国构建税务管理计算中心的成功案例，京津冀应当顺应“互联网+”的浪潮，重视三地税务部门的横向联动与征管合作，构建京津冀区域信息共享平台。京津冀的信息协同，可以金税三期工程为基础，加强与财政部、中国人民银行等纵向合作，完善各级地方政府之间的横向合作，在涉税服务与管理、税款征收与监控、税务稽查与评估等多方面进行探索。借助涉税信息大数据库，京津冀三地税务机关能够以过去的税务信息为基础，进行分析、预测，对重点税源的波动情况进行监管；能够畅通查验纳税人信用、纳税申报、欠税欠费等渠道；能够定期开展税务稽查和纳税评估，深入分析地区税负差异等。

同时，京津冀要逐步建立健全资质互认机制，促进征管互助，以便京津冀区域内的企业迁移前后，资质互认制度能够简化办税手续，便利纳税人申报纳税，提高征管效率。在中外区域经济协同发展中，网上办税和征管信息化一直是税收工作的重点。

在京津冀协同发展过程中，三地税务部门应当积极探索税务登记管理一体化，促进纳税人申报纳税的渠道多样化、手续简便化，推动税务机关征收管理的信息化、税务稽查的专业化。总之，京津冀协同发展的税收征管不仅需要税收征管制度和优惠政策等顶层设计，需要健全的税收法律体系、完善的税收分配制度等制度保障，还需要涉税信息共享平台、资质互认机制的构建与完善。

6.3 京津冀协同发展税收与产业结构

6.3.1 税收负担与产业结构调整的关系

税收负担和产业结构关系密切，相互影响、相互作用。税收负担在数量或者结构上的变化，会对产业结构的形成及调整产生影响；而产业结构的形成和调整，也会对税收负担水平及结构产生影响。产业结构决定税源结构，决定各个产业的税负水平。税源的分布与税收负担的结构相对应，当产业结构发生变化时，政府可以通过调整税收政策实现税负的公平。同样，税负水平的高低也会对产业结构优化产生一定的影响。如对某一行业设置多个税种，可能出现重复征税，造成产业内部税负水平不公平的现象，导致该行业的投资减少，最终导致产业结构失衡。政府可以通过对不同产业、不同行业制定合理的税收政策，利用其税负的差异，起到税收负担对产业结构格局的导向作用。

6.3.2 京津冀行业税收负担分析

从京津冀三地税收负担的纵向分析来看，在北京地区，行业税负较重的集中在第三产业，分别是批发零售、交通运输仓储和邮政业，税负最高；税负较低的行业是金融业，其他行业税负水平居中；在天津地区，行业税负最重的是第二产业中的工业、建筑业，而第三产业的税负相对较轻；在河北地区，行业税收负担整体水平较低，行业之间的差异较小，从税收负担的增长速度来看，各地区不同产业的不同行业税负水平增长较小，有些行业甚至出现了负增长，这意味着我国近年来进行的一系列财税改革的成效显著，通过结构性的减税政策促进了行业税收负担的降低，对促进产业结构的优化和高级化发挥了较大的作用。

但不同区域的不同行业的税收负担水平不一，一定程度上延缓了京津冀协同发展战略下的产业对接、产业融合的步伐，平衡各地区行业税负水平也是进行产业结构调整面临的重大问题。

随着国内区域经济发展战略的实施，越来越多的企业发展壮大，跨区迁移和跨区域经营逐渐成为常态，跨区办税成本较高、地域政策限制等问题也随之而来。同时，由于京津冀经济税收总量较大，存在税源结构差异较大等现实问题。表6-3为京津冀三地2003—2014年的数据，可说明三地的税收结构。

表6-3
京津冀产业税收负担（2003—2014年）

（%）

地区	项目	2003年	2004年	2005年	2006年	2007年	2008年	2009年	2010年	2011年	2012年	2013年	2014年
北京	第一产业	0.73	0.68	0.69	0.74	1.82	2.48	5.23	7.15	2.95	3.18	4.47	5.17
	第二产业	29.59	31.79	32.92	31.87	34.69	30.64	28.77	29.35	30.84	27.86	31.99	33
	第三产业	32.31	31.93	37.83	44.20	46.87	53.59	58.01	49.30	53.20	57.84	58.55	60.30
天津	第一产业	0.05	0.09	0.26	0.21	0.13	0.64	0.25	0.31	0.39	0.77	1.61	1.53
	第二产业	33.95	33.89	37.30	41.03	42.66	41.57	37.31	47.84	42.20	40.32	37.92	36.98
	第三产业	12.66	14.09	13.80	15	16.44	16.15	15.67	16.62	17.65	17.89	18.09	18.37
河北	第一产业	0.01	0.01	0.01	0.01	0.03	0.04	0.04	0.03	0.03	0.11	0.10	0.13
	第二产业	11.35	12.14	13.06	13.19	13.89	13.86	14.44	14.25	14.61	15.30	13.91	13.68
	第三产业	6.58	7.35	7.62	8.12	9.03	10.90	10.60	11.94	12.70	14.08	15.10	15.44

数据来源：根据《中国统计年鉴》《中国税务年鉴》相关数据整理得到。

从表6–3可以看出，第一产业税收负担是北京最高，且差距逐年增大；天津市第一产业税收负担呈波动性增长；河北省第一产业税收负担总体增长较为缓慢。第二产业税收负担是天津高于北京和河北，且以2009年为轴呈对称分布；北京市第二产业税收负担变动趋势较大，总体呈现先增后减再增趋势。河北省第二产业税收负担呈平稳上升态势，但在京津冀三地中税收负担率最低。第三产业税收负担是北京最高且整体呈上升趋势，天津市呈现平稳上升态势，河北省相对较低，但整体呈上升趋势，增幅较大。

通过对京津冀地区产业结构及税收负担的分析可以发现，京津冀产业结构与税收负担总体差异较大，但都呈现了正相关关系。北京市在产业结构与税收负担方面以第三产业为主，其产业增加值占比与税收负担率呈现“三二一”格局，说明北京市的整体经济发展水平较高，且产业结构较为合理；天津市在产业结构与税收负担方面基本形成了“二三一”的格局，但第二产业和第三产业的差异不大，可见其正处于调整过渡时期，产业结构逐渐优化，目前，天津市已初步形成了以高新技术产业为引导，以优势支柱产业为支撑的产业格局。河北省在产业结构与税收负担方面虽然整体上也形成了“二三一”的格局，但其内部梯度差异较大，整体经济发展水平较低。

京津冀产业结构存在一定的差异，区域产业梯度明显但层次不一，阻碍了京津冀产业结构的有效对接和转移。京津冀应立足于特色和比较优势，其中北京应强化创新和引导，天津强化带动和支撑，河北强化承接和转化。另外，现有的税收优惠政策对京津倾斜过多，几乎涵盖了所有的优惠政策类型，而对于相对落后的河北优惠政策最少，不利于产业转移和产业结构的调整。

6.3.3 京津冀产业结构协同发展税收负担调整建议

从京津冀行业税收负担情况得知，各地区行业税收负担分布不均，对产业结构调整的合理化和高级化产业有一定的负面影响。

1. 统一区域税收优惠政策，实施合理倾斜

树立区域协同发展的全面意识，对京津冀区域内的税收优惠政策进行梳理，取消不合理的税收优惠政策，平衡区域内税负，并结合京津冀地区产业转移、承接的发展前景，合理调节税收优惠政策的分配机制。另外，可考虑加大对河北的增值税返还比例，在建立跨区域税收分享制度方面，更多地向河北倾斜，加快河北省产业结构的优化调整。

2. 营造公平税收环境，建立健全税收协作体系

税负的不公平体现在缺乏统一的法律约束。京津冀三地应该强化数据资源的统筹管理和利用，构建区域新型财政税收体系，建立京津冀政府税收数据资源体系，提高税收信息一体化水平。启用京津冀区域税务信息共享平台，使之成为区域税收征管协同的重要载体。税收协作多层次、宽领域、跨区域、多形式开展，纳税人享受区域税收“接力服务”，增强产业税负调整对产业结构优化升级的推进作用。

3. 扩大对战略性新兴产业、高新技术产业的税收优惠

将京津冀三地税收优惠向高新技术企业、战略性新兴产业运行中的研发环节及具体的科研项目倾斜，战略性新兴产业不仅需要技术创新，更需要重视科技成果转化的效率，加强对尚处于中间试验环节的税收扶持，尽量做到涵盖产学研整个过程，充分发挥税收优惠政策对高新技术产业、战略性新兴产业的推动作用，使其迅猛增长的态势成为产业结构调整、新旧动能转换的巨大推动力。

4.降低部分税负过高行业税负水平

对于税负过高的行业，应该通过降低税率水平、加大税收优惠力度平衡行业税负。京津冀地区是我国重工业基地之一，工业企业税收负担最为沉重，目前增值税税率偏高，而交通运输业在营改增之后的税率水平与服务业的税率水平相比仍然较高，服务业的增值税税率明显低于工商业。目前除了要把已有的减税降费举措落实好之外，还应该考虑归并增值税率，尽量缩小工商业增值税率和服务业增值税税率的差距。另外，税收优惠政策制定应该以产业为主，地区优惠为辅，主要是针对各地区承接的优势产业给予税收优惠。

北京市应该通过税收鼓励第二产业（建筑业）、第三产业（如高新技术产业、现代服务业等）的发展；天津市在鼓励第三产业的同时要对成熟阶段的现代制造业进行税收减免；河北省必须对第二产业的发展提供更加优惠的税收政策，也要在第三产业方面出台相应的优惠政策；地区优惠为向河北倾斜，加大将北京中关村产业园区、天津滨海新区相应的税收优惠政策推广到河北省高新技术产业和省级开发区以及雄安新区的力度。

5.提高税收征管服务水平

分析显示，营改增之后，第三产业的税负虽增长缓慢，但仍然没有呈现结构性减税效应，交通运输业的整体税负水平较高，主要原因在于营改增的纳税人对增值税计税原理掌握不够，导致进项税额不能抵扣，从而提升税负水平，没有享受到税收优惠政策。因此，征税机关要加大对企业的纳税服务培训力度，提升服务水平，突出个性化服务，增加服务科技含量，提高税务服务部门办事效率，保障企业依法纳税、降低税收负担，进而促进第三产业的快速发展，实现产业结构优化调整。

6. 发挥区域优势，制定合理的税收制度

依据京津冀地区各自的区域优势，推进和完善税收制度体系。对于北京地区，继续推进第三产业的发展，同时将第二产业向天津、河北进行对接转移，并制定合理的税收优惠政策促进第三产业发展、第二产业转移；对于天津地区，除加大扶持第二产业的支持力度之外，大力发展第三产业，运用各项优惠政策促进各项产业的发展，争取形成“三二一”优化的产业布局；对于河北地区，由于各产业发展水平相对较低，应鼓励河北抓住京津冀一体化战略的机遇，积极承接京津地区的产业转移，借助京津地区产业管理的先进经验和技术水平，不仅实现提升三次产业的发展水平，同时实现产业结构优化、高级化的目标。

7. 完善支持绿色环保行业发展的税收政策

京津冀地区是重工业基地，资源丰富，但是在经济快速发展阶段，污染比较严重，近年来，雾霾、水污染、重金属污染等环境问题的严峻挑战层出不穷。建议在京津冀地区开展税收改革试点，通过税收的调节作用，增加地方的财政收入，同时引导资源合理利用，强化环境保护。

环境保护税开征后，京津冀地区需秉承同一征税原则。对于产业转移项目的税收分配问题，应实行税收共享模式，调整分支机构税收征收政策，对于转入地与转出地的税源分配比例进行重新调整，促进转入地的产业结构调整，并使其加快产业结构高级化的进程。

6.4 京津冀协同发展税收政策

6.4.1 京津冀协同发展税收政策分析

1.激励方式

（1）采用多样化财政资金资助方式鼓励引导创业创新活动。例如，北京市政府通过设立市科技型中小企业技术创新资金、支持中小企业发展专项资金、就业专项资金和失业保险基金、北京青年创业就业基金和中国青年创业国际计划（YBC）创业启动资金等基金项目，鼓励引导创业创新。又如，在北京中关村推行的“1+6”先行先试政策，其中的六项先行先试政策目前已推广至全国。

（2）通过政府采购的导向作用促进创业创新。一是推行新技术新产品政府采购试点工作，通过首购、订购、首台（套）重大技术装备试验和示范项目、推广应用以及远期采购合约等方式，带动新技术新产品在全社会的推广应用。二是通过预留、评审优惠和合同分包等方式提高中小企业政府采购比例。三是执行节能、环保产品优先采购政策。

（3）通过税收优惠政策，引导资源流向，鼓励创业活动。根据创业税收政策激励的不同对象，可以将有关税收优惠政策分为五类：一是针对特殊创业人群的税收优惠政策，如针对军人、自主就业退役士兵、残疾人、高校毕业生等的自主创业，给予增值税、城市维护建设税、教育费附加、个人所得税等的优惠；二是对小型微利企业的税收优惠政策，给予免征增值税的优惠，或者减计应纳税所得额；三是对金融机构与小微型企业的借款合同、中小企业信用担保机构的税收优惠政策；四是对创业投资企业的税收优惠政策；五是科技企业孵化器的税收优惠政策。

2. 存在问题

（1）现行政策对于非首都核心功能疏解、引导首都产业结构升级的导向性偏弱。在2013年北京市创业风险投资项目中，行业投资强度最高的依旧是传统制造业，而最低的是传播与文化娱乐，前者行业投资强度是后者的近九倍，但激励政策的产业导向性有待提高。当前对需求驱动型创业与机会驱动型创业的激励政策并未加以严格区分。首都核心功能定位势必要求未来北京市鼓励和倡导机会驱动型创业，而目前政策并未体现这一特征。

（2）某些政策领域存在"真空"或"短板"。比如，我国创业员工活动非常缺乏，但目前并未出台有效的激励措施鼓励开展创业员工活动；我国初等和中等创业教育的评分显著低于国际水平，反映出我国初等和中等创业教育薄弱的现状，但从中央到各级政府似乎并没有意识到此问题的严重性，当前逐步在实施的也仅仅是针对高等创业教育的激励。

（3）"锦上添花"而非"雪中送炭"的现象依然严重。从2013年各区域创业风险投资项目所处阶段看，京津冀地区对处在种子期的项目，投资的比重仅为4.9%，对处在起步期的项目，投资的比重为36.1%，而成长（扩张）期和成熟（过渡）期的比重却分别达到了34.4%和24.6%。此外，税收优惠呈现零散化、碎片化的特点；运用金融政策支持创业创新活动尚在初始阶段；支撑创业创新的商业和法律基础、文化和社会规范等亟待提升。

6.4.2 京津冀协同发展产业转移税收分享政策

1. 实行京津冀税收分享政策的必要性

（1）调动产业转移的积极性。产业转移是京津冀协同发展的重要一环，对推进京津冀协同发展起到至关重要的作用。其重要环节就是促进和实现资源、产业在三地之间的合理流动，形成三地之间优势互补的局面。但是，产业转移对于迁出地来说会造成一定的税收损失，同时给迁入地带来环境、交通和基础设施等方面的压力，这些都不利于产业转移。所以合理的税收分享计划和政策能够在一定程度上弥补迁出地的税收损失，提高迁入地提供公共产品和服务的能力，同时调动迁出地政府的积极性和迁入地承接产业转移的积极性。

（2）促进产业流动，形成合理的产业布局。政府对税收分享做出合理有效的安排，能够进一步突破京津冀协同发展的瓶颈，打破地区间的行政阻碍和地域限制，促进产业的合理调整与流动，优化资源的有效流动与配置，促进京津冀三地的优势互补。实施科学合理的税收共享政策，能够促进产业迁入地和迁出地的利益平衡，减少产业转移和资源流动的阻力，形成合理的产业布局。

（3）促进企业做大做强，推动经济更好更快发展。产业转移通常是通过总体搬迁和建立分支机构两种形式。如果总部留在北京、分支机构建在河北，税收分享政策不合理，分支机构所在地的政府可能因为企业带来的经济社会利益有限而不重视对迁入企业的扶植和发展，即使支持力度也偏小。这样将不利于企业的进一步发展，也将制约企业对当地经济和社会发展的带动作用。因此，科学合理的税收分享政策，使企业总部和分支机构所在地共享企业发展的成果，有利于调动相关地区促进企业发展的积极性和主动性，进一步实施促进企业发展的良好政策，企业发展反过来又带动相关区域经济、就业、交通等发展，形成良性循环发展模式。

（4）优化京津冀三地的功能定位。产业转移是疏解北京非首都功能的重要手段，是税收利益分享的重要载体。实施科学合理的产业转移税收分享政策，有利于将北京的非首都功能转移至河北和天津，以解决北京特大城市的可持续发展问题，有利于进一步优化北京的首都功能，加强河北和天津的双城联动，落实《京津冀协同规划纲要》对京津冀三地的功能定位。

（5）维持京津冀三地税收协调与稳定。税收作为政府财政收入的主要来源，是京津冀协同发展的核心和保障，产业转移对税收的影响巨大。京津冀协调发展过程中会涉及大量的产业转移，只有通过全面规范的税收利益分享政策的实施，才能维持迁入地和迁出地政府税收稳定，为进一步促进京津冀协同发展提供财力保障。

2.京津冀产业转移税收分享政策推行问题

产业转移税收分享政策需要从总体上进行研究和制定，又要立足产业的实际情况，力求在总体政策的指导下，制定调整相关具体实施方案，政策的制定涉及范围广，影响大，因此政策在制定过程中会面临一系列困难。另外，产业转移税收分享政策在实施过程中面临政策缓冲期，迁入地和迁出地税收利益冲突以及成本分担等一系列问题。

（1）缺乏税收分享协调机制，有效的税收分享协调机制可以减少税收矛盾，但是京津冀区域间缺乏税收分享协调机制，相配套的法律法规规范和制度不健全。京津冀在产业转移过程中一定会涉及税收归属问题，迁入地和迁出地之间都是税收利益相关者，这样，当区域间出现税收竞争和分享歧义时，如果不能利用规范统一的税收分享机制及时解决利益冲突，就会降低产业转移的效率和质量，减弱产业转移的效益。

（2）税收优惠政策不合理。某些地方政府为了加速推进地区经济社会的发展，为吸引企业入驻而盲目制定了一系列的“即征即退”“税收返还”等招商引资的税收优惠政策。这些税收优惠政策的不合理制定和实施，在一定程度上加速了产业的转移和地区经济社会的发展，促进了投资和产业集聚。但是，多而杂的税收优惠政策扰乱了正常的市场秩序，影响了国家宏观调控政策的实施和推进，甚至引发了国际贸易摩擦。

（3）总部和分支机构所在地税收与税源不匹配。京津冀一体化过程中，北京许多大企业将分支机构设在河北、天津，总部依然设在北京。分支机构基本上是总部的生产制造基地，总部所在地北京往往税收收入多，而位于河北、天津的分支机构税收收入少。另外，在产业转移过程中，企业所得税的缴纳需要先在总部所在地进行集中汇缴，然后再将适当比例向分部所在地进行返还，这样使得总部所在地北京的税收收入要高于分支机构所在地的税收收入。

（4）中央与地方税收分配不合理。自1994年我国实行分税制改革以来，在一定程度上解决了中央政府和地方政府之间的税收收入分配关系。河北省和天津市在京津冀协调发展过程中作为产业迁入地，面临着环境治理、基础设施建设和完善等一系列公用服务供给的问题。地方政府需要大量财政资金和中央财政的转移支付，但是，目前税收分配比例已经不能满足现有发展需要，制约了产业转移的承接。

（5）税收制度不统一。京津冀三地经济结构和经济社会发展水平不同，税收收入来源和水平、税收支出规模和结构不同，相应的税收政策尤其税收优惠政策也不相同，甚至在某些方面差别很大。根据税法的规定，省级政府和主管税务机关可以根据实际情况，在规定范围内对税收政策做出调整。当前三地之间的税收差异较大，北京和天津的税收优惠政策明显多于河北省，并且河北省税收优惠政策的力度和覆盖面也不及北京和天津。

（6）区域间税收协作滞后，税收信息不对称。京津冀三地只是在各自辖地内开展税收征管工作，在产业转移过程中，缺乏京津冀三地之间的税收协作。即便是有部分税收协作的规定，也只是形式上的，缺乏规范性，不能有效执行，没有法律约束力。同时，三地缺乏协同征管的合作。

（7）成本分担不平衡。在京津冀产业转移税收分享政策的实施过程中伴随着相应的成本，包括产业转移成本，环境保护成本和公共服务提供等一系列成本。这些成本并没有在迁入地和迁出地之间进行合理分摊，而出现税收收益和成本不协调的问题。例如，作为产业迁入地的河北省面临着巨大的环境保护成本和公共服务提供成本，这些成本制约了其承接产业转移的积极性。

3.产业转移税收分享政策实施要点

（1）构建涉税争议协调机制。为有效解决税收利益分享矛盾，促进产业转移的有序健康发展，应构建京津冀税收利益协调机制，在国务院层面成立三地联络协调机构，制定协调制度，协调三地的税收利益争议问题。

（2）规范税收优惠政策，避免政策洼地。各地区的税务部门要开展税收优惠政策的专项清查，严格遵守国家制定的税收优惠政策排查本地区的税收优惠政策是否与国家制定的政策相违背。不得为吸引企业的迁入而滥用税收优惠政策，制造政策洼地。通过实施规范的税收优惠政策，创建公平的市场竞争环境，发挥市场在资源配置中的决定性作用，建立和维护正常有序的税收分享秩序。

分支机构实行属地纳税。由于产业转移过程中，大部分会涉及分支机构的设立，所以要做好总部和分支机构之间税收分享问题，这就需要合理分享税源，可以实行属地纳税。对在天津和河北设立分支机构的企业，可以将相关税收利益按照边际贡献的原则进行合理分享。要在合理调动迁入地和迁出地产业转移积极性的前提下，设计相应的权重，使税收利益在总部和分支机构所在地按照边际贡献进行公平分享。税收收入应在迁出地与迁入地实行动态比例分成，5年为一个比例调整阶段，从“五五”向“三七”过渡，15年后迁出地归零。

（4）合理分配中央与地方的税收收入。京津冀三地之间税收利益的协调离不开中央政府和地方政府之间税收利益协调的支持。产业转移过程中主要涉及增值税和企业所得税，都是中央和地方的共享税。在产业转移过程中，河北省是主要企业迁入地，迁入的企业造成的环境和基础设施压力，将需要迁入地政府财政支持和解决。作为财政主要收入来源的税收，如果不能合理分配到河北省地方政府，则地方政府很难担负起治理环境污染、改建基础设施等一系列职责。为促进中央和地方事权与支出责任相适应，中央政府要从全局和整体出发，全面考察京津冀三地的财政税收情况和经济社会发展情况，使政府间财力在产业转移过程中得到平衡发展。

（5）建立统一的税收征管制度。建立京津冀统一的税收征管制度，增强其趋同性，进一步统一办税事务流程，提高税收信息的一体化程度。京津冀三地的税收政策要相互协调，统一执行口径，建立统一的管理标准。统一政策管理制度，实施统一税收政策措施。要全面细致研究三地区现行的税收征管政策，对比分析之间的差别；根据三地产业结构的总体布局，调整具体税收实施政策。

（6）建立健全统一高效的税收征管体制。京津冀协同发展要促进税收便利化，推进办税服务一体化，提供便利的纳税服务，规范统一税务行政目录，建立规范标准的审批流程和环节。三地纳税信息共享，建立规范统一的信息化平台。实现税收风险管理一体化，实施建立三地常态化数据信息交换机制，加强协查机制，建立京津冀风险管理规划的交互机制。三地税务人员要相互学习、相互借鉴、共同提高业务素质和能力。坚持信息公开，税收利益分享政策的制定和实施必须坚持及时公开，不断增强公开的透明性，提高政府及税务机关的公信力。同时，积极促进社会对于税收利益分享政策制定和实施的监督，建立相应的举报制度，提高政策制定的审慎性、规范性和权威性。

（7）建立成本分担机制。在设计和实施产业转移税收分享政策的过程中，要建立相应的产业转移税收分享成本分担机制。要考虑的是成本，产业转移过程中的搬迁商户的补偿成本，承接地的征地成本和土地管理成本等都会影响产业转移税收分享政策的最终效益；要考虑环境保护成本，尤其是河北省承接北京转移的一些工业产业，对当地自然环境造成污染，形成的环保成本需要在北京和河北之间进行合理分摊；还要考虑公共服务提供成本，在产业转移过程中，迁入地面临着公共服务提供的成本压力，这就需要合理的成本分担机制来缓解其成本压力，以推动政策有效实施；要设置税收分享政策的缓冲期，做好新旧政策的稳步衔接。

总之，京津冀协同发展是一项巨大而系统的工程，进行产业转移，优化产业布局，消除三地之间的不平衡是京津冀协同发展的重中之重。财政是国家治理的基础和重要支柱，税收是重要的经济调节杠杆，在产业转移过程中发挥着巨大作用，因此必须予以重视。京津冀协同发展必须坚持三地在税收利益上的协同发展，稳步推进科学合理的税收分享政策的制定和实施。应坚持全面规范上下联动原则，统筹规划、稳步推进原则，公开信息、接受监督原则。

6.4.3 国外区域协同发展的税收政策经验

1. 美国区域协同发展的税制做法与借鉴

身为世界经济龙头的美国也存在区域经济发展不平衡的现象。为了实现经济发展的区域协同，美国政府大量运用税收政策干预区域经济，促进了区域的协同发展。具体措施是：通过差别化的税收政策，对经济落后地区实施较低的税负，对经济发达地区实施较高的税负，促进相对落后地区的经济发展。对经济发展水平不同的地区实施不同标准的税收优惠政策，对经济相对落后地区实施更多的税收优惠政策，以改变该地区经济落后的面貌。这对京津冀区域协同发展的借鉴意义是：河北省处于京津冀区域中经济相对落后地区，应该对河北省、北京市、天津市实施不同的税收政策，加大河北省税收优惠政策的力度，减轻河北省的税收负担，促进河北省经济快速发展。参照美国城市定位，疏解北京市的非首都核心功能，促进京津冀地区协调、可持续发展。

2. 日本区域协同发展的税制做法

日本重视利用税收政策促进区域协同发展，给予经济落后地区税收优惠政策，并通过立法固定下来。通过税收优惠政策吸引投资并鼓励一些大企业到落后地区经营，拉动了经济落后地区的发展经济，改善了经济落后地区的产业结构。这对京津冀地区的启示是，通过给予河北省税收的优惠政策，吸引大企业从北京迁移到河北落户。这样既促进了河北省的经济发展，又疏散了北京的非首都核心功能。

6.4.4 京津冀协同发展税政策优化建议

1. 整体建议

（1）中央政府可以通过对京津冀三地制定不同的纵向转移支付政策来支持各地创业活动。由于各地的财政需求和发展定位不一致，建议以一般性转移支付为主。京津冀三地政府可以考虑通过经济发达地区对经济欠发达地区的横向财政转移支付、税收共享机制共同发展，促进分工布局的形成。北京疏解至河北的非首都核心功能的产业以制造业为主，这些产业能带来的附加值低并且耗能高，必将损害河北的利益。所以，北京有必要也有能力向河北进行横向转移支付。

（2）考虑对能带来高税收的产业（如汽车、化工行业）向地区生产总值较低的河北转移进行激励，帮助河北解决财政、就业问题，并促进河北的产业转型和升级。与此同时，北京也可根据市内不同区域的功能布局，通过对各个功能区域制定有针对性的财税、金融政策引导功能布局的形成。例如，对北京首都功能核心区（东城区、西城区）要以鼓励金融业、现代服务业的创业为主。对城市功能拓展区（朝阳区、丰台区、石景山区、海淀区）则由于其高新技术产业聚集，应重点引导技术密集型产业的创业活动。对城市发展新区（房山、通州、顺义、昌平、大兴），应重点吸引高新技术产业、现代制造业和现代农业的创业活动，并建立相关产业的创业基地。

（3）完善跨区经营企业所得税分配制度。为了协调京津冀部分产业转移，促进京津冀地区经济协同发展，建议完善跨区经营企业税收分配制度，考虑企业实际生产、实际经济贡献等综合因素，调整总分支机构的分配比例，逐步增加迁入地天津和河北省的分享比例，确保按实际税源贡献大小划分税收收入，避免税源与税收的背离，促进区域经济的协同发展。

（4）设立税收分享的缓冲期。京津冀协同发展中涉及大量的产业转移，为了保护迁出地当地政府税收收入不会大幅减少，可以在转出时设置3至5年的缓冲期，由转出地政府和转入地政府分享税收，分享比例由双方协商确定。对大型园区的整体搬迁，采用一事一议的方法。由迁出地政府与迁入地政府协商土地供给、政策落实、税收分配等相关事项。做好统筹协调，尽量使企业及两地政府获得三方共赢。

（5）构建税收稽查协同发展的平台和机制。设立京津冀税收协调办公室，负责日常京津冀三地税收问题的协调。协调办公室需要定期召开跨区域税务稽查的联席会议，协调相关事宜。其具体职责为：制定三地税收竞争和分享基本政策；推进三地税收协同政策的试点和推广，监督三地税收协同政策落实；协调三地重大税收争议。

统一京津冀三地对违法案件处理中的裁定标准和量刑尺度，实现税收稽查政策层面的三地协调。同时，定期开展三地税收稽查人员交流和业务培训。对跨区域重点和难点案件采用联合办案的方式进行处理。建立京津冀税务稽查信息服务共享平台，共享税收征管和税收稽查等相关信息，做到跨区域信息汇总和综合利用，为京津冀三地的税务稽查协作做好相关建设服务工作。

（6）完善促进京津冀协同发展的税收政策。国家应该将北京中关村和滨海新区的相关优惠政策扩展到河北省符合相关条件的创新型园区，发挥这些区域在创新改革中的驱动作用。降低研发加计扣除的标准，惠及大量的科技型中小企业，提升当地吸纳北京相关产业的能力。

对京津冀三地的税收优惠政策进行全面梳理和整合，取消不利于三地协同发展的税收优惠政策，为三地公平竞争和招商引资建立良好的环境。加快京津冀三地区域优惠政策向产业优惠政策的转变，对不利于三地协同发展的税收优惠政策尽快废止。对试点地区有价值的税收政策，尽快在全国范围内实施。

（6）中央财政提供一定程度的扶持。京津冀税收的协同发展，除了财政横向转移外，财政的纵向调节同样重要。京津冀地方政府在协同发展过程中都面临财政收支压力，例如，产业转移企业大多在北京市核心功能拓展区和城市新区，某些地方的经济不够发达，一旦地方税收大幅降低，财政收入就会大幅下滑，不利于这些区县的发展。所以中央应出台一些财政扶持政策：首先，给予河北和北京、天津类似的税收优惠政策，以缩小京津冀税收优惠方面的差距。其次，增加对河北的财政转移支付。河北省财力相对不足，要实现三地税收协同发展，除了京津对河北予以帮助外，中央财政尤其应该对河北省予以额外支持。最后，设立京津冀财政发展专项基金。一方面，可以比较方便地调控税收收入损失地区，有效促进京津产业、资源有序转移。另一方面，也可以有针对性地促进三地的产业发展。

2. 创业创新的财税政策建议

（1）采取更加灵活多样的财政资金支持方式。一是通过财政资金支持方式引导发展首都核心功能定位的产业，鼓励机会驱动型创业。二是针对我国初等和中等创业教育异常薄弱的现状，应在教育经费拨款中设立初等和中等创业教育专项资金，专门用于初等和中等创业教育体系的构建、完善和推广。三是运用财政资金或国有资本引导创业风险投资基金提高对处于种子期和起步期的创业企业的投资比重，真正做到“雪中送炭”。四是建立符合国际规则的政府采购技术标准认证制度，有针对性地制定符合首都产业和产品发展的标准，研究节能环保等领域的新技术新产品消费扶持政策。

（2）完善鼓励创业的税收优惠政策。一是可考虑对合伙制创业投资机构、股权投资基金和信托计划，投资于科技创新创业型企业所取得的收益，向投资者个人分回的部分减按50%征收个人所得税。二是鼓励创业员工活动，可考虑对企业鼓励创业员工活动的支出，准予税前扣除；与此同时，鼓励社会各界的力量参与到我国初等和中等创业教育中，对符合资质要求的初等和中等创业教育培训机构或组织给予税收优惠。三是立足初创企业融资困难的现实，制定对中小企业融资的税收优惠，同时可考虑允许初创企业延期纳税。

（3）充分发挥金融创新在支持创业方面的作用。一是通过建立创投引导基金和风险投资补偿专项基金，吸引更多金融机构和产业投资基金加大对创业活动的投资，大力培育天使投资人。二是完善知识产权投融资体系，鼓励担保机构开展知识产权质押融资。三是完善多层次资本市场，支持科技密集型企业做大做强，建立健全中小企业股份转让系统，方便企业上市、股份交易和定向增发等活动。四是创新金融产品和服务，强化信贷支持，创新保险服务。

（4）完善相关的配套措施。在全社会营造“宽容失败”的良好创业创新氛围，完善社会保障体系建设，进一步“简政放权”，打破体制机制的束缚，让创业创新者无“后顾之忧”，从而让个体对创业持积极态度。同时，不断发展壮大由社会提供的咨询、中介、会计、法律等商业服务的规模与水平，帮助创业企业有序健康发展。

（5）在京津冀协同发展的战略背景下，支持创业创新的财税政策，应站在产业协同的高度，运用财税、金融政策，合理规划产业布局，真正实现协同发展。北京未来主要布局高端服务业、科技密集型产业；天津主要布局形成外向型产业聚集、大力发展现代服务业；河北则主要承接、聚集京津转移的加工与装备制造产业，推动传统产业转型升级。不同地区对其需要发展的核心产业通过税收优惠、财政补贴等方式引导创业者在特定产业的创业活动。

3. 河北税收政策建议

河北省循环经济起步较晚，发展情况在京津冀区域中水平最低，形成了“洼地”，成为京津冀循环经济发展的“短板”。循环经济涉及林业、农业、水利、环保等多部门，以“部门主导”的循环经济发展的政策设计，政策措施不配套，政策缺乏长期性和稳定性，出现了严重分头管理、碎片化管理现象。发展循环经济资金来源较为单一，没有充分调动和发挥市场机制，补偿方式主要以政府财政资金投入为主，而且财政资金投入尚显不足，难以满足循环经济发展对资金的需求。现行的支持循环经济发展的税收优惠政策零散、缺乏系统性。关于节能减排、清洁能源、环境保护与新技术研发等的税收优惠政策分散在各种办法、通知中，税收优惠措施单一，再加上税收优惠范围较窄，使一些直接免征与扣减的税收优惠政策难以落到实处，致使一些确实需要支持的企业享受不到税收优惠，挫伤了企业发展循环经济的积极性。

河北税收政策建议如下：

（1）抓住产业结构转型升级的机遇，促进循环经济的发展。河北省产业结构以第二产业为主，第二产业中钢铁、化工等传统产业占据主导地位，污染物排放量大。“十二五”期间，国家制定了淘汰落后和过剩产能的计划，给河北省明确了“6643”工程目标。河北省应从转方式、调结构入手，从根本上改变以第二产业为主导的产业结构和以煤炭为主的能源消费结构。要抓住机遇实施产业结构转型升级，大力促进循环经济的发展，同时强化节能环保指标约束和行业准入管理，完善市场准入、差别电价水价和信贷政策，建立产能退出奖励、交易机制。

（2）鼓励企业加大科技研发的力度。应该尽早制定循环经济科技发展规划，建立健全循环经济科技法规体系和政策体系。一方面，鼓励企业加大循环经济科技研发的力度，提高企业自主创新能力；另一方面，引导企业利用环京津的区位优势，学习京津企业先进的技术和经验，政府部门要为京津冀企业之间开展循环经济技术创新合作搭桥铺路。此外，政府要鼓励高校和科研院所加大对循环经济技术的研发，发挥其在科研方面的优势，并促进其科研成果的及时转化。

（3）采用多元化的手段支持循环经济的发展。除了对于重大的循环经济示范项目和技术给予财政资金支持外，政府可以考虑采用亏损补贴、物价补贴、财政贴息等方式予以鼓励和支持；可以利用政府采购的方式，加大对节能产品、资源节约和再利用产品的采购力度，并研究制定激励流通企业采购节能环保产品的政策。此外，还要加大对发展循环经济专项资金的监管，建立绩效考核评价制度，保证循环经济发展资金的安全高效利用。

（4）完善支持循环经济发展的税收优惠政策体系。河北应该抓住“京津冀协同发展”的大好机遇，积极申请给予发展循环经济的企业更多的税收优惠。现行的支持循环经济发展的税收优惠政策比较零散，呈“碎片化”状态，优惠范围窄、措施单一，这些问题都不同程度地影响了税收优惠政策的有效性，造成“政府有想法、企业有意见、税务难执行”的局面。针对这一问题，应尽快进行整合和完善，构建支持循环经济发展的税收优惠政策体系，使之在支持循环经济的发展方面有效并高效，形成政策合力。可借鉴国际经验，采用研发费用加计扣除、加速折旧、再投资退税、税收抵免等多元化的税收优惠方式，使发展循环经济的企业真正享受到税收优惠。从企业所得税方面考虑，应将税收优惠的重点放在具体的循环经济研发项目上。可以细化研发费用扣除的内容，放宽科技研发支出的范围，把科技研发支出计入加计扣除的范围之内，提高研发费用的加计扣除比例，适当缩短摊销年限，并允许企业、科研院所将科研人员教育、培训等方面的支出在企业所得税税前列支。

（5）建立多元化、多渠道的循环经济资金保障机制。发展循环经济需要大量的资金投入，单靠政府“单打独斗”是不行的，还要依靠社会力量，发动社会各界积极参与。首先，要考虑优化现有的财政支出项目支持循环经济的发展，并逐年增加发展循环经济专项资金。其次，积极探索利用银行信贷、发行地方政府债券等筹资方式，引导利用社会闲置资金。再次，政府还可以采用PPP模式，充分利用社会资本，通过招投标方式引入市场机制，通过市场机制和项目合作的方式，构建多元化、多渠道的循环经济资金保障机制。最后，还要加强循环经济资金使用效益的评价和监督。

7 京津冀协同发展产业对接中土地规划和利用

7.1 京津冀协同发展土地利用与规划情况

7.1.1 京津冀协同发展土地利用总体情况

京津冀地区土地总面积是21.8万平方公里，土地利用以耕地和林地为主，分别占总面积的36.1%和24.1%；其次为牧草地（包括园地与草地），占总面积的18.9%；建设用地面积为196.61万公顷，占比为15.3%；水域面积相对较小，仅占总面积的4.3%。

区域内部京津冀三地在土地利用方面也各有特点，具体情况如表7-1所示。其中北京因山地较多，林地占比达45.9%；其次为建设用地，面积为37.66万公顷，占总面积的23.3%；而耕地面积相对较少，仅占13.4%。天津市则以耕地和建设用地为主，分别占总面积的36.9%和39.1%。河北省土地利用以农用地为主，建设用地比重相对较低。其中耕地面积652.05万公顷，占总面积的35.8%；林地面积459.90万公顷，占总面积的25.3%；牧草地面积359.37万公顷，占比19.8%；而建设用地仅占总面积的14.3%。

从变化情况来看，近几年除建设用地面积增加外，其他类型土地面积均有所缩减，这表明建设用地在逐渐占用其他生物生产性土地面积，建设用地面积的增加以及耕地、牧草地、林地等面积的减少均表示对土地生态占用的加大，该地区土地将面临更大的生态压力。

表7-1

京津冀地区土地利用结构

面积单位：万公顷

地区	耕地	牧草地	林地	水域	建设用地	其他用地
北京	21.63	21.82	73.97	5.91	37.66	0.30
	13.4%	13.5%	45.9%	3.7%	23.3%	0.2%
天津	43.09	4.09	5.48	18.53	46.29	0.39
	36.9%	3.5%	4.6%	15.6%	39.1%	0.3%
河北	652.05	359.37	459.90	63.33	260.85	23.84
	35.8%	19.8%	25.3%	3.5%	14.3%	1.3%
京津冀	698.95	366.81	466.66	83.35	296.61	25.16
	36.1%	18.9%	24.1%	4.3%	15.3%	1.3%

数据来源：CREIS中指数据房地产数据信息系统——土地版。

（1）耕地比重较小。北京市的耕地总面积仅占全市土地总面积的13.4%，人均耕地远远低于全国人均1.4亩的水平，仅为0.15亩。天津市耕地总面积43.69万公顷，人均耕地面积0.42亩，也远低于全国平均水平，但是相较于北京市人均耕地面积高一些。河北省耕地面积698.95万公顷，占土地总面积的36.1%，其中冀北地区人均耕地水平相对较高，冀中和冀南则较低。总体来讲，京津冀地区耕地所占比例较低。

（2）牧草地面积占总面积比重较低，且呈逐渐减少趋势。京津冀地区牧草地资源仅占全部土地面积的18.9%，且主要集中在河北省境内，京津两地相对偏少。从时间上来看，面积由2009年的395.89万公顷减少至2015年的386.68万公顷，7年时间减少了9.21万公顷。

（3）林地面积所占比例整体情况良好，但也存在区域差异。北京市森林面积73.97万公顷，森林覆盖率45.9%，北京市森林资源主要集中在山区，山区森林覆盖率大大高于平原地区，因此，平原地区生态质量较差。天津市森林面积5.48万公顷，森林覆盖率4.6%，低于全国平均水平，生态质量较差。河北省森林面积459.90万公顷，森林覆盖率25.3%，稍稍高于全国25%的平均水平，但也存在区域差异，森林资源主要集中在冀北地区。

（4）水域资源匮乏。京津冀地区的水域面积仅占总体的4.3%，且仍持续减少水域资源严重匮乏，远远无法满足该地区人们的生活生产需要，需大量依赖外部供给，是限制当地经济社会发展的重要因素之一。

（5）建设用地面积不断增加。北京市2013年城市建设用地总面积为1 505平方公里，占市区总面积的12.35%。与2012年相比，城市建设用地面积增加60平方公里。

天津市2013年的城市建设用地面积为736平方公里，占市区总面积的9.95%，与2012年的722平方公里相比，有所增加。河北省2013年城市建设用地面积1 163平方公里，占市区总面积的比重为13.51%。与2012年的1 142平方公里来讲，总面积基本不变。

建设用地的增加主要源于城市化的不断推进，外来人口的不断涌入，需要更多的基础设施等来满足城市发展的需要。

7.1.2 京津冀土地利用率及规划

土地利用率是指已利用的土地面积与土地总面积之比，反映了土地利用程度，京津冀2011年土地利用率分别是98%、93%和80%，这说明京津冀三地在土地利用方面有很大差距。城市化率和工业化率对土地利用率有很大的影响，对于北京和天津来说，土地利用类型和方式复杂多样，农用地面积所占比重较大，同其他地区相比，非农建设用地比重较大，其中居民工矿用地和交通用地所占比重最大，是全国平均水平的5倍。

从土地利用结构来看，北京和天津的特点是以城市用地为核心、郊区用地服务于城市，同时与全国其他地区相比，土地利用程度高、速度快，而对于河北来说，城市化率和工业化率不高影响到土地利用率也较低，河北的土地利用主要集中于农用地，建筑用地和交通用地所占比重较小（见表7–2）。

表7–2

京津冀地区土地利用与规划

单位：平方公里

地区	土地面积	农用地面积		建设用地面积	
		2011年利用情况	2020年规划用地	2011年利用情况	2020年规划用地
北京	16 410.54	11 864.12	11 900	4 199.49	3 817
天津	11 917.32	7 097.65	7 043	3 946.13	4 034
河北	188 433.86	131 684.00	134 269	20 110.00	19 114

数据来源：CREIS中指数据房地产数据信息系统——土地版。

从表7–2可以看出，与2020年的规划用地相比，京津冀三地的农用地利用面积除天津市超过规划面积外，均未达到2020年规划面积，三地的建设用地利用面积除天津市未超过规划面积，均超过规划面积。这说明三地在进行土地利用时的侧重点不同，北京与河北比较重视建设用地，而天津更加重视农用地的利用。在规划实施期间，京津冀的经济得到迅速发展，对农用地特别是特别是对耕地的保护力度不断增强，生态环境建设水平也不断提升，建设用地的效率不断提高，同时土地管理和执法能力也在不断增强。

2012年时，京津冀三地的城镇化及工矿用地面积占全部土地面积的比重分别是18.14%、26.91%、9.22%；交通运输用地面积占全部土地面积的比重分别是2.82%、2.17%、0.86%；水域及水利设施用地面积占全部土地面积的比重分别是4.82%、4.48%、0.56%。河北省的交通运输和水域水利设施用地面积比重相对北京和天津来说是比较低的，天津市的城镇村及工矿用地面积所占比重比北京和河北大，北京市的交通运输用地面积和水域及水利设施用地面积所占比重高于天津和河北。

京津冀建设用地面积概况见表7–3。

表7–3

京津冀建设用地面积（2009年与2012年比较）

单位：平方公里

地区	城镇村及矿用地面积		交通运输用地面积		水域及水利设施用地面积	
	2009年	2012年	2009年	2012年	2009年	2012年
北京	2 847.92	2 977.59	444.46	463.28	802.36	790.88
天津	3 057.79	3 207.41	219.38	258.3	533.45	533.54
河北	14 098.17	17 379	1 088	1 616	1 054.9	1 060

数据来源：CREIS中指数据房地产数据信息系统——土地版。

通过表7–3我们可以看出，除北京市的水域及水利设施用地面积有所下降外，京津冀地区的建设用地面积是有所上升的。到2012年时，京津冀三地的城镇化及工矿用地面积占全部土地面积的比重分别是18.14%、26.91%、9.22%；交通运输用地面积占全部土地面积的比重分别是2.82%、2.17%、0.86%；水域及水利设施用地面积占全部土地面积的比重分别是4.82%、4.48%、0.56%。河北省的交通运输和水域水利设施用地面积比重相对北京和天津来说是比较低的，天津市的城镇村及工矿用地面积所占比重要比北京和河北大，北京市的交通运输用地面积和水域及水利设施用地面积所占比重高于天津和河北。

7.1.3 京津冀协同发展以来区域土地新增面积情况

京津冀三地不同用途土地新增面积见表7–4。

表7–4

京津冀不同用途建设用地新增面积（2013—2016年）

单位：万平方米

年份	地区	住宅用地面积	商业/办公用地面积	工业用地面积	其他用地面积
2013	北京	759.12	216.89	414.82	7.22
	河北	8 420.2	394.51	2 625.01	11.95
	天津	1 116.73	3 050.41	9 187.66	209.02
2014	北京	437.45	410.27	115.14	0
	河北	3 631.83	1 756.47	6 991.64	199.11
	天津	665.88	271.91	2 709.02	0.6
2015	北京	355.18	103.48	157.95	0
	河北	4 601.34	1 854.44	8 944.62	215.44
	天津	528.44	190.49	1 327.54	97.82
2016	北京	128.22	250.17	48.3	0
	河北	4 231.09	1 703.15	7 101.93	588.51
	天津	1 048.34	92.25	1 558.09	95.89

数据来源：CREIS中指数据房地产数据信息系统——土地版。

由表7–4可知，从同一地区不同用途土地供应结构及动态差异分析，2013—2016年北京市新增土地以住宅用地为主，而动态住宅用地供应呈递减趋势。天津及河北新增土地以工业用地为主，住宅用地次之。从动态来看，受北京疏解非首都核心功能、京津冀协同发展等策略的影响，河北新增工业用地面积逐年增加，天津则呈递减趋势。2013—2016年，从京津冀三地区域差异分析，新增土地面积总量上，河北住宅、工业、商业以及其他用地均高于北京和天津；用途上，北京新增土地以住宅用地为主，天津以工业用地增加为主，河北以新增住宅、工业用地为主；北京各类用地增幅均逐步减缓，天津商业、工业及其他用地增幅均逐年降低，河北工业用地、商业用地及其他用地均呈递增趋势。

7.1.4 京津冀城市土地利用强度分析

土地利用强度是指土地资源利用的效率，单位用地面积投资强度，对一个单位的土地投资的强度，从城市综合容积率、交通密度来分析京津冀城市土地利用强度的差异，具体如图7–1所示。

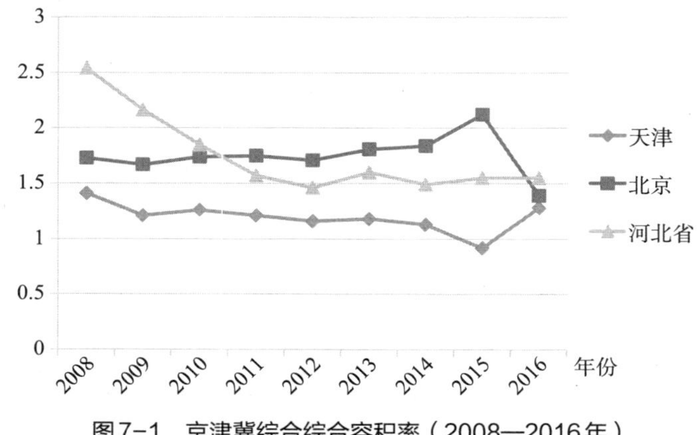

图7–1 京津冀综合综合容积率（2008—2016年）

数据来源：国家统计局网站。

由图7–1可知，2008—2016年，北京容积率2008—2014年走势呈基本稳定的状态，容积率范围大致为1.21~1.6，2015年上升到2.12，到2016年出现下降的趋势，容积率降到1.39；天津容积率基本没有太大的变化，只在2015年下降到0.92；河北容积率

2008—2011年从2.54下降到1.51，2011—2016年变化很小，范围为1.13~1.28。

由于2012年3月21日住建部出台了《建设用地容积率管理办法》，使得虽然有新增建设用地，但综合容积率下降至近年来最低。截至2016年，北京、天津、河北综合容积率相差不大，但京津冀近年来容积率变化趋势却不同，且由于计算的是综合容积率，现实中同一地区容积率也出现两极分化的现象，所以容积率的分布状况在京津冀中亦存在一定程度的差异。

从城市交通密度看，2006—2015年，北京为116.64~243.75辆/公里，天津70.11~170.27辆/公里，河北为15.95~58.24辆/公里。因此，京津冀三地城市交通密度存在明显差异，北京远高于天津和河北，同时天津也明显高于河北（图7–2）。

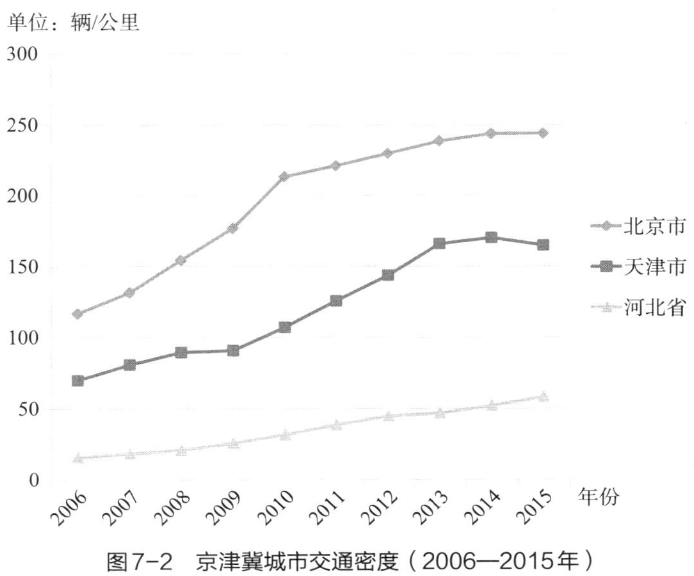

图7–2　京津冀城市交通密度（2006—2015年）

数据来源：国家统计局网站。

7.1.5 京津冀绿色土地利用及可持续利用

1. 土地绿色利用

（1）土地绿色利用总体呈现随时间变化。京津冀城市群总体土地绿色利用效率值与时间之间存在明显的关联，以2008年作为变化的首个时间节点，该数值从上升态势转变为断崖式下跌。至2012年有所上升，而到2013年，土地绿色利用效率值又开始断点式下降，2014年不断上升，甚至达到了有史以来的最高数值，此后又开始回落，2016年的效率水平仅比2006年略高一点。

（2）城市群内部绿色利用率差异较大。由专家学者计算得出的平均绿色土地利用率可知，城市群存在较为显著的内部差距，尤其是北京、天津与其他城市之间的差距。北京、天津效率值较高，普遍处于完全效率状态。相比之下，河北省各地市则明显较低，唐山市较之河北省的其他城市稍微高一点，邢台市土地绿色利用率最低。这一情况与这与城市间经济发展极度不均衡有很大关联。

（3）城市群内部绿色利用率差异呈现扩大的趋势。对比分析不同城市的时间变化数据可知，呈上升趋势的城市主要为五个：北京、天津、石家庄、廊坊、张家口，其他的八个地市则呈现出下降的趋势。近年来，北京相关部门严格规定了产业环境准入标准和土地环保使用，并淘汰落后污染产能，致使那些准入门槛高、面临淘汰的产业不得不就近选择，或迁移至环境质量标准相对较低的河北省各地市来寻求自身的发展，这也是出现当前状况最主要的原因。

2. 土地可持续利用

（1）京津冀地区耕地可持续利用状况比较分析（图7–3）。

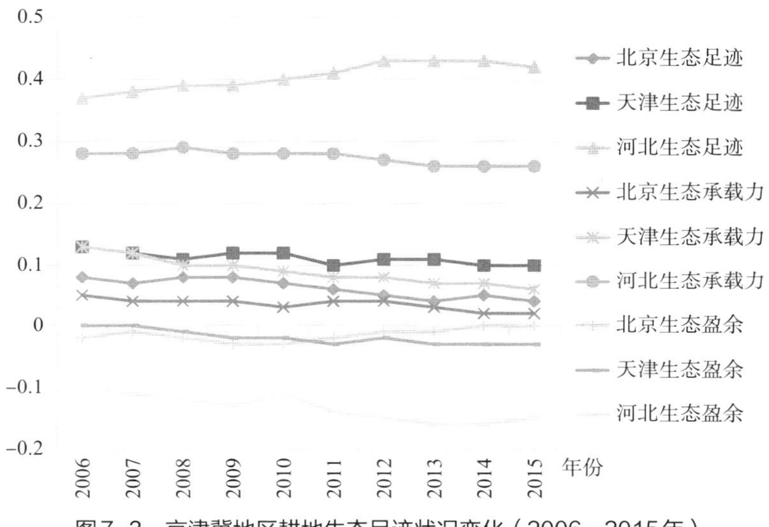

图7-3 京津冀地区耕地生态足迹状况变化（2006—2015年）

数据来源：国家统计局网站。

结合图7-3，京津冀地区2006—2015年间耕地均为生态赤字状态且赤字逐年增加。其中河北省耕地生态足迹在2010年之后增速加快，与此同时生态承载力却逐渐递减，使得这一时期的耕地赤字猛增；天津市在2006年之前耕地生态承载力与生态足迹水平相当，耕地系统供求状况稳定，然而此后两者的差距不断拉大，耕地存量已无法支撑当地居民日益增长的需求，生态赤字不断增加；北京市情况则与天津刚好相反，耕地生态足迹逐渐下降，并接近耕地承载力水平，耕地供求失衡状态得到扭转，耕地资源能够实现可持续利用。总体来看，京津冀耕地可持续利用形势严峻，已无法支撑该地区居民的基本生产生活需要。究其原因，一方面，随着京津冀地区经济快速发展和城市化的不断推进，耕地非农化现象日益严重，建设面积的扩张占用大量耕地资源，耕地面积不断减少；另一方面，人类大量经济活动不仅占用耕地面积，同时也对耕地造成不同程度污染，使得耕地质量下降。面积的减少和质量的下降导致耕地承载力持续降低，无法满足当地居民对耕地的基本需求。

（2）京津冀地区牧草地可持续利用状况比较分析（图7–4）。

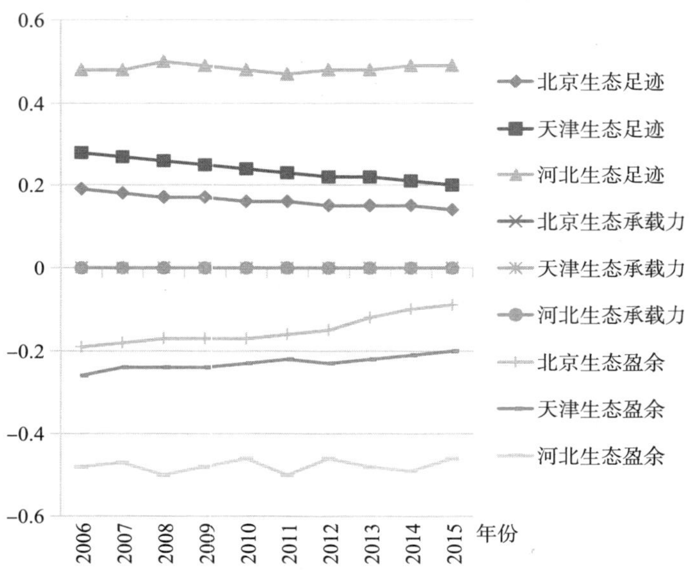

图7–4　京津冀地区历年牧草地生态足迹状况变化（2006—2015年）

数据来源：国家统计局网站。

从图7–4可以看出，京津冀三地整体生态承载力低，其中河北省稍高些，一直保持在0.01公顷以上，而京津两地的人均牧草地生态承载力甚至不足0.01公顷，主要是由于该地区牧草地资源过于稀少。与此同时三地的牧草地生态足迹均维持在较高水平，其中河北最高，十年间始终处于0.4公顷以上；北京最低，均保持在0.2公顷之下。

京津冀三地的牧草地资源均处于生态赤字状态，也呈现出与生态足迹类似的规律，河北省的生态赤字水平远高于其他两地。京津冀地区快速推进的城市化是其牧草地生态赤字居高不下的主要原因，研究表明，城市人口对肉类、禽蛋和乳制品等的消费需求远高于农村人口。随着京津冀地区经济的快速发展，居民生活水平不断提高以及大量外来人口的加入，该区域人口对牧草地资源的需求不断增加。与此同时，该地区牧草地存量整体不足。统计数据显示，该地区全部草场面积仅占我国总面积的18.9%，而且由于过度放牧等原因，草地退化严重并且产量低下，整体生态承载能力较弱。在牧草地承载能力有限而需求不断增长的背景下，京津冀地区草地生态赤字必然越来越大，从而使得牧草地利用处于不可持续状态。

（3）京津冀地区林地可持续利用状况（图7–5）。

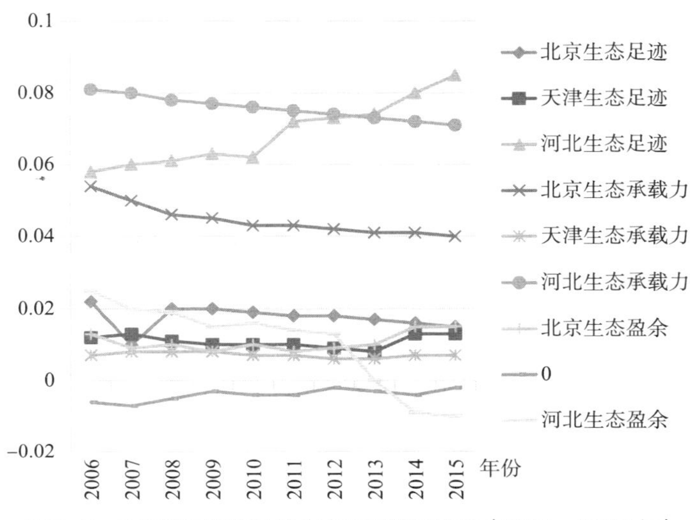

图7–5　津冀地区历年林地生态足迹状况变化（2006—2015年）

数据来源：国家统计局网站。

2006—2015年京津冀地区林地生态状况分为两个阶段：2006—2013的八年间，林地整体处于生态盈余状态，但生态盈余值不断减少；2014年之后林地出现生态赤字，且赤字迅速增加。该地区内部三地情况差异较大，河北省林地生态状况与京津冀变化趋势基本一致，林地承载力有小幅降低但基本保持不变，而生态足迹需求快速增长，

导致生态赤字迅速扩大，林地可持续利用状况急剧变动。天津市十年来林地系统变动相对平稳，生态赤字始终保持在0.005公顷。北京市由于山地较多林地面积占比较大，生态承载力状况良好，十年间始终处于生态盈余状态。但仅北京市一地的盈余并不能够弥补津冀两地生态赤字的巨大缺口，因此京津冀地区林地可持续利用面临很大的挑战。

（4）京津冀地区水域可持续利用状况（图7-6）。

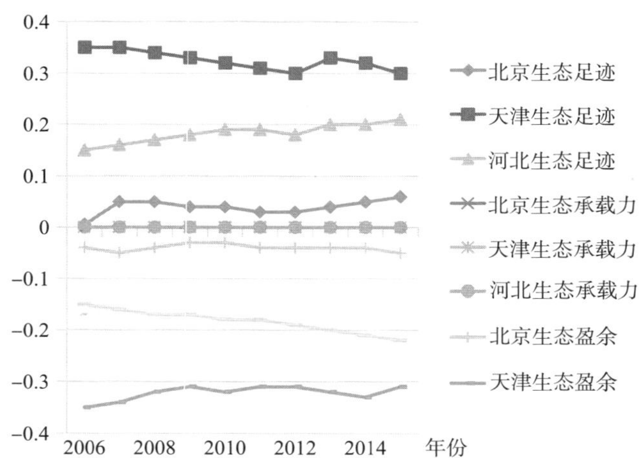

图7-6　京津冀地区历年水域生态足迹状况变化（2006—2015年）

注：其中，北京、天津和河北生态承载力均为0。

数据来源：国家统计局网站。

从图7-6可以看出，京津冀地区整体水域生态承载力有限，这与该地区地处北方，常年降水量少等自然条件限制有关。三省份比较来看，天津市水域的生态足迹和生态赤字水平均较高，其次是河北省，北京市则相对较低。究其原因，天津市东临太平洋，当地居民饮食结构中水产品占比相较于其他北方城市高，该地对水产品的需求量更大；然而随着人类活动影响范围的扩大，生物产量最高的近海大陆架地区遭到严重污染和破坏，其生态承载力被大幅削弱，已无法满足当地居民日益增长的需求。其他两地情况类似，均处于不同程度的生态赤字状态。

7.2　京津冀协同发展产业对接中的土地问题

随着经济的发展和人口的增多，土地供给压力在不断增大，京津冀地区的人地矛盾越来越突出，节约用地能力还需要加强，城乡用地布局还要优化，对土地资源进行综合治理和生态环境建设还要加大力度，同时要对土地管理机制进行创新。其中的问题主要有以下几点：

7.2.1　规划空间不足

建设用地总量逼近甚至已超过规划控制规模。随着京津冀协同发展上升为国家重大战略，大规模工业化建设加速启动，大量耕地变更为建设用地，土地保有量以超过规划速度急速减少，耕地保有量即将突破土地利用总体规划中设定的目标值。规划期内，京津冀三地剩余耕地减少量分别为0.52万公顷、0.08万公顷、23.5万公顷，所剩耕地面积比例分别为2.4%、0.2%、3.6%，耕地保护形势十分严峻。从京津冀三地土地利用现状来看，建设用地规模已经逼近或突破土地利用规划中设定的目标值，截至2013年底，京津冀三地的建设用地规模分别达到规划控制目标的95.1%、100.6%、111.1%，京津冀产业对接合作面临的土地供需矛盾已经凸显。在现行规划体制下，京津冀区域土地资源需求刚性上升与供给刚性制约的局面将更加严峻（见表7-5）。

表7-5
京津冀建设用地情况（2013年）与调控指标（2020年）对比

单位：万公顷

类别	北京		天津		河北	
指标	2013年	2020年	2013年	2020年	2013年	2020年
建设用地	36.30	38.17	40.60	40.34	212.4	191.14

资料来源：《中国统计年鉴》。

7.2.2 新增建设用地指标不足，用地指标分配不合理

新增建设用地为规划期间农用地和未利用地转为建设用地的量。目前，京津冀耕地资源不足，2014年京、津、冀人均耕地分别为0.15亩、0.43亩、1.33亩，均低于1.49亩的全国平均水平；未利用土地大多属于难利用土地，可开发利用的后备土地资源不足，难以实现耕地占补平衡。经调研发现，廊坊市固安县已无耕地后备资源可开垦，自2011年开始，补充耕地指标以外地购买的渠道来满足，2014年计划指标中有耕地指标1 341亩，因无占补指标，尚不能组卷上报，由于项目用地量不断增加，耕地占补平衡问题相对制约了该县经济的发展。

又如，保定市容城县用新增建设用地规模3 600.72亩，其中可占用耕地的建设用地规模2 648.07亩，由于容城县耕地后备资源不

足，建设用地报批受耕地占补平衡指标制约较大。土地指标层层下解，省级、市级都会保留一些机动指标，真正分解到各县市区的建设用地指标十分有限；建设用地分散到各个县市区、各级开发区，成片可利用土地少，造成一些重大项目无法落地，限制了招商引资和承接产业转移。据不完全统计，河北省234个开发区园区规划用地面积为2 980平方公里，其中允许建设区1 902平方公里，剩余用地空间很少，特别是集中连片空间更少。

廊坊市固安县2015年急需开工的9个重点产业项目拟占地7 610亩，但近几年来每年能争取到的计划指标约为2 766亩，仅为实际需求量的1/3。另外，年度计划指标不能结转势必形成发展慢的地区粗放用地、发展快的地区“跑指标”等现象。

7.2.3　大量土地资源“批而未供”或“供而未用”

土地长年处于闲置状态受现行审批制度不完善、征地拆迁难度大、项目不落实、政府利用储备土地抵押融资等多种因素影响，京津冀地区存在大量“批而未供”土地。2009—2013年，京、津“批而未供”土地面积分别为2万公顷、1 062.7公顷；2009—2015年，河北省“批而未供”土地累计56.08万亩（合3.74万公顷），占批准建设用地总量的22.6%。另有不少建设项目取得土地后，由于项目自身成熟度不高、资金短缺或受市场因素影响，未按照土地出让合同约定开发竣工，造成土地“供而未用”。

目前，一些老旧企业占据大量厂房、土地，却没有任何实际生产经营行为的情况。虽无产出效能，但均具备合法的自行转让特点。而对于企业而言，如非本身生产经营扩张需要，则不会轻易主动交出土地。由于国家尚无明确的低效用地认定标准和处置低效用地的鼓励优惠政策，导致低效用地问题难以解决。

7.2.4 土地粗放利用，造成效率低下

京津两地的建设用地主要以外延扩张为主，占用大量土地，但实际利用效率低，造成闲置和浪费，农村居民点闲置地大量存在，城镇土地也有相当大的潜力。对于农用地来说，其耕地有效利用面积和单产水平都不高，单位产量低于先进水平，存在掠夺式利用土地问题。

京津两地，特别是郊区集体建设用地，存在非常严重的问题，同时绿化带中真正用于绿化的土地不多。对土地的不合理规划影响了两地的发展。北京市土地规划明确了首都的土地功能定位，即“三圈九田多中心”。由于土地管理机制的不规范和粗放式利用土地资源，第二道绿化隔离圈已经有所破坏。

京津两地的环境污染问题突出，尤其是水污染和固体废弃物污染和对地下水的过度开采，过分使用化肥农药及水土流失和风沙化，使土地环境遭到破坏，造成耕地减少等问题。

河北在土地利用上，由于工业化和城市化程度不高，造成比京津两地更严重的问题。由于北京的快速发展，位于北京周边的各县市建设用地猛增，加上利益的驱动，有些开发商会占用河北省的良田，造成耕地减少的问题，同时过于扩张的都市圈会加重首都的空气污染和交通堵塞，对河北落后经济的市县没有起带动作用，使得河北的经济同京津两地的差距越来越大。

同时河北省的土地利用存在很大的地域差异，各地区的土地利用方式不尽相同，但都存在以农用地为主，建设用地比重较低的问题，虽然未利用地面积大，但可开垦为耕地的后备资源少。河北省的土地利用最大的问题是农村居民点用地要比城镇用地比例大，造成用地规模大，但集约性较低的问题。

京津冀地区对土地综合功能的利用没有做到合理规划，忽视了土地可以提供生态服务，只是单一地把土地作为资源，无法满足土地可持续利用的要求；其次，京津冀现有的土地规划原则是满足经济和社会发展，并未重视土地保护的问题，忽视了土地生命系统的健康；同时，现行的土地规划缺乏对水平生态过程的分析，对土地单元之间的功能关系缺乏足够认识，而只重视土地的物理属性和经济价值，即只对垂直过程进行分析，造成在规划过程中仅以土地经济目标为指引而忽视土地生态综合效益的利用，直接导致土地资源的浪费，并产生各种生态环境问题；最后，现行土地规划以土地结构调整为主，重视基本农田保护，轻视土地空间布局利用，未能发挥土地生态系统的综合效益，未在空间上做到对土地的集约利用。

7.3　京津协同发展区域土地利用政策及优化建议

7.3.1　京津冀协同发展土地利用相关政策

1.《京津冀协同发展土地利用总体规划（2015—2020年）》解读

2016年5月《京津冀协同发展土地利用总体规划（2015—2020年）》（以下简称《规划》）的出台，使得京津冀协同发展上升为国家战略。

《规划》将北京城六区、天津主城区定为减量优化区。即在现有用地的基础上，不再新增建设用地，鼓励将利用不充分的存量用地转化为生态用地以降低建设用地比例。北京市国土局、市发展改革委、市规划委印发的《北京市2016年度国有建设用地供应计划的通知》中明确提出，当年国有土地总供应量为4 100公顷，其中2 250公顷为存量用地，占新增用地的55%，国家鼓励开发利用存量用地，对棚户区改造，通过拆多供少、以拆定供，逐步实现“瘦身”，进而提高土地利用效率。

就北京土地利用现状看，北京土地利用基本趋于饱和。2006—2016年，北京新增建设用地面积逐年递减，发展趋势符合《规划》但进度仍然相对较慢。天津主城区用地也已经达到一定限度，新增建设用地面积逐年递减，随着人口的集聚，土地利用效率逐步增加，与《规划》方向趋于一致。加快首都非功能区进程，《规划》在一定程度上起到了引导和规范作用，但由于北京城六区、天津主城区土地利用结构和布局已定型，对土地需求并未减少，目前新增用地依旧占45%，尽管动态变动趋势与《规划》一致，但新增建设结构土地利用率不高。

《规划》将北京以及天津郊区主要划为存量挖潜区。这部分区域土地开发利用水平并未达到最优，仍需要继续提高土地利用效率，但不宜进行高强度的开发利用，应以存量建设用地结构和布局调整为主。

近年来，北京、天津郊区土地利用强度也在逐年增加。为了缓解市中心居住压力，部分住宅逐步向市郊区转移。北京近年来为实现产业转移，逐步将工业用地向河北以及北京郊区转移。

现阶段，北京、天津郊区开始承接市中心的产业转移，北京、天津市郊区有继续开发的空间，土地利用效率有待进一步提高。为了更好地推进《规划》的实施，挖潜区内部要针对现行土地利用现状结构适度调整利用布局、提高土地集约度，以更好地承接产业转移。

《规划》将石家庄、邯郸、邢台、张家口、廊坊等地主要划为增量控制区。所划增量控制区不宜进行高强度、大规模的开发建设，主要区域功能是提供和保障基础设施和公共服务，严格控制新增建设用地的供应。

随着2013年京津冀一体化战略的提出，石家庄、邯郸等地人口逐步聚集，2013—2016年新增建设用地面积从1 227.98万平方米降至1 184.09万平方米，总体供应变化趋势不大，呈缓慢减少趋势，基本符合《规划》的要求。

通过查询河北省2013—2015年统计年鉴可知，石家庄等市区市政基础设施及公共服务用地，包括城市道路面积、排水管道长度、供水综合能力以及园林绿地面积等呈现10%~60%不同幅度上涨趋势。增量控制区内部的市区发展趋势符合《规划》的要求，但各市区的发展幅度不一致，存在分化的趋势，所以对于社会保障、公共服务较弱的地区要加强基础设施建设，对于其他地区则要保持并强化已有的基础设施、公共服务，在建设的同时还要严格控制增量用地，提高土地集约利用效率。

《规划》将河北的保定、沧州、衡水、秦皇岛以及石家庄西南地区和天津滨海新区等地主要划为适度发展区。适度发展区作为承接北京非首都核心功能和京津产业转移的主要功能区，可以在引导人口、产业合理集聚等方面缓解首都日益紧张的用地矛盾。

适度发展区以“以控制基础上的发展”为原则和规划主线，并适度增加区域新增建设用地规模。以保定市为例，2013—2016年3年间工业用地面积由408.45万平方米增长到423.23万平方米，4年间增长15万平方米左右，基本符合《规划》中关于适度转移非首都功能区产业的要求，但仍无法满足京津产业转移尤其是北京非首都核心功能疏解的要求。

要贯彻落实河北主要城市在京津冀协同发展中的定位，例如落实将保定市建成创新驱动发展示范区和京津保区域中心城市的目标。着力发展教育、医疗以及社会保障，将河北发展区范围内的基础设施建设好，为承接产业转移、人才集聚奠定基础。在开发建设城市土地利用之前做好明确的用地规划，使土地高度集约利用。

2.《全国土地利用总体规划纲要（2006—2020年）调整方案》中关于津冀三地面临的土地利用结构和布局调整的内容解读

2016年6月，国务院批复国土资源部印发的《全国土地利用总体规划纲要（2006—2020年）调整方案》（国土资发〔2016〕67号文件印发，以下简称《纲要》调整方案）。此次调整主要是根据第二次全国土地调查成果，针对各地出现的建设用地指标提前告罄、基本农田标准不一且质量下降等现实问题，进一步提高土地集约开发利用水平，维护土地利用总体规划的严肃性和可操作性，为“十三五”经济社会发展提供合理的土地资源保障。

全国各地土地开发利用将面临相应的调整和应对，京津冀三地的耕地保有量、基本农田保护面积和建设用地总规模分别出现不同的调整，这一调整既反映了京津冀三地各自现有土地资源的赋存特征和开发利用现状，也充分考虑了京津冀协同发展带来的土地开发利用需求变化，对京津冀三地的土地开发利用结构调整和布局优化提出了新的要求。京津冀协同发展作为“十三五”国家重大区域战略，确立了适应新变化的土地开发利用对策，有利于加快形成科学合理的土地开发利用结构，不断提高土地开发利用效率和效益。

《纲要调整方案》中京津冀三地的土地指标变化各不相同，总体上考虑了三地各自的土地资源开发利用现状特征，以及未来的发展定位和目标要求（见表7–6）。

表 7–6
《纲要调整方案》中关于 2020 年京津冀土地主要指标变化情况

主要指标	耕地保有量		基本农田保护面积		建设用地总规模	
	增减规模（万亩）	增减比重（%）	增减规模（万亩）	增减比重（%）	增减规模（万亩）	增减比重（%）
北京市	–156	–48%	–130	–46%	–15	–2.6%
天津市	–155	–24%	–108	–20%	56	9.3%
河北省	–374	–3.9%	–591	–7.1%	505	17.6%
三地合计	–685	–6.6%	–829	–9.1%	546	13.5%
全国	6 000	3.3%	–1 400	–0.9%	5 219	9.3%

资料来源：根据《全国土地利用总规划纲要（2006—2020 年）》计算。

（1）北京市土地利用结构和布局调整。北京市耕地保有量和基本农田保护面积均大幅调减，分别下降48%和46%，建设用地总规模小幅调减，下降2.6%，表明“十三五”期间北京的土地利用结构面临较大调整。基于北京市土地资源低山、丘陵较多、生产能力不高的现状特点，不再过多要求北京市承担粮食生产和安全的任务，但与此同时，调减的耕地和基本农田指标并没有相应转为建设用地指标的增加，而且建设用地总规模也进一步调减，意味着北京市仍将严格控制建设用地的增加，实行更加集约节约的用地模式。

为了实现首都建设宜业宜居、美丽和谐之区的目标，北京市调减的耕地和基本农田将主要转为园地、林地、草地等其他农业和生态用地。未来，北京市郊区将提供更多的土地用来大力发展蔬菜、瓜果、花卉等都市农业，结合观光农业、休闲农业等现代农业新业态，不断增强供应首都人民绿色果蔬的职能。

另外，北京市将大力实施退耕还林、退耕还草、退耕还湿等重大生态建设工程，林地、草地和湿地等占地面积大幅增加，进一步强化首都的生态涵养功能，有力支撑首都的生态环境质量改善和生态文明建设。

（2）天津市土地利用结构和布局调整。天津市的耕地保有量和基本农田保护面积明显调减，分别下降24%、20%，建设用地总规模小幅增加，增加9.3%，表明“十三五”天津市承载的粮食生产和安全职能明显降低，但相比北京市仍然承担重要的粮食生产任务。考虑到天津市建设北方经济中心的发展目标，调减的耕地和基本农田少量转为建设用地，保障天津市基础设施、工矿开发、城乡建设等用地的需求，但是总体上仍坚持集约节约用地的原则，严格控制建设用地的快速增长。与北京市相似的是，天津市调减的耕地和基本农田大部分将转为园地、林地、草地等其他农业用地和生态用地，大力发展城郊现代农业和“菜篮子工程”，实施退耕还林、还草、还湿等生态工程，为天津市实施生态环境保护和绿色发展提供有力保障。

（3）河北省土地利用结构和布局调整。河北省耕地保有量和基本农田保护面积均小幅调减，分别下降3.9%、7.1%，建设用地总规模明显调增，增加17.6%，表明“十三五”期间河北省作为全国的粮食主产区，仍然承担重要的粮食生产和安全任务，但同时也考虑到河北省工业化和城镇化所产生的建设用地需求压力，以及京津冀协同发展中承接京津产业转移带来的用地需求，小幅调减了耕地和基本农田保护面积，明显增加了建设用地总规模。调减的耕地和基本农田有部分转为建设用地，满足了河北省城乡建设所产生的用地需求，同时也会有部分转为园地、林地、牧草地等其他农业用地和生态用地，促进城郊农业发展和生态环境保护。建设用地总规模的增长，不可避免地占用部分耕地和基本农田，另外，应更多开发利用缓坡丘陵地、盐碱地、荒草地、裸土地等未

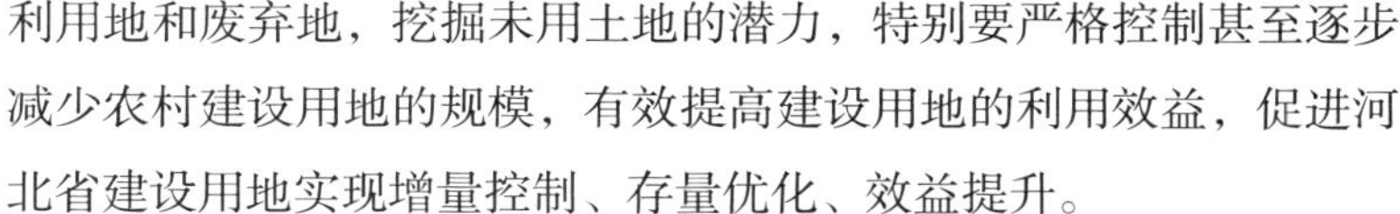
利用地和废弃地，挖掘未用土地的潜力，特别要严格控制甚至逐步减少农村建设用地的规模，有效提高建设用地的利用效益，促进河北省建设用地实现增量控制、存量优化、效益提升。

7.3.2 京津冀协同发展土地利用优化建议

1. 积极落实《京津冀协同发展土地利用总体规划》(以下简称《规划》)

京津冀三地按照《规划》的相关要求，修改各自的土地利用规划，严格遵循《规划》划定的减量优化区、存量挖潜区、增量控制区和适度发展区的土地利用原则和利用导向，实现京津冀地区土地、人口和产业的合理配置。对北京和天津主城区，不再安排新增建设用地，同时鼓励将存量建设用地转化为生态用地；对北京、天津郊区，不再进行高强度大规模建设，以存量建设用地结构和布局调整为主；对石家庄、邯郸、邢台、张家口、廊坊等地，严控新增建设用地规模，重点保障基础设施和公共服务用地；对保定、沧州、衡水、秦皇岛等地，适度增加区域新增建设用地规模，以满足承接北京非首都核心功能和京津产业转移的用地需求。另外，对国家确定的京津产业转移重点项目，建议由国家实行计划指标单列，以有效保障项目的落地和实施。

2. 多措并举盘活存量土地

首先，实行新增建设用地计划指标与供地率挂钩。落实国土资源部出台的《关于推进土地节约集约利用的指导意见》，尽快制定促进“批而未供”“供而未建”土地有效利用的政策，将实际供地率作为安排新增建设用地计划的重要依据。

其次，把好项目引进关，建立有效的项目评审机制。在项目准入时，严格执行国家有关用地定额和标准，对土地精打细算，实行精细化管理。

最后，把好项目建设关，建立有效的项目跟踪问效机制。从严审查和规范招商合同，在签约合同中明确规定项目的建设周期、投资强度、项目用地等，督促投资商按照合同进行建设。持续推进城乡建设用地增减挂钩工作。

积极开展废弃土地整治，推进城乡建设用地增减关联工作，集中土地指标，用于产业转移项目建设。例如，截至2014年底，廊坊市的城镇工矿用地面积为35 763.48公顷，占全市土地总面积的19.44%，农村居民点面积89 031.01公顷，占全市土地总面积的13.87%，上述数据表明廊坊市城镇规模不足，农村居民点空间较大，应通过大力实施城乡建设用地增减关联，增强廊坊市承接非首都功能和京津产业转移的能力。

积极破解耕地占补平衡难题。建议在京津冀范围内建立统一的耕地占补平衡指标交易平台，规范耕地异地补充行为，整合全域内耕地占补平衡指标资源，保障项目用地需求。

3. 提高京津冀土地利用效率

京津冀三地的土地开发存在集聚不足的问题。为了让土地利用从粗放式使用转变到集约式使用，首先要建立和完善用地效率的评价和考核制度，同时控制用地总量，对不合理使用的土地进行整治和调整，使土地流动起来。其次要协调京津冀三地的发展方式，不能孤立发展中小城市，应将京津周边的市县有机联系在一起，使其各自承担一定的功能，以减轻两地的城市压力，同时带动河北各县市的发展。

4. 完善京津冀土地利用规划方案

完善和延伸京津两地的建设用地规划方案，使其能够带动河北落后地区发展，提升京津冀一体化的整体水平，同时可以改善交通拥堵状态和生态环境，使其分担城市功能，在吸引大量城市人口的同时，不加重都市圈的空气污染和供水供热负担。

现行土地规划存在的最大问题就是生态问题和土地综合功能得不到发挥。随着可持续发展战略的全面实施，土地规划要承担起解决社会发展、生态保护和资源利用之间矛盾的责任，要促进人口、资源、社会经济和环境的协调发展，而不是单一局限于耕地保护和经济发展。

5.加强京津冀基础设施的合作

京津冀三地要加强对交通基础设施、公共服务设施及生态环境保护方面的合作，充分协调三地的基础设施建设，促进一体化的发展。三地在进行基础设施建设时，要注意以下几点：一要发挥土地规划的整体管控作用，统筹规划，实现占补平衡；二要合理制定差别化的土地利用，引导不同产业的转移和联动；三要借助重点基础设施用地项目，推动其他公共服务资源，即医疗、养老、教育等的分布，加大基础设施的共享力度；四要加强生态环境保护合作，加大对综合环境的治理力度，推进农业现代化和规模化的发展，同时健全生态环境经济补偿机制；五要加大国土资源信息的共享力度，实现长期稳定的合作关系。

6.多方面加强京津冀三地合作

京津冀合作的总体水平不高，主要有以下表现：一是多为行政性的非市场合作，基本上合作由政府主导，很少有市场驱动的合作；二是多为临时性和单中心合作，这些合作多基于一方且单向的利益开展，主体上未形成平等关系，横向联系弱；三是零散的非系统合作，只是对具体事项进行协商，没有长期合作规划。最主要的原因是，三地的竞争大于合作，在市场、资源和发展上视对方为竞争对手，缺乏大规模合作。

这些因素影响到了京津冀三地共同的长远发展速度和水平。要想使京津冀协同发展真正实现，就要加强三地在上述各方面的合作，同时要优化三地的产业结构，合理规划三地的土地利用。

7. 紧扣京津冀区域整体战略定位和三地各自功能定位

调整优化土地开发利用规模和结构。《京津冀协同发展规划纲要》对于京津冀区域的整体战略定位是“以首都为核心的世界级城市群、区域整体协同发展改革引领区、全国创新驱动经济增长新引擎、生态修复环境改善示范区”，要加大有利于城市群建设、改革引领、创新驱动、生态修复等战略功能强化的土地资源配置，合理调整和保护耕地和基本农田，扩大林地、园地、草地等生态用地规模，严格控制和高效利用建设用地，加快开发未利用土地和低效土地，为京津冀协同发展提供坚实的土地支撑。

对于北京市的功能定位是“全国政治中心、文化中心、国际交往中心、科技创新中心”，要强化行政、外交、文化、科技、教育等服务功能的土地保障，优先改造提升中心城区土地利用效益，重点疏解中低端高消耗产业、区域性物流基地、专业市场等第三产业，部分教育、医疗、培训等社会公共服务，部分行政性、事业性服务机构和企业总部等四类非首都核心功能，提升疏解后清退土地的开发利用业态和效益。

对于天津市的功能定位是“全国先进制造研发基地、北方国际航运核心区、金融创新运营示范区、改革开放先行区”，要加大先进制造、航运物流、金融创新等高端产业用地供给，统筹老城区改造和滨海新区发展的土地开发利用，严格管制不同类型土地的用途，加强围填海土地、滩涂、岸线等特殊类型土地的开发管控和生态功能维护。

对于河北省的功能定位是“全国现代商贸物流重要基地、产业转型升级试验区、新型城镇化与城乡统筹示范区、京津冀生态环境支撑区”，要为商贸物流、中高端制造业、新型城镇化等发展提供用地支撑，满足承接京津两地部分产业和功能产生的用地需求，不断强化作为粮食主产区和生态涵养区的土地资源保障。

8.依托“一核、双城、三轴、四区、多节点”

《京津冀协同发展规划纲要》明确提出“一核、双城、三轴、四区、多节点”空间布局结构，其中“一核、双城、多节点”指的是不同等级和规模的城市。要加大北京、天津两个超大、特大城市的土地利用调整力度，有序推进耕地转为园地、林地等城郊农业和生态用地，严格控制新增建设用地，加快老城区、旧厂房、废弃产业园区、低效利用土地等城市更新改造，着力提升存量建设用地的利用效益；适度增加石家庄、唐山、保定、邯郸、廊坊、秦皇岛等不同城市的建设用地规模，将土地增量控制和存量优化相结合，不断优化城市生产、生活和生态用地结构。

“三轴、四区”指的是京津、京保石、京唐秦三个发展轴，中部核心功能区、东部滨海发展区、南部功能拓展区和西北部生态涵养区四个功能区。要加大建设用地供给向“三轴”的倾斜力度，保障“三轴”沿线产业、城镇和人口集聚产生的用地需求。对于四个功能区实施差异化土地利用政策，中部核心功能区，重点在于存量土地的挖潜，强化生态服务和生活配套功能的土地保障，提高土地利用的经济、社会和生态效益；东部滨海发展区和南部功能拓展区，重点在于保障建设用地合理有序供给，统筹分配用于基础设施、工矿开发、城乡建设等重点领域，加快承接京津两市中心区的功能疏解和产业转移，不断完善吸引要素聚集的综合配套功能；西北部生态涵养区，重点在于严格划定和落实生态保护红线，从严控制土地开发强度，稳步提高基本公共服务能力，保障区域生态涵养功能。

9. 瞄准交通、环保、产业三大重点协同领域

新增建设用地优先提供配套和保障《纲要》调整后，京津冀三地建设用地总规模明显增加，这为京津冀协同发展提供了重要的土地利用结构优化空间。

交通一体化方面，保障城际铁路、城市轨道、高速公路、国省道、县乡公路等新建和改扩建重点项目的用地，打通河北与京津两地间的“断头路”，改造提升三地之间的“卡脖路”，加强京津冀三地的互联互通，有效降低三地之间的物流成本，显著提升三地间要素流动效率。

生态环境保护方面，保障污水处理、中水回用、垃圾填埋、垃圾焚烧、污泥处置、循环经济发展、环境产权交易等相关项目、设施和场所的用地需求，加强跨界水体断面、城乡接合部等重点区域的环境污染监控，推进环境污染治理联防联治，为实现京津冀绿色循环低碳发展提供有力保障。

产业升级转移方面，重点保障北京市高端服务业和部分高新技术产业的建设用地需求，加大天津市先进制造业、港口航运、金融等重点产业的用地供给，强化河北省承接京津两地的商贸物流、装备制造、科技转化等产业的用地保障，加强京津冀三地间的产业关联配套和分工协作，培育具有较强市场竞争力的现代产业体系。

10. 加快微中心、卫星城、城市副中心、新城新区等重要功能区建设

有效发挥土地集约高效利用的示范功能，着眼于京津冀协同发展的总体布局，选择一些资源环境承载能力强、区位交通条件好、产业特色突出的城镇、园区，规划建设若干微中心，结合京津冀地区规划建设的卫星城、城市副中心、新城新区等重要功能区，加快探索土地集约高效利用的新模式，有效发挥对京津冀其他区域的土地利用示范辐射作用。加大新增建设用地合理有序供给，科学确定新增建设用地的利用结构，明确不同类型建设用地的开发强度和利用效益，有效保障建设用地的利用效益。划定城镇和园区空间增长边界，统筹安排生产和生活用地，按照宜业宜居的原则划定功能分区，建设成为布局合理、产城融合的示范区。严格落实生态保护红线功能，强化绿色循环低碳发展功能的用地保障，规划建设灵活多样的绿道绿廊、循环经济园区、低碳社区、近零排放区、风道等新型绿色生态项目，推广应用国际上绿色循环发展的先进技术和模式，打造一批集约紧凑、智能高效、精明增长的特色功能区。

11.探索建立灵活高效的土地市场化交易机制

切实提高土地资源配置效益，加强京津冀三地土地利用规划、城乡规划、城镇体系规划等融合衔接，促进土地交易、土地整理、土地储备等市场的对接统一，实现土地资源配置合理高效。创新城镇建设用地增加与农村建设用地减少挂钩、建设用地增加与吸纳外来人口数量挂钩的模式，积极稳妥地率先推进跨县（市）“两个挂钩”的试点。

协同推进京津冀三地农村集体建设用地入市进程，保持入市规模、节奏和价格的合理调控，促进城乡建设用地实现同等入市、同权同价，加快建立城乡统一的建设用地市场。严格落实耕地“先补后占”“占一补一”的占补平衡政策，加强土地整理和复垦的统筹规划和政策支持，率先探索跨省级行政区的耕地占补平衡，满足京津冀三地差异化现实需求。鼓励多种方式开展城镇未利用地、废弃地、低效利用土地的再开发，探索灵活的土地置换和指标奖补方式，吸引更多开发主体和资金进入。借鉴新加坡的“灰色地块”、广东的“三旧”改造、重庆的“地票”等国内外有效做法，结合京津冀三地产业布局和人口流动的调整，探索形式灵活的土地供给模式和配套保障机制，实现土地利用结构优化和利用效益提高。

8 京津冀协同发展基础设施环境

城市基础设施是为城市生产和生活提供能源、交通、邮电、通信、供水供电、商业服务、科研与技术服务、园林绿化、排水、环境保护文化管理、文教、卫生事业等多个领域特定服务的设施，是城市赖以生存和发展的物质基础，是用于保证国家或地区社会经济活动正常进行的公共服务系统，也是产生城市集聚效应的决定性因素。

城市基础设施的发展水平在一定程度上反映城市的发展水平和竞争能力。

8.1　京津冀基础设施总体环境概述

8.1.1　京津冀三地基础设施投资情况

京津冀地处我国华北地区，其政治地位、经济地位、文化地位、科技教育地位在全国的优势较为明显。京津冀悬殊的公共服务发展差异极大地影响了该地区的社会公平、社会公正、社会和谐，而且这种差异将对产业和人才的转移产生影响，导致资源集中流向公共服务水平高的地区，使得三地发展差异进一步扩大。《京津冀都市圈区域规划》《京津冀协同发展规划纲要》《“十三五”时期京津冀国民经济和社会发展规划》等规划纲要的颁布及实施，标志着京津冀协同发展迎来实质进展期，对于进一步增强发展整体性和协同性具有重要意义。下面，我们以2015年的数据为例来说明。

根据来源的不同，将京津冀三地基础设施固定资产投资分为财政投入和社会投资两种形式。其中，财政投入指的是中央政府以及地方政府的财政总支出；社会投资指除政府财政投入之外的部门的投资，涉及国内贷款、债券、利用外资、自筹资金及其他资金（包括社会捐赠等）。2015年，京津冀城市群13个地级市中，10个城市的城市基础设施投资主要来源于社会投资，这表明现阶段社会部门是京津冀城市群基础设施投资的主体之一。其中，天津市、石家庄市、唐山市和邯郸市4个城市的社会投资占比超过了90%，张家口和衡水两地城市基础设施资金全部来源于社会投资。承德市、廊坊市两地的城市基础设施投资主要来源于财政投入，邢台市甚至全部来源于财政投入，也就是说，2015年邢台市基础设施建设市场缺乏社会部门的参与（图8-1）。

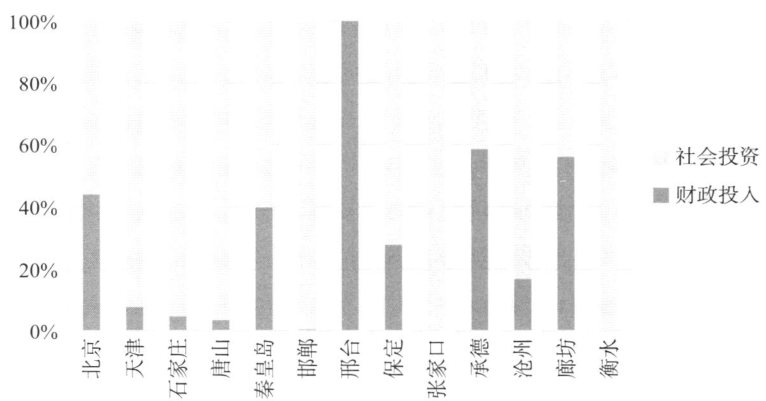

图8-1　京津冀城市群13个城市基础设施建设财政投入和社会投资占比（2015年）

资料来源：《中国城市建设统计年鉴》。

8.1.2 京津冀三地道路交通设施情况

道路交通系统是居民出行、商品流通、信息交流等的重要媒介，是城市经济发展的先决条件，对于现阶段城市化和现代化的发展起着不容忽视的作用，同样是区域协同发展的重要保障。完善的道路交通设施同样可以为给排水、供热、供气等其他基础设施的管道建设提供良好的先决条件，进一步带动其建设水平，促进基础设施整体的建设和发展。因此，作为城市发展进程中基础设施建设极为重要的组成部分，只有完善道路交通的建设，才能适应城市经济和社会发展的需要，更好地推动区域经济和社会的发展。

2015年，京津冀三地每万人拥有道路长度处于平均水平之上的城市有7个。居于京津冀城市群首位的是衡水市，每万人拥有道路长度达到9.85公里；居末位的是北京市，其每万人拥有道路长度仅为4.32公里，最大值与最小值之间的差额为5.53公里。2015年，人均道路面积处于平均水平之上的城市有6个。居于京津冀城市群首位的是保定市，人均道路面积为20.66平方米，居末位的是北京市，人均道路面积仅为7.62平方米，最大值是最小值的2.97倍（图8-2、图8-3）。这两项数据，北京市均位居京津冀城市群之末，这是为了对比13个地级市的数据，选取人均指标进行比较，而作为我国首都的北京市，是经济、政治、文化的中心，其优质的资源吸引了大量人才，除了当地户籍人口外，还聚集了大量外来人口，从而拉低了人均指标的数值。

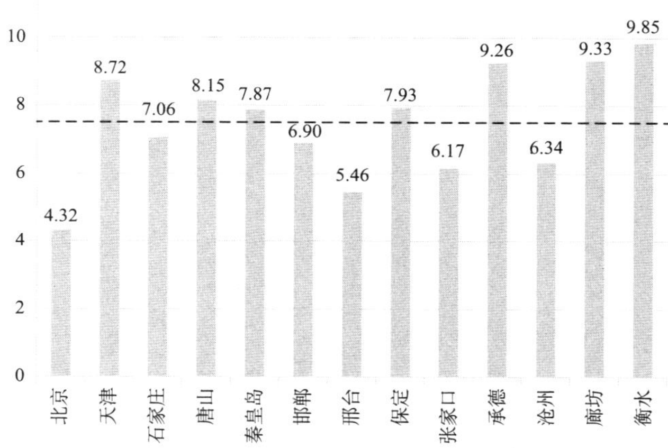

图8-2　京津冀城市群13个城市每万人拥有道路长度（2015年）

资料来源：《中国城市统计年鉴》。

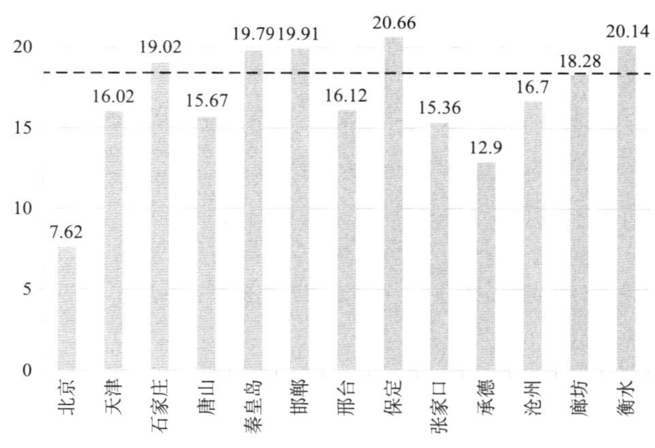

图8-3　京津冀城市群13个城市人均道路面积（2015年）

资料来源：《中国城市统计年鉴》。

2015年，每万人拥有公共汽车数量在京津冀各城市之间差异较大，处于平均水平之上的城市有6个。居于京津冀城市群首位的是沧州市，每万人拥有公共汽车达到27.96辆，且数据远高于其他城市；居末位的是唐山市，仅为7.44辆，需加大投入更好地满足民众的需求。最大值是最小值的3.76倍（图8–4）。

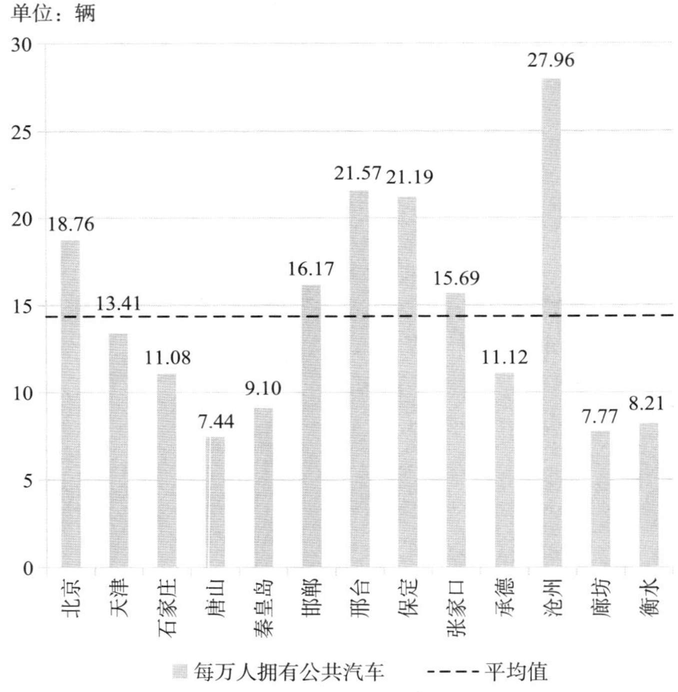

图8–4　京津冀城市群13个城市每万人拥有公共汽车（2015年）

资料来源：《中国城市统计年鉴》。

8.1.3　京津冀三地给水排水设施情况

给水排水设施关系到居民企业的饮水用水、雨水雪水等地表水的排放、污水废水的处理等，与社会生产及居民生活密切相关。由此可见，水资源的良性循环是城市和区域可持续发展的重要保障，建立完善的给水排水设施就显得尤为重要。只有加强给水排水系统的建设，进行科学合理的规划布局，才能更好地完善基础设施，更好地为社会生产、居民生活提供服务。2015年，京津冀城市群的用水普及情况较为理想，只有衡水市和保定市用水普及率没有达到100%，两地的用水普及率分别为98.86%、96.54%（图8–5）。

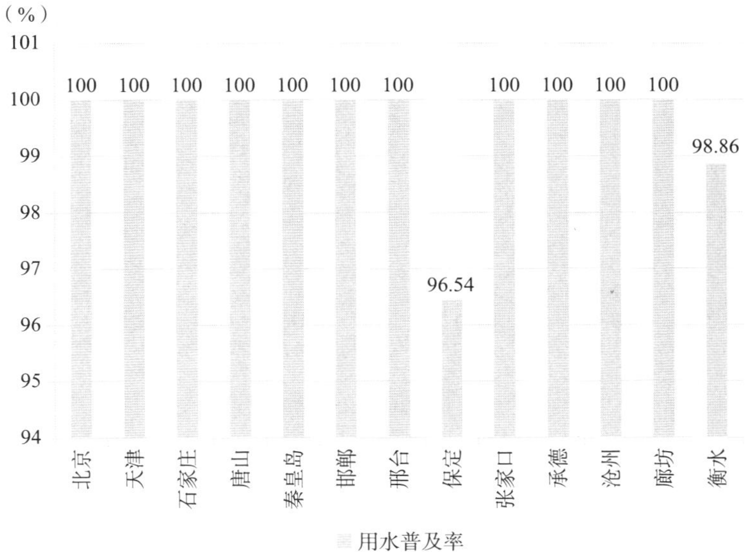

图8–5 京津冀城市群13个城市用水普及率（2015年）

资料来源：《中国城市统计年鉴》。

2015年，建成区供水管道密度在京津冀各城市之间差异较大，处于平均水平之上的城市只有5个。北京市、天津市两地建成区供水管道密度远远高于河北省各城市，分别为19.72公里/平方公里、

18.77公里/平方公里。河北省11个城市建成区供水管道密度差异也较大，高于平均水平的城市仅有3个。其中，建成区供水管道密度最大的是张家口，为10.42公里/平方公里，建成区供水管道密度最小的是衡水，仅为5.39公里/平方公里。最大值是最小值的3.66倍（如图8-6）。

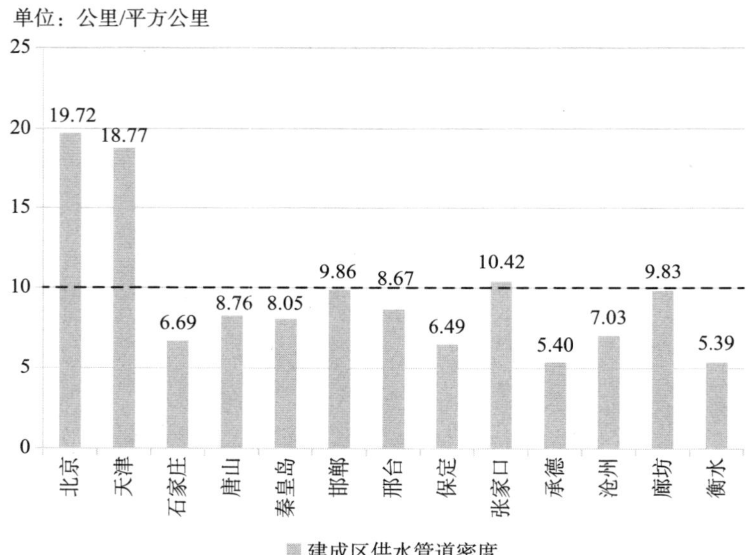

图8-6　京津冀城市群13个城市建成区供水管道密度（2015年）

资料来源：《中国城市统计年鉴》。

2015年，人均日生活用水量在京津冀各城市之间差异较大，处于平均水平之上的城市有7个。北京市人均日生活用水量为183.81升，居于京津冀城市群之首；石家庄市以156.56升的人均日生活用水量位居第二；邢台市人均日生活用水量仅为47.96升，和其他各城市有很大的差距，急需加强重视。人均日生活用水量最大值是最小值的3.83倍（图8-7）。

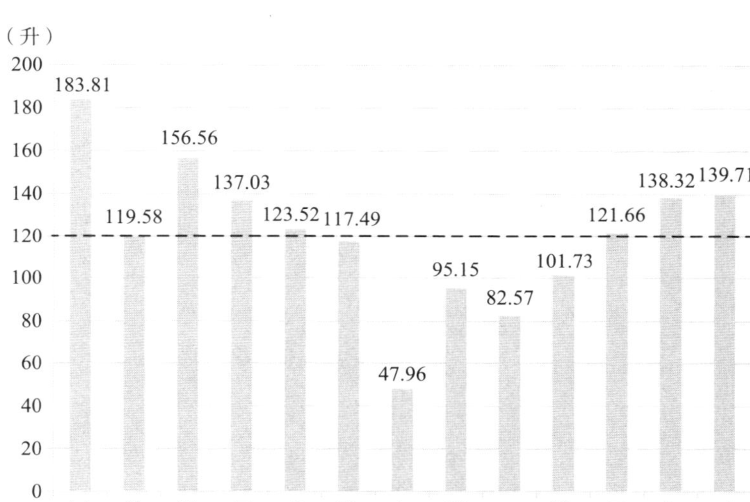

图8-7 京津冀城市群13个城市人均日生活用水量（2015年）

资料来源：《中国城市统计年鉴》。

2015年，建成区排水管道密度在京津冀各城市之间差异较大，处于平均水平之上的城市仅有4个。天津建成区排水管道密度为22.07公里/平方公里，居于京津冀城市群之首且远高于其他城市；建成区排水管道密度最小的是承德市，其2015年建成区排水管道密度仅为4.06公里/平方公里。最大值是最小值的5.44倍（图8-8）。

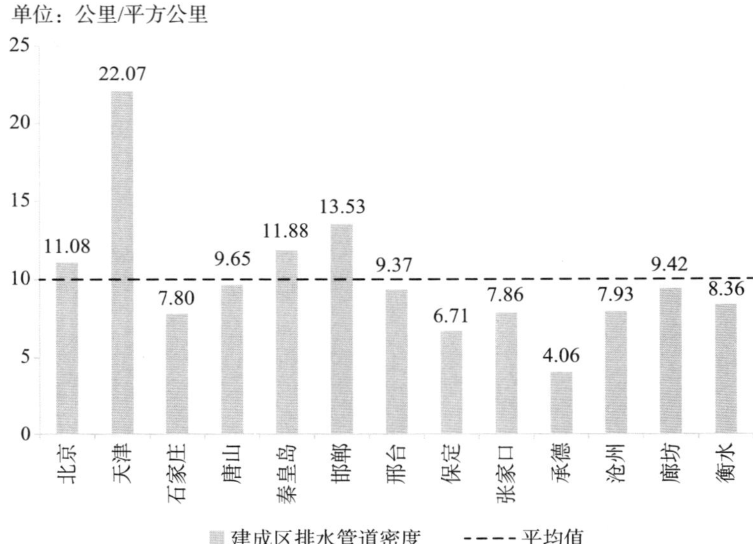

图8-8 京津冀城市群13个城市建成区排水管道密度（2015）

资料来源：《中国城市统计年鉴》。

2015年，污水处理率处于平均水平之上的城市有8个。沧州市污水处理率居于京津冀城市群之首，已达到100%；污水处理率最低的是衡水，仅为85.01%。最大值与最小值之间的差额为14.99个百分点（图8-9）。

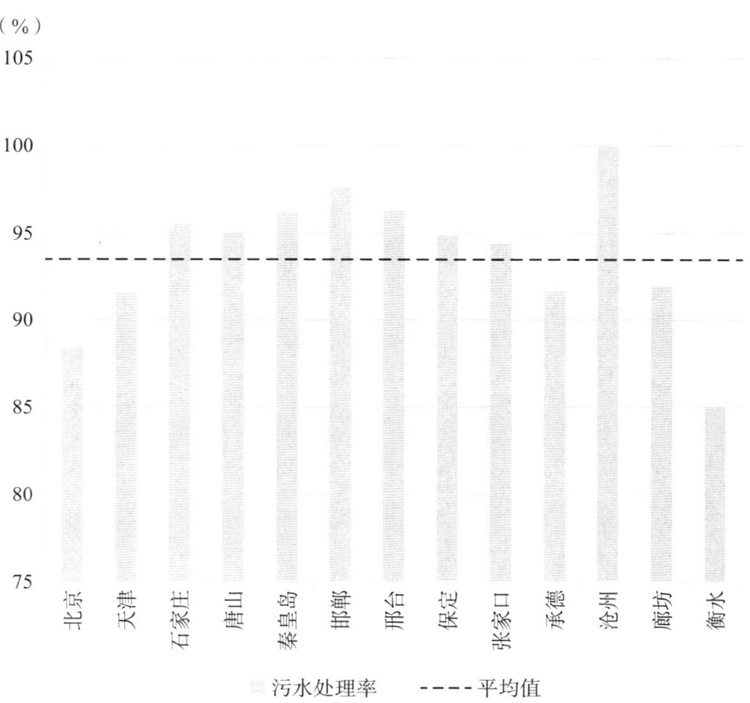

图8-9 京津冀城市群13个城市污水处理率(2015年)

资料来源:《中国城市统计年鉴》。

8.1.4 京津冀三地能源动力情况

能源动力系统与人类的生活密切相关,能源的开发和使用是社会生产、居民生活的基本保障,是一切社会活动的物质基础,推动着经济以及社会的向前发展。随着城市化进程的推进,城市对于能源的需求日益加大,特别是那些经济实惠、绿色环保且安全无害的新型能源。因此,建立稳定且完善的能源动力体系是十分必要的。2015年,保定市、张家口市、承德市和衡水市均在

99%~100%之间，其他城市燃气普及率都达到了100%。燃气普及率最低的是秦皇岛市，仅为88.56%，需加强在燃气方面的普及（图8-10）。

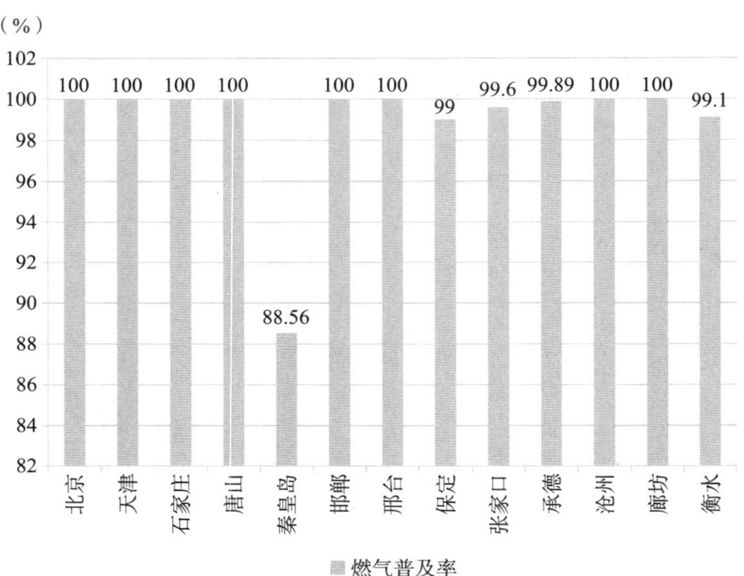

图8-10　京津冀城市群13个城市燃气普及率（2015年）

资料来源：《中国城市统计年鉴》。

2015年，建成区煤气、天然气及液化石油气供气管道密度在京津冀各城市之间差异较大，处于平均水平之上的城市有8个。天津建成区煤气、天然气及液化石油气供气管道密度为21.86公里/平方公里，居于京津冀城市群之首，廊坊市以19.14公里/平方公里紧随其后；排在末位的是沧州市，仅为1.98公里/平方公里。最大值是最小值的11.04倍（图8-11）。

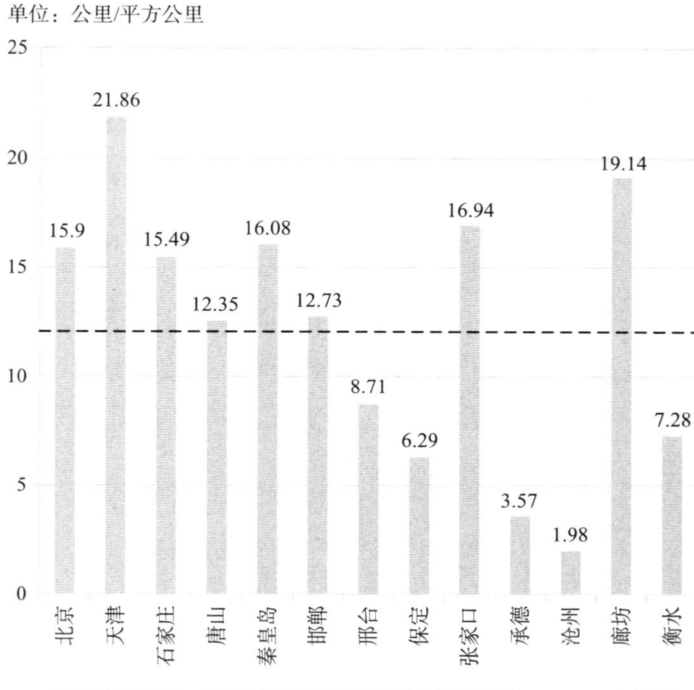

图8-11 京津冀城市群13个城市建成区燃气、天然气及液化石油气供气管道密度（2015年）

资料来源：《中国城市统计年鉴》。

2015年，建成区蒸汽及热水管道密度在京津冀各城市之间差异较大，处于平均水平之上的城市仅有5个。天津建成区蒸汽及热水管道密度为23.77公里/平方公里，居于京津冀城市群之首且远高于其他城市；居末位的是张家口，仅为2.56公里/平方公里。最大值是最小值的9.29倍（图8-12）。

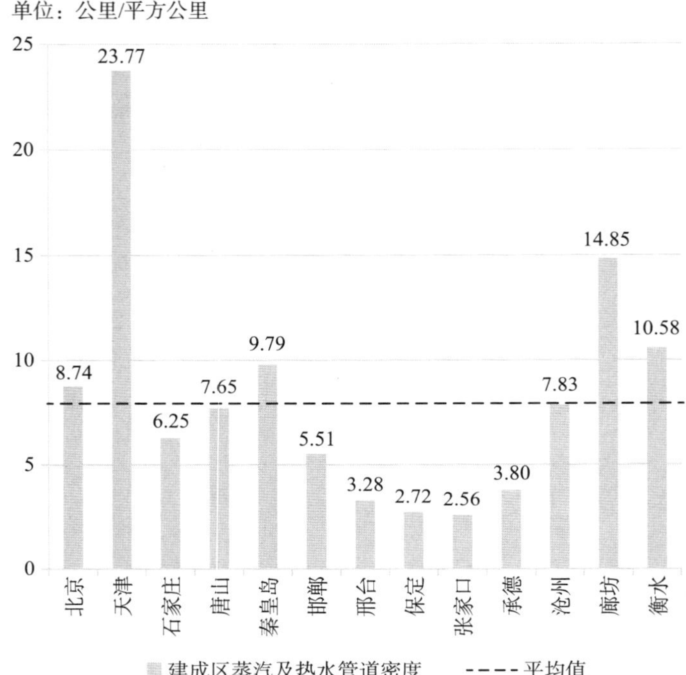

图8-12　京津冀城市群13个城市建成区蒸汽及热水管道密度（2015年）

资料来源：《中国城市统计年鉴》。

8.1.5　京津冀三地生态环保情况

经济的高速起飞以及城市化水平的日益提升带来的不仅仅只有益处，同样给生态环境带来了巨大的压力。生活垃圾及工业废弃物的排放会对我们生存的环境造成污染，一旦这种污染超过环境的自我净化和修复能力，就会给城市生态系统带来严重的破坏。良好的生态环保系统在一定程度上展现了城市的文明程度、居民的素质以及政府的管理水平。生态环保系统的完善不仅是城市良好环境质量的必然要求，也是居民健康生活的必要条件，更是城市发展重要的外部条件之一，是城市乃至区域可持续发展的重要保障。

2015年，每万人拥有市容环卫专用车辆设备，数量在京津冀各城市之间差异较大，处于平均水平之上的城市仅有5个。每万人拥有市容环卫专用车辆设备，居于京津冀城市群首位的是衡水，达到5.81台；居末位的是邢台市，仅为1.62台。最大值是最小值的3.56倍（图8-13）。

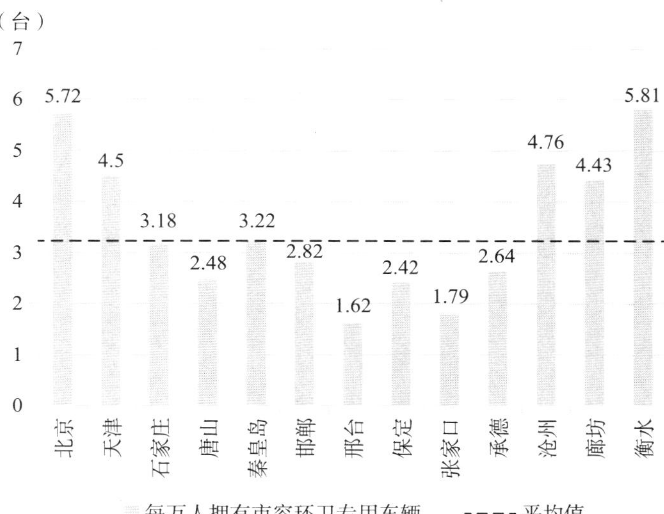

图8-13　京津冀城市群13个城市每万人拥有市容环卫专用车辆设备（2015年）

资料来源：《中国城市统计年鉴》。

2015年，京津冀城市群生活垃圾无害化处理率分布呈阶梯状，处于平均水平之下的城市仅有4个。生活垃圾无害化处理率最低的是廊坊，仅为58.98%，亟待提高对于生活垃圾的无害化处理能力；其次是北京，为78.75%；衡水、承德分别以82.69%、

82.98%排在其后；天津、张家口和石家庄依次为92.73%、95%和95.68%；其余城市均达到100%。最大值与最小值之间的差额为41.02个百分点（图8-14）。

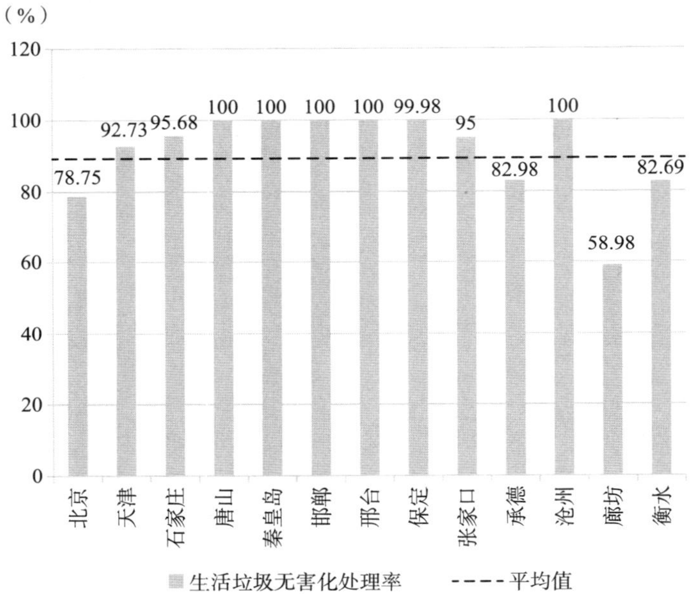

图8-14　京津冀城市群13个城市生活垃圾无害处理率（2015年）

资料来源：《中国城市统计年鉴》。

2015年，建成区绿化覆盖率处于平均水平之上的城市有7个。北京建成区绿化覆盖率为48.4%，居于京津冀城市群之首，邯郸以46.63%紧随其后；最低的是邢台，为36.12%。最大值与最小值之间的差额为12.28个百分点（图8-15）。

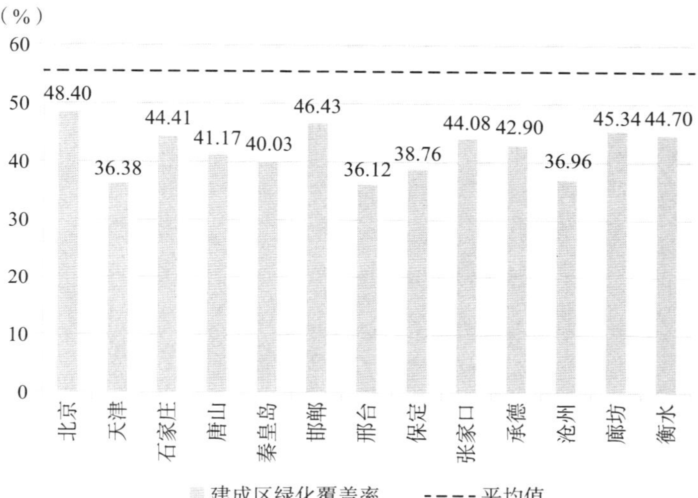

图8-15　京津冀城市群13个城市建成区绿化覆盖率（2015年）

资料来源：《中国城市统计年鉴》。

2015年，人均公园绿地面积在京津冀各城市之间差异较大，处于平均水平之上的城市有6个。承德人均公园绿地面积为24.57平方米/人，居于京津冀城市群之首且远高于其他城市；居末位的是保定市，仅为9.86平方米/人。最大值是最小值的2.5倍（图8-16）。

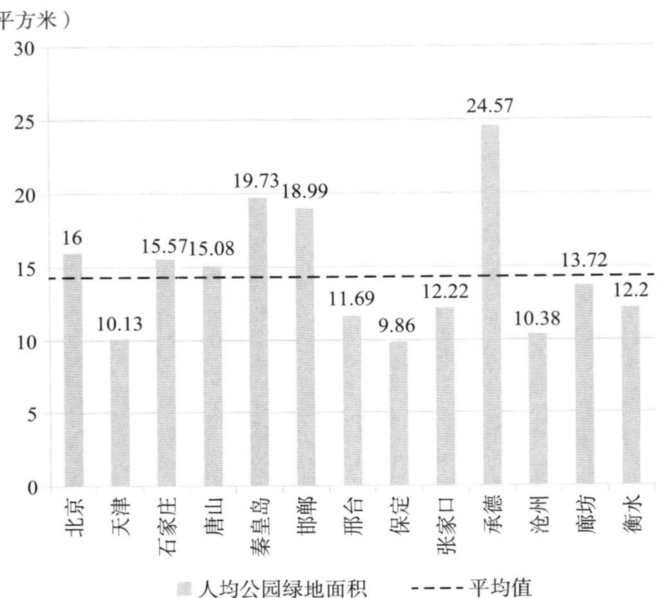

图8-16　京津冀城市群13个城市人均公园绿地面积（2015年）

资料来源：《中国城市统计年鉴》。

8.1.6　京津冀协同发展基础设施环境存在的问题

1.行政分割造成各地建设水平差距较大

如果将京津冀城市群的基础设施建设情况进行比较，不难发现，河北省各地级市基础设施建设水平同北京市和天津市两个直辖市之间的差距较大。虽然京津冀形成了一个城市群，但由于行政区域的划分，现阶段尚未能建立可行、有效且完善的协同发展机制，对于基础设施的建设未能实行统一的的规划，也就不能形成共建共享的格局，实现协同发展就更为困难。各地方政府一方面为了追求大规模而忽略资源条件对基础设施建设的限制，另一方面只顾当地的利益，而未能站在全局的角度兼顾区域的利益来进行功能的定位以及项目的建设。

因此，京津冀城市群在基础设施建设方应存在重复建设等导致投资效率较低的现象。基础设施建设直接决定了城市及区域经济发展的速度，只有举足轻重的地位，只有其建设水平适度超前于当前经济发展的需求，才能对经济的发展起到支撑的作用。当前，京津冀城市群在基础设施方面的差距，一定程度上制约着区域经济和社会的快速发展，更是阻碍了京津冀协同发展步伐。

2.总体建设市场开放程度和融资能力较差

总体来看，京津冀城市群基础设施建设市场开放程度不够，并且其融资能力尚较差。京津冀城市群基础设施建设资金来源分布并不均匀，财政投入和社会投资的比例存在较大的差距。由于投资市场开放程度的差异以及融资能力的差距，部分发展较为缓慢、市场化步伐较慢的城市，其基础设施建设资金大部分依靠政府部门的财政支持，社会部门资金进驻建设市场的比例相对较低；反之，那些经济较为发达、基础设施融资市场较为开放的城市，社会部门投资占比反而较高，是基础设施建设的主要且持续的资金来源。为了提高京津冀城市群基础设施的建设水平，提高其建设市场的融资能力以及资金的投资效率，使财政资金、社会资本均得到充分的使用，就应不断开放基础设施建设的投资市场。

3.基础设施管理和运行模式较为落后

在城市及区域的基础设施建设和发展过程中，存在重视建设而忽视管理的现象，这就导致了管理理念落后以及管理部门职责不清。管理上落后的理念和僵化的模式使得建成的基础设施未能最大限度地为生产和生活提供服务，而职责不清的管理部门则造成管理效率低下的局面。所以，其管理及运行不仅仅影响京津冀城市群基础设施的投资效率及发展水平，更影响到区域整体经济乃至社会的发展。基于此，京津冀城市群需要对基础设施进行网络化管理，并将部分管理职责转移给参与基础设施建设的企业。

8.2　京津冀交通基础设施情况

京津冀地区是华北、华东、东北和西北四大经济区的交汇地，其交通设施不仅承担着该地区繁忙的客货运输任务，而且在四大经济区之间人员、物质的交流中发挥着主干通道的作用。中国人自建的第一条铁路——唐胥铁路就建设在这里。经过一个多世纪的建设，目前京津冀地区已基本形成了以北京为主中心（陆路及空路）、天津为副中心（水陆联运）的陆海空综合交通运输网络，并呈现为以首都北京为中心的放射式组织形态，是全国铁路和高速公路最密集的地区。截至2011年底，京津冀地区铁路网密度高达3.35公里/百平方公里，为全国平均水平的3.44倍，高速公路网密度为3.12公里/百平方公里，为全国平均水平的3.52倍（表8–1）。

8.2.1　铁路方面情况

作为中国第一个形成完整铁路网的地区，京津冀地区铁路建设走在全国前列，尤其是高速铁路（客运专线）和重载货运铁路建设已经达到世界领先水平。其中在高速铁路（客运专线）建设方面，京津冀地区仅有10多年的历史，但自2003年10月12日中国第一条高速铁路客运专线——秦沈客运专线通车之后，逐渐进入了快速发

表 8–1

京津冀地区铁路、公路路网密度（2011 年）

项　目	北京	天津	河北	京津冀地区	长三角地区（沪苏浙）	珠三角地区（广东省）	全国
铁路长度（公里）	1 228.4	866.9	5 170.5	7 265.8	4 589.9	2 832.1	93 249.6
铁路网密度（公里/百平方公里）	7.49	7.27	2.74	3.35	2.15	1.59	0.97
公路长度（公里）	21 347	15 163	156 965	193 475	276 107	190 724	4 106 387
公路网密度（公里/百平方公里）	130.09	127.21	83.14	89.11	129.60	107.21	42.77
高速公路长度（公里）	912	1 103	4 756	6 771	8 428	5 049	84 946
高速公路网密度（公里/百平方公里）	5.56	9.25	2.52	3.12	3.96	2.84	0.88

数据来源：《中国统计年鉴》。

展阶段。近年来，相继建成（在建）京津城际（2008年8月1日通车）、石太客专（2009年4月1日通车）、京沪高铁（2011年7月1日通车）、京广高铁（由京石高铁、石武高铁、武广高铁三段组成，北京、河北段2012年12月26日通车）、津秦高铁（2008年11月开工）、津保城际（2010年3月开工）、石济客专（2012年12月开工建设）等高速铁路（客运专线），到2012年底，已经通车的高速铁路（客运专线）达到1 049公里，还有589.1公里的高速铁路正在建设（表8–2）。

表8–2

京津冀地区已建、在建高速铁路（客运专线）一览表（2012年）

状况	项目	设计时速	区内长度（公里）	北京	天津	河北
通车	秦沈铁路客运专线	200~250公里	16	—	—	16
	京津城际铁路	350公里	128.4	49.3	79.1	0
	石太铁路客运专线	250公里	95	—	—	95
	京沪高速铁路	380公里	325.9	41	113.7	171.2
	京石高速铁路	350公里	281	47	—	234
	石武高速铁路	350公里	202.7	—	—	202.7
	通车合计	—	1 049	137.3	192.8	718.9
在建	津秦铁路客运专线	350公里	251.2	—	59.1	192.1
	津保城际铁路	200~250公里	157.9	—	19.2	138.7
	石济铁路客运专线	250公里	180	—	—	180
	在建合计	—	589.1	—	78.3	510.8

数据来源：根据各地资料整理。

而在货运重载铁路建设方面，通过对大秦铁路、朔黄铁路多次扩能改造，已经将这两条铁路的年运输能力分别提升到4亿吨和2亿吨，达到世界领先水平。目前，以北京枢纽为中心的放射铁路线主要包括京哈、京沪、京广、京九、京原、丰沙、京包、京通、京承等9条普速铁路和京津、京沪、京广等3条高速铁路。连接天津的铁路干线有5条（7个方向），即京沪线、津山线、津霸联络线（以上为普速铁路）和京津城际、京沪高铁，另有两条重要的铁路支线——与大秦重载铁路相连的津蓟线、与朔黄重载铁路相连的黄万铁路——通达北方第一大港天津港。此外，还有横贯河北省中南部的石太—石德铁路和邯长—邯济铁路，以及沧黄、唐港等疏港铁路。

8.2.2 公路方面情况

近年来，高速公路的建设在京津冀地区受到了特别的重视。自1990年全国第一条跨省市高速公路——京津唐高速公路通车以来，京津冀地区已经形成了以全国性公路枢纽北京为中心，由国家高速公路的7条首都放射线（G1京哈高速、G2京沪高速、G3京台高速、G4京港澳高速、G5京昆高速、G6京藏高速、G7京新高速）、2条纵线（G25长深高速、G45大广高速）、3条横线（G18荣乌高速、G20青银高速、G22青兰高速）构成的国家高速公路主干网。国家高速公路网规划长度4 658.883公里，截至2011年底已经建成3 746.215公里（见表8–3）。加上省道高速公路，京津冀地区高速公路长度达到6 771公里。

表8–3
京津冀地区国家高速公路网已建里程一览表（2011年）

项目	区内长度（公里）	
	规划	建成
G1京哈高速	297.684	297.684
G2京沪高速	259.308	211.308
G3京台高速	197.056	173.362

续表

项目	区内长度（公里）	
	规划	建成
G4京港澳高速	483.176	483.176
G5京昆高速	314.766	244.766
G6进藏高速	246.981	246.981
G7京新高速	269.057	163.404
G25长深高速	583.064	583.064
G45大光高速	797.896	797.896
G18荣乌高速	287.247	157.358
G1811黄石高速	319.432	319.432
G20青银高速	180.00	180.00
G22青兰高速	183.311	183.311
G4501北京绕城高速	79.000	79.000
G2501天津绕城高速	108.155	108.155
G2001石家庄绕城高速	52.750	16.750
合计	4 658.883	4 245.67

数据来源:《国家高速公路网桩号传递方案》，已除去重复路段。新建高速公路根据百度地图进行修正。

其中京津之间高速公路通道已经达到4条20车道（S32/S1京平津蓟高速、G1京哈高速北京—宝坻段、S15/S30京津高速、G2京沪高速北京—天津段）。从秦皇岛港经曹妃甸港、天津港到黄骅港的环渤海湾高速公路，也于2012年12月全线贯通。此外，京津冀地区还拥有由国道的11条首都放射线及北京环线、2条纵线、3条横线构成的国道公路网。在京津冀地区的19.347 5万公里公路中，二级以上的高等级公路占到18.8%，远高于11.5%的全国平均水平。

8.2.3 港口方面情况

背靠京津冀地区的渤海湾沿岸，是与山西、陕北、蒙西三大煤炭基地最为接近的海岸线，现在已经形成了以天津港为枢纽的渤海西岸港口群，包括天津港、秦皇岛港、唐山港、黄骅港等大型港口，各个港口之间已经形成了明显的分工。其中天津港是我国重要的枢纽海港，腹地可达华北、西北和东北广大区域，主要承担集装箱货物的进出口；秦皇岛港为深水良港，是我国最大的煤炭等能源输出港；唐山港是近年来渤海湾沿岸新崛起的大港，由曹妃甸和京唐港两个港区组成，其中曹妃甸港区仅用了不到10年的时间就已经发展成为国内较大的铁矿石进口港；黄骅港是我国北煤南运第二条通道的海铁联运港。

2011年各港口泊位和货物吞吐量情况见表8–4。其中天津港货物吞吐量居全国第3位，仅次于宁波—舟山港和上海港，唐山港、唐山港货物吞吐量分别居全国第3位和第9位，黄骅港的货物吞吐量也超过了1亿吨。

8.2.4 机场方面情况

由北京首都国际机场、天津滨海机场、石家庄正定国际机场、邯郸机场等民用机场和北京南苑机场、秦皇岛山海关机场、唐山三女河机场等军民两用机场组成的机场群已经形成。其中首都国际机场是我国最大的航空枢纽港，2011年旅客吞吐量为7 867万人次，仅次于美国亚特兰大机场，居世界第二位。天津滨海国际机场、石家庄正定国际机场和北京南苑机场的旅客吞吐量分别居全国第24位、第36位和第40位，秦皇岛山海关机场、邯郸机场、唐山三女河机场旅客吞吐量分别居全国第108位、第115位、第117位（表8–5）。

表8-4
京津冀地区港口泊位和货物吞吐量（2011年）

项目		天津港	天津港集团	货主码头	秦皇岛港	黄骅港	唐山港	京唐港	曹妃甸港
生产用码头长度（米）		32 714	—	—	12 151	5 570	13 449	6 590	6 859
生产用泊位数量	泊位（个）	154	95	59	52	25	53	29	24
	万吨级以上（个）	99	83	16	42	19	50	26	24
设计吞吐能力	（万吨）	—	28 292	—	22 641	10 060	23 335	7 475	15 860
	集装箱（万TEU）	—	1 285	—	—	—	—	—	—
货物吞吐量	（亿吨）	4.53	—	—	2.88	1.13	1.13	—	—
	集装箱（万TEU）	1 158.8							

数据来源：根据天津港集团年度规划、《天津统计年鉴》、《河北统计年鉴》整理。

表8–5

京津冀地区机场概况（2011年）

项目	北京首都机场	天津滨海机场	石家庄正定机场	北京南苑机场	秦皇岛山海关机场	邯郸机场	唐山三女河机场
跑道等级	1*4F+2*4E	2*4E	4E	4C	4C	3C	4C
起降机型	A380/B747	B747	A380	B737–800	B757–200	B737–300	B737–800
航站楼面积（平方米）	141 400	116 000	40 000	6 000	6 000	3 900	6 900
旅客吞吐量（人次）	78 674 513	7 554 172	4 021 167	2 644 598	191 378	154 176	151 051
货邮吞吐量（吨）	1 640 231.8	202 484.1	33 229.1	23 557.4	349.2	10.6	1 004.8
起降架次（次）	533 166	84 831	54 903	21 642	3 046	2 879	2 537

数据来源：国家民航局。

8.3 京津冀城市群基础设施优化发展路径和对策建议

8.3.1 京津冀区域基础设施优化路径

1.加强首都城市圈基础设施均衡化、一体化发展并行，以均等化的公共服务供给促进人口有效疏解、区域协同发展

根本治理京津冀基础设施方面的问题出现不是短时间内形成的，有多方面的原因，但趋利避害和“用脚投票”的逐利特性存在，区域差异如基础设施的巨大落差是城市病形成的重要原因。加强首都城市圈基础设施的均衡化、一体化发展与建设，促进基本公共服务均等化，才能减少“用脚投票”的发生频率，也才能有效疏解过密的中心城区人口和产业，引导市场要素的均衡分布和空间流动。落实区域战略定位，应该加快城市功能疏解，加强落后区域的基础设施投资与总量供给，加大基础设施的均衡化、一体化建设，如交通、教育、医疗、文化体育设施等的均衡化发展，将名校、名医、名院整体搬迁至落后区域，或建立名校、名医、名院的分支机构。以均衡化的基础设施和均等化的公共服务供给促进人口疏解、京津冀协同发展，才能最终有效促进北京城市病的治理。

2.借鉴世界城市经验，加大轨道交通设施建设密度和覆盖面，缓解交通拥堵压力

从纽约、东京等世界城市圈的经验来看，城市人口的流动应该主要由地铁等轨道交通设施来承担，私家车大部分不用于上下班，而仅仅用于节假日出行。但是，目前北京的出行特别是上下班出行主要依靠的是公共电汽车、地铁、出租车以及私家车，其中私家车还占有相当大的比例，这是导致交通拥堵以及交通尾气排放大的重要原因。因此北京城市病治理，需要加大轨道交通建设力度，提高轨道交通设施建设的密度和覆盖面。一方面，核心区按照规划要加密，并提前开工，加快建设速度，以便尽快缓解交通拥堵压力，满足更高比例的市民出行需求。

另一方面，加快北京核心区与周边区县、河北、天津等交界区域的地铁建设，以便缩小与周边落后区域的基础设施差距，吸引新增人口和产业往周边区域转移，缓解核心区人口、资源、交通压力，控制核心区的人口增量。目前这方面的京津冀地铁规划还比较欠缺，发展严重滞后。加快周边区域的地铁等轨道交通建设，能有效吸引资源要素的投入，为核心区转移或外迁的各类企业、行政机构、事业单位等提供条件和发展环境，增加吸引力，做到“引得来，留得住，发展好”。

3.增强节水意识，安装节水设施，加强污水河道治理和生态修复，构建首都水生态圈

基于京津冀水资源匮乏现状，应该增强全民节水意识，鼓励安装节水设施，并制定节水量交易制度，同时加强污水河道治理与生态修复，对排污企业进行强制性的关停并转，不得排放污水，或者进行强制性的污水治理投资和购买污水排放权，引入社会资本参与污水处理、河道治理和生态修复，加大首都水资源的统筹协调和蓄水工程建设。基于北京地下水严重超采导致地面下沉以及地下水严重污染等问题，应明确规定北京禁止开采地下水。基于海水淡化技术进步，应重视利用海水资源、发展海水淡化产业的良好机遇，加快海水淡化及引渤入京工程的前期研究和项目建设。通过节水、水资源保护、生态修复、海水淡化与海水引入等系列工程建设，恢复北京多条河流功能，构建首都水生态圈，重现北京古都历史上的水乡本色，为构建国际一流的和谐宜居之都创造基础条件。

4. 加强能源环保设施建设，优化能源消费结构，开发低碳新能源

基于北京能源消费强度大以及能源消耗带来的环境污染等一系列问题，应该加强首都能源环保设施建设，优化能源消费结构，减少传统能源消耗，积极开发太阳能、风能、海洋能、核能等新型能源，降低碳排放强度，提高低碳新能源比重，充分利用北京在低碳技术等领域的科技优势、人才优势，加大低碳能源领域的技术研发和产业孵化，加快对周边污染地区及产业的能源技术改造和升级，加大节能减排力度，降低传统能源消耗，减少废气排放，协同治理环境污染和能源消耗问题。

在环境治理过程中，京津冀三地要严格控制机动车增长。一是以总量控制减少交通尾气排放，加大对交通尾气的治理力度，强制安装过滤器，对排放大的机动车征收更重的环境保护税。二是鼓励使用电动车，加大充电桩等配套设施建设力度，鼓励停车场、商场、社区安装充电设施。三是加大对太阳能、风能、生物质能、海洋能、核能等低碳新能源的开发力度，加强新能源设施建设与投资，以新能源及其产业发展促进能源消费结构调整，促进能源发展方式转型和能源革命，进而形成新的经济增长点，促进超大城市的城市病治理。

5. 以京津冀协同发展为战略指导，鼓励社会资本和社会力量参与周边区域基础设施投资与建设，为非核心产业转移、人口分流、城市病治理提供保障

北京城市病治理离不开津冀的合作与协同发展，需要加强超大城市基础设施、产业、城市功能等多方面的协同规划与合作发展。一是加大周边区域基础设施投资与建设力度，增加对北京周边地区的经济建设与基础设施投资，利用市场机制，鼓励社会资本参与，盘活京津冀三地的基础设施资源，加强交通、教育、医疗、文化体育、能源、环保等多领域的设施建设。二是基于北京在科技、人才、资本、信息等多方面的优势，加快京津冀三地经济合作与产业发展，加快构建高精尖经济结构。完善区域科技创新资源的共享机制，推动科技创新资源自由扩散和优化配置，尤其要鼓励北京研发和科技创新资源向天津、河北两地转移，提高两地基础创新能力。以北京核心区部分高校、医院、部分国家机构及所属企事业单位、央企国企的搬迁或建立分支机构为契机，为河北、天津增加政治资源、信息资源及其他关键性资源，以产业疏解、功能调整、产业转移促进人口的迁移，有效治理北京超大城市病问题。三是在空间布局上，以促进京津冀协同发展为基本战略，构建多个中心城市，优化城市空间，重视周边城区或分中心城市的基础设施建设。实现重心外移，突破只顾“一亩三分地”的传统思维，加快基础设施建设，进一步缩小城乡、区域差距，减少产业、人口外迁的阻力，促进京津冀协同发展，为构建国际一流的和谐宜居之都提供基础保障。

8.3.2 京津冀区域基础设施建设对策和建议

基础设施建设作为经济发展的物质基础，是城市发展的重要内容和必要保障。基于对京津冀城市群13个城市基础设施情况、问题和综合评价的分析，给出具备针对性以及可行性的一系列对策建议，为其规划、建设和管理提供一定的参考，进一步为实现京津冀协同发展打下坚实的物质基础。

1.落实改善不足，系统协调发展

对京津冀城市群各城市来说，要结合综合评价分析，对于存在不足的基础设施系统，要加大投入、合理规划、提高效率，积极落实改善，促使每个城市基础设施的各个系统协调发展。

2. 打破行政区划限制，立足共建共享

京津冀协同发展已经上升为国家发展战略，应打破行政区域的划分对京津冀城市群基础设施的限制。

京津冀在公交一卡通的推行等方面，突破现行的行政管理体制，率先实行一体化运营和管理，让人们切实感受到了一体化带来的便利。为了缩小行政区域间的差距，一方面，应当率先对区域的发展实行政策上的扶持。要在政策上加大对河北省的扶持力度，适度削弱对北京市、天津市的倾斜程度。支持先进的基础设施投入河北，以缩减河北省同两个直辖市之间的差距，提升京津冀区域基础设施的整体建设水平。另一方面，有必要建立统一协调的机构和机制，为政策的实行提供根本保障，杜绝行政分割带来的冲突和矛盾。通过这一机构的建立对京津冀城市群基础设施建设实行一体化的前期规划、中期建设和后期管理，对各地区进行统筹规划，安排其分工协作，对于关乎三地发展的大规模基础设施建设进行严格的审批和监管。

应建立京津冀城市群基础设施共建共享机制，以进一步推动京津冀区域的一体化建设。一方面，要在宏观上筹划好各城市的功能，减少由于规划不到位带来的重复建设和资源浪费，提高基础设施的投入产出效率，达到集约利用、协同发展的效果。另一方面，各地也要顾及京津冀城市群的整体建设规划，依托其对于各地分工合作的建设规划进行建设。除此之外，应当促进京津冀城市群基础设施的建设同区域经济和社会的发展相适应，提供足以支撑区域经济发展的配套服务，助力京津冀城市群的整体发展。

3. 拓宽资金渠道，优化管理体制

京津冀三地城市基础设施建设项目建设周期较长而且资金需求巨大，如果单单依靠财政投入，会给纳税人带来较重的负担。

因此，在资金方面，需要从资金的投入、资金的管理两方面入手，确保基础设施建设得到充足的保障。要做好基金项目建设工作，拓宽筹集资金的渠道，保障资金的投入来源。首先，政府等相关部门应该结合当地实际积极出台具体可行的投融资法律法规。一是通过法律法规的颁布，对基础设施建设项目的资金投入权限与责任予以明确。对于投入巨大且影响巨大的大规模建设项目以及经济发展相对缓慢的城市的建设项目，尤其要对其配套要求进行严格把关。二是通过法律法规鼓励各大银行提供基础设施建设专项贷款，对利息和税收给予优惠。其次，通过证券手段进行集资。借助债券这一形式可以分散基础设施的费用负担，解决当代人和后代人的社会公平问题，做到真正的可持续发展。

此外，利用贷款将民间资本引入资金渠道。通过这一途径，既有助于破除垄断并引入竞争，也有助于提升基础设施的投资效率。同时，有必要通过优化资金管理体制这一途径，使得资金的利用效率得到提升。一方面，要明确各部门在财政支付方面的职责，保证分工明确、各司其职。同时，有必要建立有效的调控机制，以解决投融资进程存在的资金支出途径众多、分配安排缺乏有效性等管理问题，对各种渠道进行统筹管理、合理安排，做到集中整合、重点使用。另一方面，要充分利用新技术，提高资金利用效率，进一步降低基础设施建设的成本。对于影响基础设施建设的多方面因素，积极探索提高建设效率的新技术并对其进行推广，摆脱对原有传统技术的依赖，尽可能减少基础设施各个环节的成本及费用。

4.消除行政垄断，引入市场机制

在京津冀三地基础设施建设过程中，要进一步将政府同市场相结合，努力达成双赢。将部分国有企业的行政职能移交给政府部门。依靠外资或民间资本的引入，将国有独资的经济主体转变为公平竞争的企业法人，达到产权多元化的目的。政府需要树立公共财政的意识，积极发挥引导的作用，构建有利于推进基础设施发展的财政体系。

首先，在资金投入方面，要考虑当地现阶段的经济发展状况，合理协调安排财政支出的多种渠道，增加对基础设施建设的投入，巩固强化其基础性地位。对京津冀个别由于基础设施建设不完善而制约城市经济发展的城市，从资金投入层面来看，政府不仅要加大投入，还要结合当地基础设施建设实际情况进行按需分配。

其次，要建立一定的保障机制。在结合地方现实情况的基础上，制定可行的配套政策措施。通过政府的引导，使得政府投资得到充分的利用，最大限度地提升财政支出带来的经济效益。

最后，政府应利用推行优惠政策鼓励投融资，进一步拓宽资金渠道。同时，基础设施的建设还要引入市场机制，充分发挥市场作用，最大限度地为社会生产和居民生活提供保障。一是将民间借贷纳入基础设施的融资渠道。通过合理的引导来规范金融市场，最大限度地利用民间资金推进基础设施的发展。同时，也可以通过这一途径推进商业性质的金融机构，并出台相应的政策作为根本保障，使投资融资困难的现状得到改善。二是使得市场产业的引领效用得到最大限度的体现，通过产业化来提高社会生产、居民生活的水平。三是建立基础设施共建共享机制，通过区域合作，对区域基础设施进行共同的规划，提高资源的利用效率，实现互惠互利的共同发展。

5. 建立居民协会，纳入政府绩效

（1）通过建立居民协会及时了解居民对于公共产品的需求。城市基础设施覆盖范围极广，居民人数众多却又缺乏组织性，政府难以准确了解和把握居民对于基础设施的需求。基础设施局部供给冗余但整体供给不足的局面就是由于相关的原因导致的。鉴于此，有必要建立相关协会维护居民的权益、满足居民的需求。通过建立居民协会这一举措可以有效地提高其组织性，及时、准确地了解到居民的需求情况，并且着眼于这种需求，进行科学恰当的统筹安排，最大限度地利用政府调控的影响，进而提高基础设施的建设效率，更好地为社会生产和人民生活提供保障。

（2）把居民基础设施满意度纳入政府绩效评价体系。基础设施是为了保障社会生产、人民生活而提供公共服务的设施，因此，将居民基础设施满意度纳入政府绩效管理，有利于政府获取居民对基础设施现状的满意程度，倾听民众的心声，把握民众的需求，切实做到以人为本。

6.加强后期运维，形成长效机制

基础设施后期的运营与维护同样是不容忽视的关键环节，只有后期运维到位，才能保证基础设施健康持续的运转。如果基础设施建设在完工后缺乏后期的保障，将有可能降低其利用效率，从而造成所投入资金的严重浪费。因此，有必要将基础设施建设的后期运维纳入工作重点，形成长效机制。

（1）应加强政府对于基础设施运维的监督和管理。一是政府部门应增强公共服务的意识，通过建立有效的保障体系，制定政策对基础设施的后期运维进行监督。二是要让基础设施的使用者、受益者作为主体加入后期运维的工作。基础设施是为满足社会生产和居民生活需要而提供公共物品的设施，只有及时了解并积极重视其使用者、受益者的满意程度，倾听其需求和建议，才能保障后期的运维手段行之有效。

（2）同样需要引入市场机制，通过市场竞争推进既有运维制度的革新。要加强对于后期运维的宣传工作，引起相关主体对于基础设施后期运维工作的重视。可以将后期运维的考核纳入正常的工作管理，通过定期考评做到查漏补缺，也能通过这一手段对基础设施相关主体的后期运维工作进行督促，从而保障长效机制的有效形成。

9 京津冀协同发展交通运输、物流及数字流通环境

9.1 京津冀协同发展交通运输和物流情况

9.1.1 区域交通物流资源概况

20世纪90年代以来，在我国经济发展水平较高的长三角、珠三角、京津冀等地区，城市的地域空间组织逐步从单体型向以中心城市为核心的多城市相互交融的城市群形态转变，人口和产业的空间集聚也由向城市地域的“点式聚集”变为向城市群地域的“面式聚集”。京津冀城市群以其特有的地缘优势和产业特点，成为我国经济具有活力的地区。从港口与海岸线分布、自然资源、科技资源、人力资源等方面看，京津冀地区的综合优势明显。正在完善中的京津冀交通物流网络，无疑是加速城市群融合的重要推力。京津冀地区是我国交通物流网络最为密集的区域之一，也是包含直辖市最多的区域。该城市群包括京津两大直辖市，加上首都的特殊政治文化地位，对于交通物流基础设施有着特殊要求。

北京是全国政治和文化中心，总部资源丰富，具有高科技、资金、技术和人才优势；天津是中国北方最大的沿海城市，其以滨海新区的发展为重点，正在逐步建设成为国际港口城市、北方经济中心；而河北有土地资源优势、矿产资源优势、港口优势等。目前以渤海湾西岸港口为龙头、铁路为骨干、公路为基础、航空运输相配合、管道输送相辅助的京津冀交通物流网络已初步形成，在区域经济发展和一体化等方面起着重要的促进作用。处于环渤海经济圈中心位置的京津冀正在紧密协作，联手推进区域内多种运输能力建设。

河北环抱京津，京津与其他省份之间的交通物流对河北的依赖较大，河北也因为特殊的地理位置而得益于自京津向外辐射的高层次运输网络。但目前京津冀城市群还存在一些问题，如主要运输方式间缺乏有机衔接，各种物流资源的综合利用效率不高，物流网络的分布和需求生成不够平衡等。该地区道路交通设施发达，但发展并不均衡。区域内路网呈以北京为中心的放射型结构特点。这种结构导致与北京无关的客货流量都要经过北京交通枢纽或在此中转，造成枢纽能力紧张，对北京市区内部城市交通产生很大压力。而且，运距增加，造成运输成本增加，在一定程度上限制了北京周边城市之间的相互协作和发展。河北省交通运输厅与北京市交通委员会、天津市交通运输和港口管理局、天津市市政公路管理局签署了《京津冀交通一体化合作备忘录》，决定每年至少召开一次交通合作联席会议。

目前，京津冀交通物流一体化已建立良好基础：区域内有多条高速公路与多条国省干线相连，基本形成了覆盖京津和河北十多个设区市的三小时都市交通圈；三省份之间开通道路客运班线多条。京津冀交通运输部门在高速公路联网收费、计重收费、公路治理超载、打击黑车等行业管理工作中建立了协调联动机制，为推进交通一体化确立了基础。如今，北京公交系统线路已经延伸到河北的涿州、廊坊、三河等地。从北京出发的省际公路客运线路中，约一半是来往京冀之间的。2010年3月开工的津保铁路不仅打造了滨海新区通往西北部的重要客货通道，还将加快推进京津冀区域高速铁路网建设，推进区域合作。

9.1.2　交通物流资源整合

1.资源整合基本条件

由于环渤海经济圈包含范围较大，各地在产业、要素、市场等方面联系较为松散。而京津冀三地地域邻近，经济社会联系密切，已成为环渤海地区事实上的中心。正在完善中的京津冀快速交通体系，无疑是加速环渤海经济圈融合的重要推动力。

京津冀城市群是我国继长三角、珠三角之后的第三大城市群，是我国经济增长的"第三极"，交通基础设施较齐全，技术装备水平较高，综合运输能力较强，客货运量较为繁忙。

从经济一体化长期发展的战略高度看，重构京津冀的交通基础设施和物流服务体系，对于提升区域整体竞争力至关重要。京津冀城市群要实现区域经济一体化，必须率先实现交通物流一体化，打破行政界线、部门界线、地域界线，以资源整合为基本手段，充分发挥现代运输方式各自的优势。便捷的交通体系可以使京津冀地区的产业布局调整、项目合作和企业交流更加通畅，更广泛地开展合作。

北京可以拥有更为便捷的出海口，天津可以进一步打通与中西部腹地的贸易通道。交通物流资源的整合使空间、地域"变小"，为商品和人员的更快流动提供支持。便捷的交通还可催生三地互动与兼容的生活方式、就业形式和商务模式，有效促进城市群经济发展。

在京津冀城市群，以津冀沿海港口为龙头、铁路为骨干、公路为基础、航空运输相配合、管道输送相辅助的综合交通物流网络已初步形成，在区域经济一体化发展方面起着重要的促进作用。到2007年底，京津冀地区公路通车总里程14.1万公里，公路网密度达到96.4公里/百平方公里，是全国平均水平的1.6倍。京津冀地区铁路运营里程为6 530公里，铁路网密度为全国平均水平的5.5倍。

目前，北京市正在加强与渤海湾海洋运输体系的协调，积极参与区域高速公路、铁路运输体系及航空运输体系建设。完成的重点工作是推进京津城际轨道、京津第二高速公路以及京承高速公路建设，并利用首钢搬迁的契机，联合开发建设唐山港曹妃甸港区，拓展京津冀地区出海通道。随着滨海新区开发开放步伐的加快，天津市高速交通网的建设进一步提速。

根据《天津市城市总体规划（2005—2020年）》，天津市高速公路建设将重点强化与北京的联系，同时加强通往华北、西北、东北及沿海方向的直通通道建设。目前，河北省有十多条高速公路正在紧张建设中，其中大广高速与京开高速相接，建成后将成为北京正南方向的快速通道，缓解京石高速的交通压力。

京津冀城市群交通资源整合的总体目标是适应经济社会发展要求，建成各种运输方式有机衔接、结构优化、网络完整、便捷通畅、安全可靠的综合交通物流系统。城市群交通资源整合应与促进城市群合理布局、强化城市间协同发展、实现交通可持续发展相结合。加强中心城市之间各种运输方式的衔接，力争实现货物的“无缝衔接”和旅客的“零距离”换乘，最大限度地提高交通运输效率、效益和服务质量。

2. 道路资源整合

在道路运输方面，按照“整合资源、衔接顺畅”的思路，重点建设中心城市间通道、主要港口连接腹地的快速集疏运通道、与周边省区衔接通道。合作调控高速公路、国道、省道主干线建设，提高道路等级和网络覆盖面。共同推进跨市道路的前期筹备工作，力争同期开工建设；尽快确定接线方案，力争实现同标准衔接。在道路运输网络的具体布局方面，近期应加快推进作为京津第三通路的南通道，由北京经廊坊，到天津接京沪高速公路，彻底改变京沪高速公路京津段交通拥堵状况。

建设环京津唐承张高速公路，贯通承德、唐山和张家口，促进和承接京津产业的转移，实现中心城市之间的顺直连接，避免迂回运输，减少过境交通对各市区的干扰。增加直达客运班线，通过调整延伸的方式开通旅游班线，鼓励三省份道路运输企业开展协作，相互提供仓储、装卸、运输服务，相互为对方车辆提供组货和维修服务。

3.铁路资源整合

铁路客运方面，在京津冀城市群修建快速客运通道，使之适应城际大客流的交通需要，建设以京津为主轴，以石家庄、秦皇岛为两翼的城际轨道交通网络。通过改善运营组织方式、开行小编组列车、高密度发车，实现城际交通公交化。现在，京津冀城市群已全部贯通高速铁路，在全国各地区中率先跨入高铁时代。

随着北京与周边河北省重要城镇的联系加强，应根据周边城市的承载力、发展阶段和北京城乡一体化进程，考虑将北京地铁延伸到周边的河北省城镇，以期通过交通改善推动共同发展。铁路货运方面，为减轻秦皇岛、黄骅港煤运压力，充分利用唐山港曹妃甸港区自然条件，应加快建设已经立项的由蒙西经河北张家口、承德至曹妃甸港区的铁路第三煤运通道。通过积极扩充铁路能源运输线路，优化我国北方大宗物资区际集疏通道。

4.海港资源整合

位于渤海湾西岸的津冀沿海港口所处的发展阶段有较大差异，从资源拥有程度和专业化分工的角度分析，海港资源整合完全具有可行性。津冀沿海港口2008年与2009年的货物吞吐量见表9–1。由于地理邻近的津冀各个港口在腹地、业务和发展定位方面存在

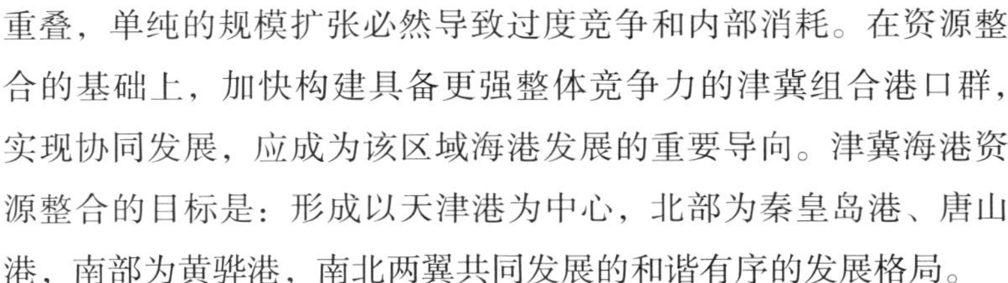

重叠，单纯的规模扩张必然导致过度竞争和内部消耗。在资源整合的基础上，加快构建具备更强整体竞争力的津冀组合港口群，实现协同发展，应成为该区域海港发展的重要导向。津冀海港资源整合的目标是：形成以天津港为中心，北部为秦皇岛港、唐山港，南部为黄骅港，南北两翼共同发展的和谐有序的发展格局。

表 9–1
津冀沿海港口吞吐量

单位：亿吨

港口名称	2008 年货物吞吐量	2009 年货物吞吐量
天津港	3.56	3.8
秦皇岛港	2.49	2.44
唐山港	1.07	1.76
黄骅港	0.79	0.83

京津冀应就城市群海港资源整合开发问题进行专题协商，力求在充分挖掘现有港口潜力的基础上，构建渤海湾港口运输体系。从目前运输构成的层次和结构看，天津港应该成为京津冀城市群实现海运发展与贸易对接的关键场所，建成环渤海最大的综合性贸易口岸。秦皇岛港未来仍侧重发展能源等大宗散货运输，并以河北港口集团为资本平台开展跨区投资运营。唐山港京唐港区以煤炭、铁矿石、钢材、集装箱等货种为主要服务对象，曹妃甸港区承担我国原油、矿石上岸和分流大秦线煤炭下水的功能。黄骅港除作为我国北煤外运第二通道的出海口外，2010 年 8 月投入运营的综合港区承担了扩展影响力、深度服务本地经济的角色。

5. 空港资源整合

由于居民对出行方式的选择更加趋向于便捷性和时效性，对航空运输的巨大需求会不断释放。天津滨海机场早在2002年就已加入首都机场集团，石家庄机场则是北京的分流机场和备降机场。但是三地空港的发展水平极不平衡，津冀民航机场发展明显缓慢。将机场的分布密度和城市密集度形成合理契合，有助于避免城市群航空运输资源的浪费，以及形成功能互补。

空港的功能辐射范围需要防止重叠，尽量形成机场功能区的边界对接，以对整个京津冀区域形成完整覆盖。如果京津冀城市群实现机场一体化，津冀地区的机场不但获得了客源，而且可以借助首都机场在资金、航线、管理、销售网络等方面的优势，全面带动航空运输市场。建立以首都机场为枢纽的城市群航空运输体系，实现京津冀机场错位发展。将北京首都机场建成大型复合枢纽机场，天津滨海机场建成中国北方航空货运基地和客运干线机场，石家庄正定机场建成中型航空运输基地，同时大力推进唐山三女河及秦皇岛山海关机场的规模提升。

9.1.3 京津冀城市群交通物流网络布局优化存在的障碍和问题

1.存在的障碍

（1）区域协调发展理念不强。由于京津冀是三个独立的行政区，因此三方在制定政策时只是把其他利益主体和整个区域的利益作为影响自己利益实现的因素来考虑，区域经济目标的实现仍然受到行政区目标的制约。同时，三地经济基础存在明显差别，基础设施水平参差不齐。

京津冀区域合作的进展相对缓慢，目前还没有形成优势互补、协同合作的有机整体，缺乏稳定的合作机制。与上海作为长三角中心城市的龙头带动作用相比，京津作为该城市群的双核心城市，两者间的关系定位比较模糊，没有形成紧密的分工协作关系，对整个城市群的辐射带动作用还很有限。多年来，京津冀各城市发展目标相似，相互之间争资源、争项目，缺乏有效沟通协调，阻碍了城市群内的生产要素和商品流动，制约了城市群经济一体化的发展。

（2）城际交通物流的政策壁垒。京津冀城市群交通物流网络仍不能充分满足城际客货运输迅速、便利的需要，许多重要交通枢纽之间交通联系仍然不便。由于存在地方保护主义，给京津冀城市群运输市场融合造成许多阻碍，人为分割和壁垒给车辆出行范围和通行费造成诸多限制。不同管理部门编制的规划不配套、不衔接、不易操作实施的问题较突出，直接造成不必要的交通效率降低和资源浪费，并且影响到运输服务质量，不适应区域经济整合的要求。城市群内各城市在布局交通物流网络时，没能做到充分统筹协调，造成基础设施规划不统一，建设标准不对接，施工周期不一致等，延缓了交通物流一体化进程。各地客运市场应在城市群交通物流一体化的总体指向下，加快开放这些市场，构建开放高效的大系统。

2.存在的问题

虽然在京津冀城市群一体化发展的总体背景下，交通资源整合已经取得了明显进展，但仍存在不少问题：

（1）资源、环境与交通发展的矛盾凸显。京津冀城市群城镇、产业和人口高度集聚，运输需求大，土地、岸线资源紧张，运能大且可有效节约土地资源、降低废气排放的运输路径数量少。现有的交通物流发展模式，是一种低效率、粗放式的发展，难以满足可持续发展的要求，迫切需要首先从各种运输方式的角度展开资源整合，并注意不同方式间的衔接和配合。

（2）交通枢纽缺乏分工合作。京津冀建立起以北京为中心、辐射全国各区域的高速公路和铁路网络。但作为区域核心城市的天津，在交通网络中并不突出，造成经过该城市群的过境交通大多需利用北京的交通网络实现，增加了北京的交通压力。交通物流网络建设并没有采取与交通需求相一致的布局，客货运网络均以北京为核心布局，导致区域沿海港口交通组织困难，大量的过境运输干扰了城市内部的交通运行效率。

（3）综合运输结构不尽合理。城际交通结构单一，缺乏独立的公共城际客运系统，铁路所承担的城际交通客运能力有限。在规划、建设、运营中长期存在重客运、轻货运现象，网络布局缺乏整体概念。京津冀城市群虽然拥有多种运输方式，交通线网密度和运量均属全国较高，但交通基础设施的建设仍相对落后于本地区的城市化水平。尤其是在跨区综合交通网络的建设方面缺乏统筹规划，从而阻碍了一体化进程。

（4）运输方式缺乏有效衔接。目前京津冀城市群各种运输方式之间缺乏有效衔接，信息不能共享，不适应经济一体化的要求。枢纽城市的铁路、公路站场与港口布局之间合理衔接问题长期未得到解决，货物换装环节多。铁路、公路客运站独立建设，衔接不畅，城际铁路、公路城际客运与城市公共交通场站分离，旅客出行换乘不便。京津冀各地的交通物流信息系统建设处于各自发展的状态，缺乏良好交流。

（5）城市交通的自我发展导向。由于行政区划的影响，以及国家缺乏必要的区域协调机制，导致区域内城市在各自交通网络的建设上，主要从自身需求出发，构建以自身行政中心为核心的放射型交通网络，很少考虑区域内其他城市的需求特征和自身承担的区域职能，造成区域内除北京外，其他城市间的交通联系均不方便。如石家庄—天津之间、天津—承德之间、冀东城市与冀中南城市之间联系都需要利用北京的交通网络实现。

各城市都遵循以自身为中心的发展模式，交通网络建设的“属地化”特征明显。如首都机场作为区域内的航空枢纽，客流中有很大部分来自天津和河北，但在机场通道的建设上主要考虑的是与北京城区的联系，与区域内其他城市的便捷联系通道仍较缺乏。

9.1.4 京津冀城市群交通物流资源优化的必要性

为进一步增强京津冀城市群在经济全球化进程中的整体竞争力，有必要也完全有可能突破行政区划束缚，在各自经济发展需求和综合运输规划的基础上，优化整合交通资源。这对于京津冀城市群迎接经济全球化挑战，进一步增强区域整体发展动力，具有积极而深远的意义。

交通一体化将大大提高物流速度，增加通道容量，降低交易费用。从经济一体化长期发展的战略高度看，重构京津冀的交通基础设施和物流服务体系，对于提升区域整体竞争力至关重要。便捷的交通物流使京津冀地区的产业布局调整、项目合作、企业交流以及社会文化沟通更加顺畅，为三地更广泛地合作提供强力支持，推进京津冀的全面一体化。基于交通物流合作，北京可以拥有更为便捷的出海口，天津可以利用北京交通枢纽地位进一步打通与中西部腹地的通道。现代化交通物流网络的建成将使空间、地域概念缩短，为商品和人员的更快流动提供支持。便捷的交通物流还可催生三地互动与兼容的生活方式、就业形式和商务模式，有效促进城市群的融合，使京津冀成为一个真正意义上的紧密圈层。

城市群的演进要求京津冀在交通设施和物流网络布局中，把三地视为一个整体，统筹研究基础设施配置关系。为此，应以满足京津冀共同需求为目的，打破行政分割，加强联结京津与河北的现代化交通物流设施建设，为京津冀进行经济协作与产业转移确立良好支撑。河北省各市应把握住城市群交通物流一体化的有利契机，积极承接自京津迁移出来的企业业务。

9.2 京津冀区域交通资源对物流的影响

9.2.1 交通资源与物流的关系

1. 京津冀交通资源可以提供物流基础设施条件

伴随京津冀协同战略的推进，基本形成京津冀核心区1小时交通圈、相邻城市间1.5小时交通圈。京津冀地区将建设以干线铁路（含高铁）、城际铁路、市域快线、城市地铁为支撑的四层次轨道交通。随着京津冀轨道交通网络的逐步完善，依托轨道交通的客运日趋成熟，轨道交通特有的环保节能、高效快捷等优势，为物流创新开辟了新发展领域，也为物流高质量发展奠定了良好的基础设施条件。

2. 交通可以提升京津冀城市圈物流的价值

（1）有利于补齐京津冀轨道交通资源的利用短板。京津冀轨道交通的系统设计主要是为了应对人口空间结构的变化。据了解，客流低谷期的平均发车间隔较大，城际的约为30分钟，列车开行对数较少，轨道交通的运能并没有全部投入使用，存在闲置与浪费。利用轨道交通的闲置运能在客流低谷期和夜间列车空置时期开展城市圈物流运输，既能补齐轨道交通资源利用的短板，又能避免客流低谷期运力的浪费。

（2）有效缓解京津冀物流供需矛盾。可提升物流效率，降低物流成本轨道交通既能深入城市中心，又能快速到达城市边缘，迅速往返于城市与城际、城际与城际之间，并可以根据货物量的大小调整改变编组的数量，具有较大的灵活性。

基于京津冀的公路运能饱和等限制，轨道交通凭借运量大、效率高，且无限货令，利用轨道物流能够更好地实现资源优化配置，提升物流效率，降低物流成本。可节约资源，降低污染。首先，与大型卡车物流运输相比，轨道交通采用电力动能，能够有效地减少废气的排放，减少空气污染；其次，在噪音方面，除特殊情况，不像卡车在拥堵的公路上运输时会经常性鸣笛，可减少噪声污染；最后，在城市空间利用等方面，轨道交通开发地下等垂直空间，相比公路可有效地节约土地资源。利用轨道交通物流有效控制京津冀空气污染，缓解城市圈的资源紧张问题，提升首都和城市圈的功能，符合可持续发展理念。

（3）促进京津冀物流高质量发展。能提升物流的安全性轨道交通硬件设施的安全系数较高，受自然环境的影响较小，同时借助地下隧道的保护进行物流运输，将大幅降低货物的破损和交通安全事故的概率，提升了物流的质量和安全度。

提升物流周转速度。一方面，轨道交通的全线运行依赖于信息系统的全局把握，不受路面的高峰、拥堵等的影响，运输速度更快，可实现直达或者跨线运营，有利于吸引时效性需求较高的物流；另一方面，轨道交通的信息追踪技术严格控制列车的速度和到达时间，降低了运输目的地错误等现象的发生率，使物流更加流畅。

提升京津冀物流服务水平。京津冀地区作为首都附近的城市圈，经济交流较为频繁，对于物流服务的需求也是较大的。利用轨道交通创新性地服务物流，能有效地满足顾客的个性化要求，例如时效性和精准性的需求，大幅提升顾客的物流服务满意度。

9.2.2 京津冀交通资源对物流的影响

1. 经济影响

交通基础设施建设的经济成本较高，投资额较大。例如，京津冀地区围绕首都城市圈的建筑设施密度较高，开发地下空间的建设费用高昂。其次，轨道交通的运营成本较高，回收期较长。例如，耗电量、科研投入、管理体系运营以及维护的成本等。

2. 交通服务物流高质量发展

交通与物流是一个系统工程，需要各子系统的共同协作。从人力资源系统来看，目前精通物流和交通实际操作的复合型创新人才缺乏。由于交通停靠时间短和地下运输的特点，装卸货作业局限性强，对人才素质的要求更高。从管理系统来看，管理制度有待完善，信息共享有待提高，在轨道交通客流量密集的情况下，上下货容易与人流冲突，乘客和货物安全会受到一定程度的威胁。

3. 京津冀交通创新型模式的影响

现代物流推崇的“共同配送”“门到门”等物流配送模式，都是基于公路或者多式联运物流模式的探索。对于交通物流创新面临的“最后一公里”、集散货以及物流与客流的分流等运输、配送模式的挑战，还须进一步探索适合的轨道交通物流新模式。

4. 政府宏观层面影响

（1）需营造良好的政策环境。各级政府应致力于对轨道交通物流的政策推动，例如，出台轨道交通物流创新用地的优惠支持政策。

（2）需要为交通物流创新提供技术支持。确保互联网、大数据和人工智能等前沿技术与轨道交通物流深度融合，对服务新技术的应用和创新给予支持，鼓励企业加大科研投入。

5.行业中观层面影响

（1）需要建立交通物流高质量标准、评价、监督体系。由相关部门牵头，物流协会等行业组织构建行业内认可的轨道交通物流高质量发展标准规范体系、评价体系以及信用体系。

（2）物流信息共享，建设综合服务平台。引进大数据、物联网、数据挖掘等先进技术，整合并优化配置物流资源，搭建轨道交通物流的综合信息服务平台，促进物流服务智能化。

6.企业微观层面影响

（1）需要积极服务京津冀协同发展的国家战略。各轨道交通建设、运营管理等相关企业，要以轨道交通物流为新型抓手，积极服务京津冀协同发展战略，享受国家的政策，为京津冀地区的物流高质量发展奠定坚实的基础。例如，加大轨道交通的建设投资；将服务京津冀协同发展作为企业发展的战略规划；以引领“新型轨道交通高质量物流”为远景，成为物流高质量的创造者。

（2）需要完善京津冀交通高质量物流供应链管理体系。各企业积极形成网络型的供应链服务轨道交通高质量物流，扩大京津冀地区的物流内生动力。组织方面，以轨道网络为依托，确保轨道交通与城市功能的协调性。因地制宜，从实际出发，形成京津冀地区供应链组织统一指挥。运营方面，运用现代科学技术筛选适合物流作业的站点和线路，预留车厢专门用于货运，实现人货分离；利用轨道交通闲置运能开展物流运输，实现客货混运，补充资源利用短板。

（3）信息是京津冀轨道交通物流供应链管理的重要基础，信息共享平台的搭建是运营流畅的关键，也是运营管理的反馈渠道。

要注重吸纳高质量轨道交通物流专业人才建立人才。吸引和培训机制，加强科研院所、高等院校的合作，积极推进以目标导向的产学研培养模式，精准输送轨道交通物流的高质量人才。例如，完善轨道交通物流职业资格认证体系，对专业技工进行等级认证；“开放”式管理轨道交通物流专业人才，实行“奖励报酬”人才培养制度。

9.3 京津冀区域物流业与金融业的关联

9.3.1 京津冀物流业与金融业关联情况

京津冀地区是北方交通中心和物流要道，同时也是第二产业、第三产业重要的发展基地，具有发展物流金融的优势条件。京津冀协同发展战略实施后，京津冀三地的联系与合作日益深入，物流企业和金融机构都不想错过这次发展机遇，积极探索诸如物流金融这样的新兴产业。物流业与金融业的协同发展是一种必然的发展趋势，它具有渐进性、持续性和协调性的特点。

物流金融可以将虚拟经济和实体经济联系起来，提高资金的利用效率，这样的金融业务创新可以帮助中小型物流企业解决融资难的问题，在助力实体经济发展的同时保障虚拟经济的健康有序发展。金融业可以发挥其对物流业的监管和激励作用，对信用良好的物流企业优先授信，放宽贷款期限和贷款额度，同时也可以通过金融手段限制信用不好的企业的发展。对金融业来讲物流业是一个新的利润增长渠道，金融业可以通过云计算和大数据平台实现对物流企业的实时监管，极大提高了金融机构的抗风险能力，降低信用风险，防止不良贷款的发生。物流金融会成为京津冀经济高质量的稳定增长和可持续的全面发展的马车。

9.3.2 物流业与金融业关联的影响

1.对京津冀物流业的影响

有了金融业对物流业的资金支持，京津冀三地可以将现有的物流园区改造成基于大数据信息的现代化物流园区，在完善相关基础设施的同时搭建起信息共享平台。信息共享可以让京津冀地区的物流企业随时了解物流市场动态变化，以便更加及时和有效地调整企业发展策略，更好地应对发展风险。其次，信息共享平台可使信息变得更加透明，金融机构、政府监管部门和企业间的监督会敦促物流企业自觉遵守行业发展规范，积极寻求行业发展创新点，在维护行业秩序的同时推动整个行业发展。

2.对京津冀金融业的影响

目前，京津冀地区的金融资产分布极度不均衡，全国一半以上的金融资产都集中在北京，但这些金融资产并没有得到合理的整合及配置，大量闲置在银行，银行存贷差更是高达上万亿元，各种生产资料的积极性得不到充分发挥，经济发展也缺乏应有的活力。作为北方第二大经济中心的天津，虽然是国家金融改革的创新实验基地，但由于实体经济的发展落后于金融创新的速度，很多金融改革创新理论难以真正落地，周边产业接收到的辐射带动也十分有限。与此同时，邻近坐拥两大直辖市的河北省的金融业面临巨大的资金虹吸压力。

上述问题的出现是因为京津冀三地政府在制定经济政策时没有打破地域壁垒。京津冀物流业与金融业的协同发展，能够有效减少三地政府在涉及本地利益时可能出现的对资金的竞争，加快资金在三地间的流动速度，提高资金的利用率。

3. 对京津冀协同发展的影响

改革开放以来，由于国家政策的倾斜，河北省与作为直辖市的北京和天津产生了不小的经济差距，在产业结构上也体现出明显差异，河北省偏重第一、第二产业，而京津的第三产业相对较为发达。京津冀一体化战略的提出，为扭转河北省这种落后的局面提供了一个新的契机。首先，物流金融这一新兴产业会吸纳大量优秀人才，有利于缓解京津地区对河北省高端人才的虹吸效应；其次，河北省的物流企业通过学习京津地区优秀物流企业的先进发展理念和管理理念，生产水平、生产效率、服务意识和服务理念可得到显著提升；最后，物流金融的协调发展，是一次高水平、高效率的区域内部生产要素重新合理配置的过程，有利于激发河北省的经济发展潜力，缩小其与北京天津之间的经济差距。随着差距的缩小，各种产业可以更加顺畅地对接，区域一体化进程也就会加快。

9.3.3 京津冀物流业与金融业协同发展要求

1. 构建健全融资环境

一个健全的融资环境，是物流业与金融业协同发展的重要前提。国家应减少对市场的干预，市场可以独立完成的国家要放手，市场不能独立完成的国家再进行辅助指导，国家为物流金融市场提供最大限度的自由，才能最大限度地调动市场的发展活力。与此同时，金融业高风险性的特性决定了国家必须扮演好监督者的角色，完善相关法律法规，及时识别和管控风险，这对构建健全的融资环境，促进京津冀物流金融发展十分重要。

2. 加大信用监管力度

政府要加强对信用的监管，为物流业和金融业的协同发展保驾护航。只有建立企业信用数据共享机制，建立健全信用管理的法律框架，确立企业信用监管指标体系，统一企业信用分类标准，强化企业信用监管的措施，实行企业信用信息公示制度，才能保障物流业与金融业在良好的信用环境下开展协同与协作。对信用级别高的企业予以激励和奖励，例如优先给银行授信、商务活动中的优惠和重点扶持等，对其他市场主体起到示范和鼓励作用；对信用级别较低的企业予以警告，对信用级别低的企业要予以罚款，同时限制这些企业的贷款额度；对信用等级非常低的企业直接剥夺其营业资格。企业信息公示制度的建立有利于相关部门更好地对企业经营行为进行管理，同时有利于降低行业交易风险。

3.培养相关专业人才

专业的物流金融人才是促进物流业和金融业协同发展的关键。既懂得物流和供应链的操作流程又精通金融产品人才是未来高校培养的重点，教育部不仅要重视学生在金融学、经济学、管理学和物流工程等方面的理论学习，还要注重实用性的业务操作人才培养，实现校企联合培养，将理论教育与实操训练结合起来，培养出高质量的物流金融人才。另外，教育部也应该重视在职人员的继续教育问题，督促各大高校开设非全日制的物流学和金融学课程，方便那些只精通物流业或者只精通金融业的人才学习到更全面的知识，成长为专业物流金融全面人才的后备军。

4.物流企业加强对客户的信用管理

加强对客户的信用管理，对于减少不确定因素，降低企业经营风险具有重要意义。物流企业在为客户提供物流服务时，可以直观地感受到客户的库存变化，因此可以通过对客户的经营能力进行评分，划分相应的信用等级，如优质客户、一般客户和风险客户等。物流企业可以通过信用等级与客户建立长、中、短期或临时合作关系，同时通过定期更新信用评级提高工作效率。

5. 提高物流企业自身的信用度

物流企业自身的信用度，是物流企业参与物流金融协同发展的核心要求。首先，物流企业应具备一定的价值评估能力，这对于物流企业掌握市场价格波动，确保资金链的连续性具有重要的意义；其次，涉及货物抵押的物流企业要加强对风险的控制，例如，在选择质押物时尽可能选择价格稳定、不易腐易坏的非季节性质押物，同时控制质押物种类，以方便管理，每次出库、入库都要仔细核对数量，减少虚假仓单的产生；最后，由于中国物流企业水平参差不齐，难免因为手工作业产生失误，企业要加强对作业流程的培训和监督，指导工作顺利有序开展。

6. 获取金融机构的信任

物流企业由于自身存在的诸如经营时间短、固定资产少、企业内部财务制度不健全等问题，导致难以获得金融机构的贷款。物流企业要想解决这一问题，就要通过信息共享平台，向金融机构提供翔实的信用信息，取得金融机构的信任，与金融机构建立合作关系，从而获得贷款。

7. 金融机构加强信用管理

金融机构要建立一套涵盖物流企业各项信息的信用评价体系，不仅要优化物流企业信用分级系统，还要定期更新测评结果，所有的资料都要建立档案并安排专人进行管理。金融机构需要安排工作人员负责物流金融业务中涉及的抵押物的估值，以减少不良贷款的产生。另外，金融机构可以对信用级别高的物流企业优先给予授信、放宽其贷款额度；对于信用级别中等的物流企业要缩短信用期限，降低贷款额度；对信用级别较低的物流企业停止发放贷款，阻止更严重的风险发生。

8.开展统一授信业务

统一授信，就是金融机构将信贷额度直接划拨给物流企业，然后由物流企业根据质押物变动和担保情况进行贷款处理和最终结算。金融机构作为服务提供者、框架搭建者而不是直接参与者，将质押物担保、贷款处理和最终结算交给物流企业完成，就会简化办理流程，提高物流企业工作效率，不仅能调动物流企业参与的积极性，还能让金融机构花更多的时间和精力对整个流程进行监管，大大降低这一过程的风险，促进协同发展的快速推进。

9.增强创新能力

为更好地满足物流金融业这一新兴产业发展的需要，金融机构要积极进行产品创新，在不违反法律条例和行业规范的前提下，实施灵活多变的客户管理制度和发放贷款制度，向符合信用条件的中小型物流企业发放贷款；同时，金融机构还应积极开发面向物流企业的个性化金融服务工具，例如各种金融软件等，提高物流金融企业的办事效率；最后，为分散物流金融企业的风险，银行应开发金融衍生产品，帮助物流企业进行风险管理，将物流业与金融业协同发展过程中可能遇到的风险降至最低。

物流金融业将物流企业和金融机构这两个主体联系起来，不仅为金融业改革提供了全新的思路，也为物流业的发展带来了契机。京津冀协同发展这一国家战略的提出，打破了京津冀发展长期不平衡、不协调的局面。京津冀地区的物流企业和金融机构要积极利用政府搭建的合作平台，创新发展模式，形成集数据、物流、资金流于一体的物流金融模式。

9.4 京津冀区域数字物流经济环境

9.4.1 京津冀区域数字物流经济发展的必要性

数字物流经济是互联网信息社会下的经济类型。数字物流经济的核心是数据要素价值，加速推进京津冀一体化协同需要深入挖掘其数据要素价值。

随着数字物流的发展，它对经济增长的促进作用日益明显。与此同时，随着经济的全球化，区域之间的竞争和合作显得越发重要，区域合作所能发挥的优势往往比单一地区更大。而京津冀区域位于东北亚中国地区的环渤海心脏地带，是我国北方经济规模最大，也最具有竞争实力的地方。随着国家“新基建、新要素”的提出，加快培育数据要素市场，成为当前适应数字经济发展的大势所趋。“十四五”规划和中央经济工作会议明确提出：“发展数字经济，推进数字产业化和产业数字化，推动数字经济和实体经济深度融合。”中央发布的《关于构建更加完善的要素市场化配置体制机制的意见》明确提出了土地、劳动力、资本、技术、数据五个要素领域的改革方向和具体举措，已把数据纳入生产要素。

2020年9月，北京市政府发布《北京市促进数字经济创新发展行动纲要》，提出“坚决推动数据要素有序流动和培育数据交易市场，将北京市建设成为国际数字化大都市、全球数字经济标杆城市”的目标。由此可见，建设数据要素市场，深入挖掘和发挥数据要素价值，成为推动北京市数字经济新产业、新业态和新模式发展，进而实现数据要素的社会经济价值提升的关键所在；推进京津冀数据要素市场一体化，更成为区域一体化协同的改革重点。与此同时，随着数字经济的发展，在数据规则、数据安全和隐私保护、数字鸿沟等方面的问题也逐渐显现。

9.4.2 数字经济对京津冀区域就业和产业结构的推动作用

（1）数字经济为社会创造了就业机会。数字经济的提出与发展会使得许多与数字技术结合的新产业兴起，从而创造了大量的就业机会。很多的创新创业都发生在数字经济领域，因此，毫无疑问，数字经济对就业的规模和领域的影响是巨大的。

（2）就业结构得到优化升级。据统计，中国服务业就业累计6 067万人，第三产业成为吸纳就业最多的产业，而整体就业结构也从“三、一、二”升级到了“三二一”。因此数字经济有助于京津冀结构的优化，并通过优化就业结构对产业结构产生作用。

（3）数字经济营造了新的就业形式。新形式即电商化、平台化。平台化经营就如百度等基于巨大平台而产生的盈利模式。目前，已有很多企业采用平台模式运营。平台经济发展会带动产业升级，加力城市发展转型。除此之外，各个平台也会有产业链上下游的副业产生，如快递物流业等，也会增加创业机会。

9.4.3 数字物流经济发展要求

1. 促进区域数字经济协调发展

京津地区应加强对河北地区的财力扶持，加大对农村地区信息基础设施的投资，加快区域间信息基础设施互联互通、信息资源共享共建，推进区域信息基础设施协同发展。

数字经济主要有两个特征：一是数字经济是互联网信息社会下的经济，这是数字经济的社会属性。二是数字经济的核心是数据要素价值。

深入挖掘数据要素价值、加速推进北京市数字经济发展与京津冀一体化协同。应首先深入推进公共数据资源开发利用，提升区域数字配套能力。北京市应依托现有金融数据专区的优秀实践基础，进一步持续深入开展公共数据资源的开发利用工作，从数据内容单纯开放到数据价值融合开发，进一步探索跨域流动、跨区融合的京津冀一体化公共数据资源开发利用机制，在深度和广度上做文章，建立数字生态体系配套能力。在国家公共数据资源开发利用试点八省之外，打造新亮点、新应用。

2.保护数据隐私，建立“个人数据账户”，推动数据主权回流、数据交易托管

进一步规范数据获取方（如互联网企业等）在生产经营活动中获取和使用数据的行为，防治“数据杀熟”行为，保护数据隐私，明确数据管理职责，强化数据获取、使用的授权管理机制，由政府主导建立“个人数据账户”，实现数据生产主体的数据主权回流，探索基于“个人数据账户”的数据交易托管，通过托管后的数据账户”实现数据生产主体的数据主权回流，并通过托管后的数据自主授权、管理、运营和收益，规范数据要素的有序流动，促进数字经济的有序发展。

3.推动“两区”建设，融合新技术，创新数据应用，打造数字经济应用示范制高点

建议北京以“两区”建设为引领，推动数字经济应用创新示范区建设，在智慧城市、智慧民生、智慧产业、基础设施赋能、中小企业赋能等方面开展数字化应用创新，打造以“数据聚集与服务、产业融合与升级、数字贸易与要素流通、生态培育与人才创新、政策优化与完善”为特色的数字经济创新应用制高地。探索运用区块链技术提升行业数据交易、监管安全以及融合应用效果。结合北京“两区”建设，支持开展电子商务、电子交易以及跨境数字贸易的区块链应用，提高各类交易和数据流通的安全可信度。

4.打造京津冀一体化“新型数据要素交易中心”，推进数据公平有序流动，促进“双循环发展”

区别于传统供需匹配模式的数据交易中心，构建符合国家法律法规要求的数据分级体系，探索数据确权、开发利用、价值评估、安全交易的方式路径，通过数据沙箱、隐私计算等新技术的运用，建设京津冀一体化“新型数据要素交易中心”。在数据要素价值“可用不可见”的基础上，探索面向数据提供方、数据开发利用方、数据使用方等多方角色互惠互利的新交易方法和运营模式。

5.培育“数字土壤”，推动数字经济和实体经济深度融合

构建完善的数据要素市场化标准规范体系，尽快出台北京市数据开放管理办法，推进数据要素按行业、按场景、按级别、按内容的逐步开放和市场化，建立健全数据产权交易和行业自律机制，依法合规开展数据交易流通。加强知识产权保护，积极探索有利于数字经济发展的财政支持政策，推动数字技术更快融入产业核心业务，发挥数字化领头羊的带领作用，从个体转型上升到产业协同转型，进而形成矩阵效应。

充分发挥产业数据要素价值，加快推进工业互联网、产业大脑等共性数字技术平台研发，以聚焦核心业务和共性业务数字化转型为杠杆，撬动千行百业的数字化转型。推进数字经济和数字金融对实体经济的双轮驱动。

6.打造普惠数字经济，避免“数据歧视”，消除“数字鸿沟”

北京在推进数字经济发展的同时，也应关注数据歧视，打破技术不平等、消除“数字鸿沟”。在新技术带来技术不平等的同时，也应充分发挥其优势消除“数字鸿沟”，比如进一步改善老年人以及数字弱势群体的数字化应用办事体验等。推动数据要素有序流动、深入挖掘数据要素价值，是适应数字经济发展的大势所趋。推进数据要素市场的高质量发展是打通“双循环”堵点，促进“双循环”更加高效运转的切入点与着力点，是加速推进北京市数字经济发展与京津冀一体化协同的助力剂。我们坚定信念、立法先行、多措并举、勇于创新、敢于实践，北京数字经济必将迎来蓬勃发展新时期。

数字经济是将数字技术应用于社会的经济活动中，来改变整体经济环境以及社会的经济活动。2015年4月30日，中共中央政治局审议通过了《京津冀协同发展规划纲要》，其中就业结构和产业结构的协调发展是值得研究和讨论的问题，再加上数字经济的高速发展，京津冀区域的产业和就业结构的发展将更上一层楼。

9.5 京津冀交通物流发展及优化建议

9.5.1 提高运输效率

目前，京津冀地区的交通投入对经济产出的综合评价由无效逐渐发展为有效，由不协同逐步趋于协同。但是经济投入对交通产出的协同性逐渐下降，其中铁路与经济的协同性比公路与经济的协同性差。总体来看，京津冀地区交通运输业，尤其是公路运输和铁路运输与经济发展之间的协同性有提升的空间，北京、天津的交通运输基础设施相对比较完善，经济发展水平较高，为交通运输业的发展提供较多的资金支持，从而形成了两者融合发展。但是京津冀区域交通运输业与经济发展不均衡，各城市之间交通运输主要依赖于公路运输，铁路运输运力不足，经济发展水平也有很大差异，不利于交通运输业的可持续发展。基于此，建议加大公路运输投资力度，实现高等级公路区域全覆盖。由于公路运输网络分布广泛，相较于铁路运输具有一定的灵活性和直达性，每一个区域都可以实现互联互通，其在运输成本上也具有显著优势。京津冀地区各城市之间交通运输主要依赖公路运输，因此，进一步加大对高等级公路运输投资力度，提高公路运输能力，既可以为人民提供必要的生产生活条件，促进区域间物资的周转，又能为经济发展提供支撑，提高经济发展效率。

9.5.2 重视铁路运输设施建设

铁路运输具有承载量大、速度快、成本低等优点，但是对经济发展的影响具有滞后性，短期内很难实现经济效益。京津冀地区铁路的客货运量远不及公路运输，且增长乏力，因此，应重视区域间的铁路运输建设，高效配置铁路运输结构，充分发挥铁路优势，着力发展具有区域特色的高铁经济带。同时，破除区域之间的贸易壁垒，充分发挥铁路资源与经济资源的集聚效应和规模效应，使铁路沿线生产要素充分流通，扩大辐射范围。此外，通过建立经济与铁路的分工和协作机制，降低运输成本，实现京津冀地区经济发展与交通运输业向好发展。

9.5.3 调整交通运输结构

便捷高效的交通物流是现代化城市群形成和演进的必要条件。随着城际轨道的规划建设，以及国家高速铁路干线的运营，轨道交通网络在城市群发展和区域联系中发挥的作用较大，成为城际客运联系和支持城市群发展的主要交通工具。

在京津冀大都市密集区修建快速客运通道，使之适应城际间大客流的交通需要，并通过改善运营组织方式实现城际交通公交化。铁路通过开行小编组列车、高密度发车使之公交化。快速轨道交通系统建设会显著促进京津冀城市群交通物流网络布局优化，成为京津冀一体化的良好基础。应加强综合交通运输体系，建设京津冀地区应充分利用重大国家战略政策，调整交通运输业结构，统筹推进公路、铁路、水运、航空、管道等基础设施建设。合理配置交通运输业投资在各地区、各门类基础设施上的分配比例，加大交通运输技术的研发投入和推广使用，逐步构建区域间互联互通、协调发展、资源整合、层次分明、一体化衔接的综合交通运输体系，提高交通投资整体效率，促进地区经济的发展。

9.5.4 重视区域空港发展

随着经济发展，京津冀城市群的航空运输需求迅速增长，机场体系的规划布局必须从整个地区考虑，为区域经济国际化服务。在需要建设的首都第二机场的选址方面，考虑到区域内人口和主要服务群体的分布以及中心城市的主要发展地区分布，第二机场选址于经济活跃、城镇密集的北京东南方向（京津走廊上），与区域城镇空间布局良好结合，形成交通基础设施带动城市空间布局发展、同时城市布局支持机场高效率运行的局面，并通过机场选址和建设推动区域协调机制的建立。在北京第二机场建成投入使用前，加强了首都机场与天津机场的协作与分工，进一步发挥天津机场的作用，缓解了首都机场运力紧张局面。同时还加速推进了石家庄、唐山、秦皇岛等河北境内主要空港的扩展进度。

9.5.5 增强城际交通能力

优先发展城际轨道交通，应根据城市群交通发展趋势，逐步形成以轨道交通为骨干的城市群交通网络体系。由于公路完成单位运输量消耗的能源、占用的土地和引起的环境污染多，更多地依靠公路运输来解决城市群快速增长的客运需求已难以为继。现有以公路为主的客运结构和线网规模难以满足客流密集地区的运输要求，建设城际轨道交通网是建立资源节约型和环境友好型现代化运输体系的需要。北京与河北省11个设区市的距离，除邯郸和邢台外，其余均在300公里之内，如果开通城际轨道交通，1小时即可通达。城际轨道交通主要为京津冀城市群客运联系服务，其布局需要考虑整个区域的城市和产业分布。从面向公共交通的土地布局和发展模式（即TOD模式）来看，城际轨道交通轴是城市形态发展轴线，可以引导京津冀城市群空间形态演变。随着北京与周边河北省重要城镇的联系加强，应根据周边城市的承载力、发展阶段和北京城乡一体化进程，考虑将北京地铁延伸到周边的河北省城镇，以期通过交通改善推动共同发展。

9.5.6 构筑京津冀城市群区域交通中心

在京津冀城市群加速一体化的背景下，有必要建立以多式联运为主要内容的综合交通网络，其中区域交通中心作为综合交通枢纽而成为规划建设重点。该中心可使城市群交通网络得以协调和整合，也将使京津两地城市交通与对外交通的职能得以优化和疏解。设想中的城市群综合交通枢纽应位于京津冀北地区的中心位置，形成包括北京新机场和高铁车站在内的交通核，并附属有长途汽车站、停车场等配套设施。鉴于北京航空、铁路运输枢纽的地位，有相当部分是来自北京周边地区的中转旅客。由于对外交通职能很大程度上仍依赖于市中心的集散，从而加剧了交通拥堵。如果未来的高速铁路全部引入市中心，会给北京的城市交通带来巨大压力。为避免大量中转客流集中在市中心换乘，也为了避免所有通过高速列车均需绕行北京市中心铁路枢纽的弊端，可考虑在京津结合部规划建设涵盖高铁客运、国际航空综合职能的区域交通中心，满足整个城市群的需求。

9.5.7 渤海湾西岸港口资源整合与协同发展

津冀沿海港口面向海内外，覆盖“三北”地区，内陆腹地广阔，需加强现代化集疏运系统建设，主要包括大秦、朔黄铁路扩能、新建煤运第三通道等。为减轻秦皇岛、黄骅港煤运压力，充分利用唐山港曹妃甸港区自然条件，应加快建设由蒙西经河北张家口、承德至曹妃甸港区的铁路第三煤运通道。通过积极建设铁路能源运输线路，扩张我国北方大宗物资区际集疏通道。

在具体运作中，不仅需要在集疏运线路方面加大跨区联合建设步伐，还需要在运输组织、运输代理等方面加强协作。津冀沿海港口所处的环渤海区域是我国港口较为集中的地区，密集分布着传统大港和数量更多但发展迅猛的中型港口，如津冀港口。京津冀应就城市群内港口开发利用问题进行专题研究和协商，力求在充分挖掘现有港口潜力基础上，构建渤海湾枢纽港海洋运输体系，拓展北京的出海贸易通道。陆向经济腹地的交叉重叠使得邻近各港必须清晰辨识港口区域垄断与竞争的关系，并将对抗性竞争演进至合作性竞争。面对周边港口的激烈竞争和资源整合带来的实力提升，作为枢纽港的天津港和作为市场新兴力量的河北省沿海港口，均需要依据自身优势进行科学的分工定位，通过资源整合与协同发展提高整个渤海湾西岸港口群的竞争力。

9.5.8 加大京津冀城市群交通物流网络化力度

构建布局合理的综合交通物流网是发展高效率的交通运输的

关键，要加大力度促进京津冀区域的协调发展，进一步优化完善京津冀城市群网格化的交通物流系统。应充分考虑各种运输方式的协调配合，确保交通物流网络职能分工明确、空间结构合理。京津冀城市群的空间布局已形成以京津轴线为核心，天津、唐山、秦皇岛等港为主要出海口，京津保、京津唐两个三角和京张、京承生态走廊为骨架，以渤海湾西岸为沿海开放型增长带的多层次城市体系。未来京津冀城市群空间布局将呈紧密型结构，交通物流网络构架要最大限度地连接区域内主要集散点，满足城市群密集需求。

京津冀城市群交通物流网络布局优化的基本原则应包括：（1）长远考虑，整体优化。京津冀城市群交通物流网络规划要考虑各种运输方式的现状与发展规模，以总体协调为基本依据。通过系统分析，从整体上进行宏观控制，减少建设决策的随意性与重复性（申康，2008）。（2）结合实际，量力而行。京津冀城市群内的经济和自然条件及交通网络现状差别较大，各地受到不同的因素和条件制约，而且这些条件还会不断变化。因此，交通物流网络布局必须基于本地实际，一次规划、分期实现，不但要保证适应城市群需求，还应审慎可行。（3）能力充分，衔接顺畅。要求城市群内各城市之间尽快形成有效连接，强化城市间以及通向外部的便捷连接。除继续畅通省际综合运输大通道，全面增强与周边邻省的联系，还应重点突出京津冀城市群内部的交通物流联系。

北京作为全国政治中心及最大的陆路交通和航空运输枢纽，大量的客货流中转集散到北京的状况不会有根本性的改变。对北京辐射系统的建设只能优化调整，重点建设京沪、京沈、京广等综合运输通道。按照“强化路网骨架、畅通省际通道、调整运输结构、密切方式衔接、增强运输能力”的总体思路，促进客运快速化、货运物流化的智能型综合交通体系长期战略目标的实现。

9.5.9 京津冀交通物流优化建议

1.充分认识推进重点区域交通运输统筹发展的重大意义

中共中央、国务院印发的《国家综合立体交通网规划纲要》，部署推进京津冀、长江经济带、粤港澳大湾区、长三角、黄河流域、成渝地区双城经济圈、海南自由贸易港等重点区域交通运输统筹发展，为交通运输支撑实施区域战略提供了科学指引，必须准确把握，全面落实。交通运输是区域经济社会发展的动脉，是区域战略实施的基础和先导。城市建设、经济发展，交通要先行。

推进重点区域交通运输统筹发展，是实施区域战略的重要举措，是构建现代化高质量国家综合立体交通网、加快建设交通强国的内在要求，也是适应我国人口和产业向优势区域集中、发挥各区域比较优势、构建我国高质量发展动力系统的必然选择，对于立足新发展阶段、贯彻新发展理念、构建新发展格局十分关键。

2.准确把握推进重点区域交通运输统筹发展的历史方位

近几年来，在党中央、国务院坚强领导下，在交通运输行业的共同努力下，重点区域交通运输发展取得了明显成效。京津冀地区基本形成了以“四纵四横一环”运输通道为主骨架、多节点、网格状的区域交通新格局，雄安新区对外骨干交通路网基本建成，交通一体化率先突破示范效应逐步显现。

然而，伴随着区域战略的深入实施，与构建现代化高质量国家综合立体交通网、加快建设交通强国要求相比，重点区域交通运输发展还存在一些问题。京津冀、粤港澳、长三角、成渝地区建设国际性综合交通枢纽集群任重道远，交通运输国际竞争力和影响力亟待提升。

3. 全面落实推进重点区域交通运输统筹发展的任务要求

要推进重点区域交通运输统筹发展，坚持以服务大局为首要，超前谋划、系统设计综合交通运输体系，优先保障落实国家战略意图，科学匹配高质量的国土空间布局和支撑体系。

坚持以一体融合为路径，强化区域交通设施联通、服务衔接、资源共享、市场统一，发挥各运输方式相对优势和组合效用。坚持以创新发展为动力，在转变发展理念、变革发展模式上先行先试，广泛推广新技术、新业态、新产品，形成交通运输高质量发展样板，建设人民满意交通。坚持以深化改革为保障，着力破除制约各类交通要素高效便捷流动的体制障碍，健全协调机制，促进规划、政策、法规、标准统一，率先推进一批重大改革举措落地见效。

当前及今后一段时间，要把握区域特色，因地制宜逐步推进。深化推进京津冀地区交通基础设施建设、运输服务水平提升、管理政策协调。建设"轨道上的京津冀"以及世界级港口群、机场群，构建世界一流交通运输体系。高标准、高质量建设雄安新区综合交通运输体系，提升北京城市副中心对外联通水平，完善冬奥会交通运输保障体系。

9.5.10 京津冀协同发展低碳交通问题改进措施

1. 有效的低碳交通系统是地区经济社会可持续发展的有效保障

低碳经济背景下，交通作为国民经济和社会发展的重要基础产业、先导性和服务性行业，同时也是能源特别是石油消费和温室气体排放的重点领域，节能减排与低碳发展责任重大。京津冀区域作为我国北方重要的经济增长极，其范围覆盖首都北京、直辖市天津及北方重要的工农业基地河北，区域交通优势十分显著。构建科学、客观的区域低碳交通评价指标体系，应综合考虑区域经济、交通、环境、能源消费特点，使战略目标制定与区域交通规划、能源规划紧密联系。

2.建立京津冀区域低碳交通五维平衡计分卡模型

根据京津冀区域经济、交通特点，并凸显交通系统绩效评价指标体系中的环保、低碳因素，创新性地增加了“环境与能源”维度，与传统平衡计分卡的其他4个维度共同构成新的五维平衡计分卡模型，建立京津冀区域低碳交通评价指标体系的战略框架。模型中，考虑交通主管部门的组织性质，以“利益相关者”代替顾客维度，以“交通发展”代替财务维度。五维平衡计分卡突出反映了交通的低碳性，强调交通与环境、能源的协调。京津冀区域低碳交通五维平衡计分卡模型如图9-1所示。添加“环境与能源”维度的五维平衡计分卡设计应符合京津冀三地交通主管部门的组织特点，符合区域低碳经济、低碳交通的发展要求。作为政府职能部门之一，京津冀三地交通主管部门全面贯彻中央方针政策，依据交通运输部提出的“绿色交通发展蓝图”战略规划指导思想，制定区域交通运输领域规划，并且综合考虑北京、天津、河北三地能源规划和节能规划，结合地区行业发展的阶段性特征和发展目标，在重点领域和关键环节集中发力，从交通运输结构优化、组织创新、绿色出行、资源节约、装备升级、防治污染、生态保护等方面着手，促进区域交通低碳化、地方经济绿色化发展。依据区域交通低碳发展战略使命，制定区域低碳交通平衡计分卡模型中的五个维度及具体指标，并落实到具体行动中，绩效指标完成的结果能够实现对三地交通主管部门使命的评价、修正。

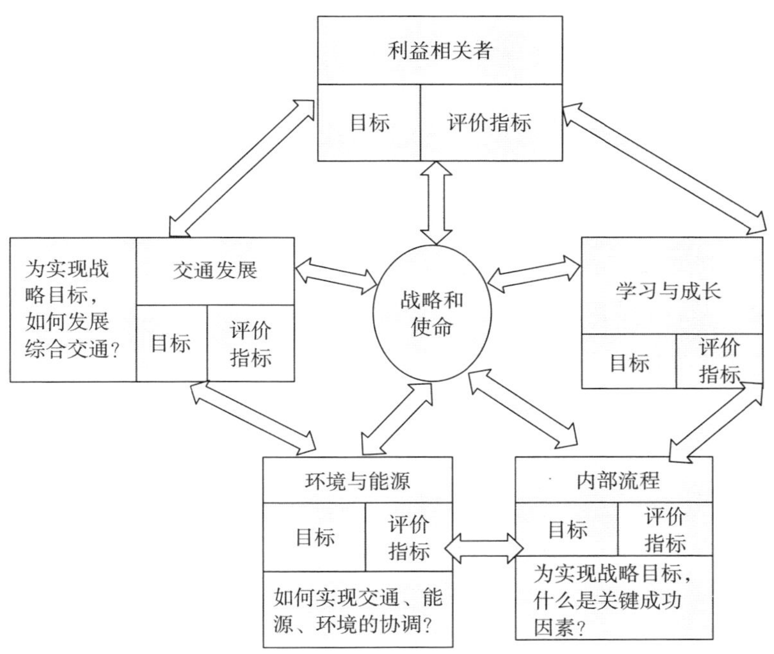

图9-1 京津冀区域低碳交通五维平衡计分卡模型

京津冀区域低碳交通五维平衡计分卡模型构建了三地低碳交通评价指标体系的战略框架，但是缺乏对低碳交通指标体系具体、系统而全面的描述。

综合分析北京、天津、河北三地的综合交通运输规划、节能规划以及能源规划，在京津冀区域低碳交通评价指标体系的战略框架下，针对区域低碳交通平衡计分卡模型的五个维度，设计五个战略目标，即加强三地交通系统能力建设，提升三地交通服务水平，提高区域交通技术含量和信息化水平，建设三地绿色、低碳交通系统，提高区域交通安全和应急能力。

为实现上述战略目标，将交通发展、环境与能源、学习与成长、内部流程及利益相关者五个维度展开，在不同的层面确定区域低碳交通评价指标体系及战略目标达成所必备的指标。

实现京津冀区域低碳交通平衡目标，建议遵循以下指标设计原则：

（1）可持续发展原则。基于平衡计分卡设计区域低碳交通指标，把握三地实际交通水平与经济投入的平衡，明确经济、交通、环境、能源领域的平衡发展，分析制约北京、天津、河北交通低碳化发展的主要问题。通过建立可持续的京津冀区域低碳交通绩效评价指标体系，约束地方交通管理部门行为，防止损害公众利益和生态环境。

（2）平衡性原则。北京、天津、河北三地交通主管部门作为公共服务部门和地方行政机构，在行使交通管理职能时应考虑多方因素，照顾各方利益相关者的需求和利益取向。因此，在设计指标时，既要兼顾三地交通、经济、环境、能源等各方协调发展，又要兼顾长期、中期与短期指标的平衡。

（3）利益相关者价值导向。对于北京、天津、河北三地交通主管部门而言，利益相关者即服务对象包括交通系统的各类参与者，包括运输系统的用户和不直接参与运输系统的公众。指标制定时应坚持“以人为本”，谋民生之利，解民生之忧，创造便捷、高效、低碳、舒适的京津冀区域交通环境。

3. 构建评价体系维度

遵循平衡指标设计原则，将京津冀区域低碳交通五维平衡计分卡模型展开，即将交通发展、环境与能源、学习与成长、内部流程及利益相关者五个维度展开，在不同的层面确定区域低碳交通评价指标体系及战略目标达成所必备的指标。

（1）利益相关者维度。区域低碳交通系统的目标是实现北京、天津、河北三地地交通系统低排放、低能耗运行，实现地方社会、经济、环境的最大综合效益，称之为一般客户效益，并将其作为区域低碳交通五维平衡计分卡模型的利益相关者维度。京津冀区域作为环渤海地区十分重要的经济发展区域，涵盖港口、高速公路、铁路、航空、城际轨道等交通方式，同时作为服装、钢铁、高新技术、汽车等产业的重要经济腹地，因此，区域交通系统利益相关者包括三地运输系统的用户，还包括不直接参与运输系统的行业和公众。利益相关者维度的区域低碳交通绩效评价，不仅要关注用户和公众对系统的满意度、交通基础设施的空间利用，而且要满足经济社会发展需要和区域可持续发展需求。

（2）交通发展维度。交通发展，涵盖综合交通产业的发展，包括北京、天津、河北三地综合交通系统的建设、运营等。为实现区域低碳交通系统建设的战略和使命，三地交通运输部门应不断加强交通基础设施建设、强化运输功能与交通管理职能，依据《京津冀协同发展规划纲要》的要求，构建三地快速、便捷、高效、安全、大容量、低成本的互联互通的一体化综合运输网络，提升区域内运输服务水平，实现区域交通协同发展的目标。此外，强调提高交通安全能力、应急保障能力，提高低碳、集约发展水平。

（3）环境与能源维度。作为碳排放和能源消耗大户的交通运输业，其低碳发展水平直接关系到区域经济、环境与能源的可持续发展水平。交通运输部2017年发布的《关于全面深入推进绿色交通发展的意见》提出，到2035年，形成与资源环境承载力相匹配、与生产生活生态相协调的交通运输发展新格局。在平衡计分卡中，添加“环境与能源”维度，能够反映京津冀三地综合交通系统的低碳化程度，直接从环境污染和能源消耗角度构建评价指标。

（4）内部流程维度。合理高效的内部流程是提高组织绩效水平的重要保障。建设京津冀区域低碳交通系统应完善三地交通主管部门内部管理流程，坚持科学性、合理性和合法性，加强三地交通信息网络建设，提高交通服务的质量和效率，提升交通管理能力，提高民众满意度。京津冀区域乃至全国低碳交通系统的研究和建设尚处于初级阶段，如何有效地规划、设计、建造、运行和管理该系统，是交通部门十分关注的问题。

（5）学习与成长维度。京津冀三地区域低碳交通系统的学习和成长有助于改进流程，而流程的改进有助于发展三地低碳交通系统，进而更好地实现所有综合交通系统相关者的利益。区域交通系统创新能力、三地交通部门员工满意度、知识和信息系统建设对于学习与成长十分重要。关键绩效指标是在进行绩效评估时具有决定性作用的指标，用以量化评估目标达成的效果。

应用关键绩效指标方法，针对京津冀区域低碳交通平衡计分卡模型五个维度，从易于量化、对京津冀地低碳交通绩效具有关键提升作用、区域交通系统参与者能够考核三地低碳交通系统运行表现及未来提升空间等角度衡量，从京津冀区域低碳交通指标体系的15个指标中筛选出7个关键指标，建立京津冀区域低碳交通平衡计分卡关键绩效指标体系（如图9–2所示）。

低碳交通系统的建设和管理涉及多个交通部门，对京津冀区域低碳交通系统评价指标体系构建的研究，有助于公路、铁路、水运、航空等领域的综合协调发展。通过低碳交通评价体系的建立和完善，能够将短期目标与长期目标结合起来，将长期计划与短期工作紧密结合。通过平衡计分卡模型的五个维度设计，理顺系统的输入、过程、输出和结果之间的关系，体现平衡计分卡的逻辑联系和平衡原则。平衡计分卡方法强调将战略目标转化为行动计划，注重组织内部与组织之间的协调，强调科学地评估组织工作绩效的方法。区域低碳交通评价指标体系的建立，有助于交通主管部门明确职责、理顺工作流程、评估工作绩效和提高战略目标执行力。同时，平衡计分卡模型描述了各部门的目标，有助于部门之间的信息传递，改善交通主管部门的执行能力和效率。

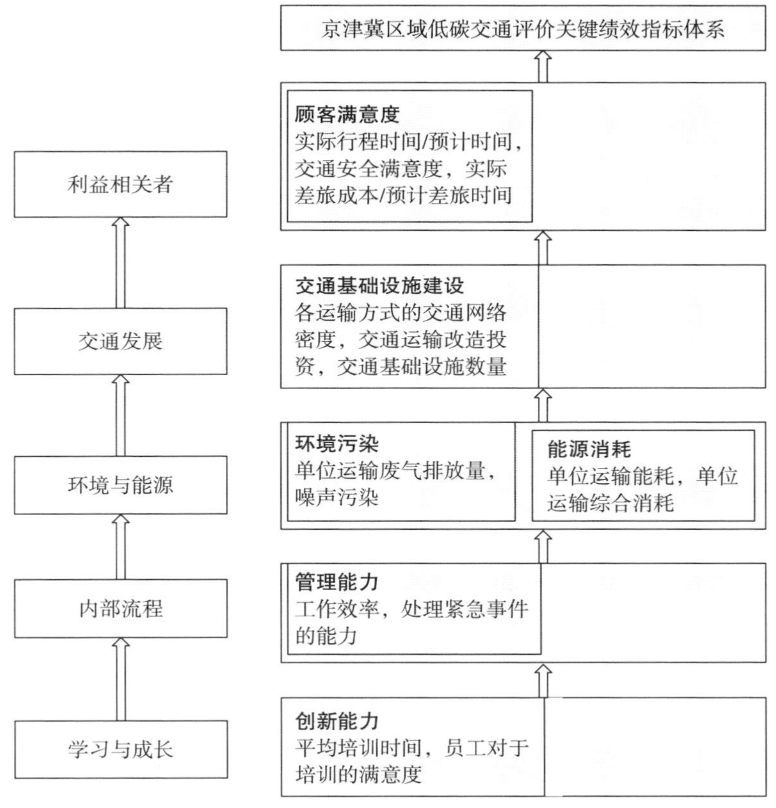

图9-2 京津冀区域低碳交通平衡积分卡关键绩效指标体系

10 京津冀协同发展的其他资源环境

10.1 京津冀区域水资源环境

10.1.1 京津冀区域水资源概况

京津冀地区属于水资源严重匮乏地区，人均水资源拥有量远低于全国平均水平。随着经济的快速发展和人口的流动聚集，尤其是北京、天津两地人口较为集中，区域内用水量急剧增加，水资源供不应求。工业化和城镇化的发展以及人口的集聚，给水资源承载带来压力。例如，2016年，京津冀地区水资源总量为262.3亿立方米，仅占全国的0.91%。其中，北京、天津和河北的人均水资源拥有量分别为161.6立方米、121.58立方米、279.69立方米，远低于全国人均水资源占有量2 074.53立方米（如图10–1所示）。

我们以2007—2016年京津冀水资源总量为例，可以看出，各地区水资源总量近十年来变化趋势大致相同，2012年以前呈整体上升趋势，2012年以后各地水资源纵向波动较大，可能受当年降雨量的影响。

其中，北京、河北均是地下水资源高于地表水资源，2016年地下水资源总量分别为24.2亿立方米、133.7亿立方米，地表水资源总量分别为14亿立方米、105.9亿立方米；天津的地表水资源总量略高于地下水资源量，分别为14.1亿立方米和6.1亿立方米。

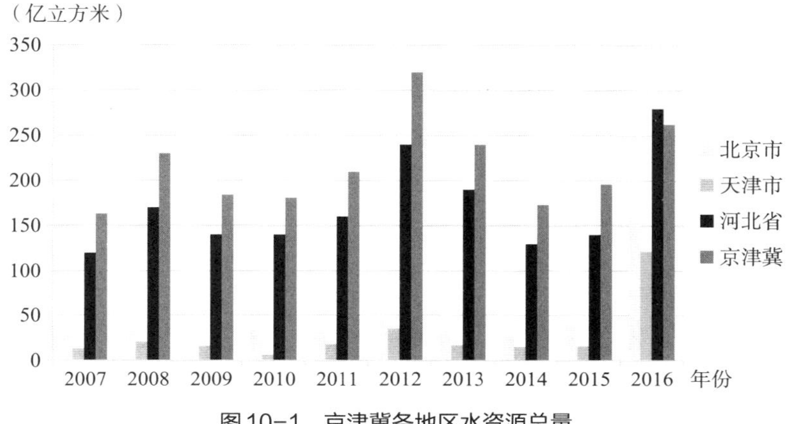

图10-1　京津冀各地区水资源总量

数据来源：国家统计局。

10.1.2　京津冀水资源环境统一化建设的必要性

（1）京津冀三地位于环渤海地带，其地域位置上相连，是一个完整的生态系统，具有较强的流域水系统相关性，因此，建立和完善具有权威性的跨行行政区的水资源保护和利用统一协调机构和机制十分必要。

（2）有利于京津冀区域经济发展。京津冀地区战略地位十分重要，党中央专门强调，实现京津冀协同良好发展，要着力扩大环境增容量生态空间，加强生态环境保护合作，明确提出要完善水资源保护和水环境治理机制。

10.1.3　京津冀水资源环境统一化建设情况

《2016年中国水资源公报》显示，2016年的年平均降水量，全国为730毫米，北京为660毫米，天津为622毫米，河北为596毫米，京津冀三地均低于全国平均水平。纵观历年降水量情况，京津冀区域降水主要有以下几个特点：总体呈下降趋势，年际变化大，时空分布不均，与生产力布局不相匹配，区域季节性缺水、地区性缺水等特点较为显著。

近年来，京津冀地区水资源总量持续下降，用水量增加，以不足全国的0.7%的水资源，承载着全国约8%的人口、6%的粮食生产和10%的GDP。长期以来，河道断流、地下水位下降、水体严重污染频现，很多地区甚至出现了“有河皆干，有水皆污”的情况，水资源问题成为京津冀地区最核心的问题，制约着京津冀地区可持续发展。

水资源总量决定了水资源的有效供给，是衡量一个地区水资源丰富程度的重要指标之一，人均水资源量决定了平均每个人所占有水资源量的多少，在一定程度上反映了一个地区可利用水资源的程度和水平。2014—2016年，京津冀三地区的水资源总量及人均水资源均略有上升（图10-2），但总体而言情况依然不容乐观。

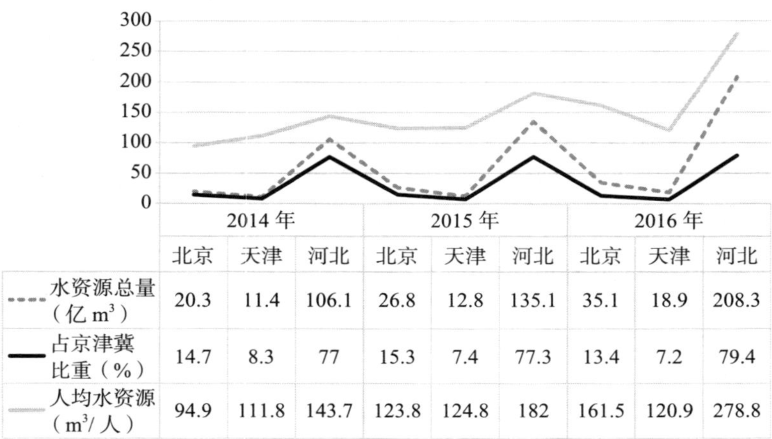

	2014年			2015年			2016年		
	北京	天津	河北	北京	天津	河北	北京	天津	河北
水资源总量（亿 m^3）	20.3	11.4	106.1	26.8	12.8	135.1	35.1	18.9	208.3
占京津冀比重（%）	14.7	8.3	77	15.3	7.4	77.3	13.4	7.2	79.4
人均水资源（m^3/人）	94.9	111.8	143.7	123.8	124.8	182	161.5	120.9	278.8

图10-2　2014—2016年京津冀地区水资源总量及人均水资源情况

数据来源：国家统计局。

由于河北省位于京津冀的上游地区，是京津的生态屏障和重要水源地，每年向京津大量供水，以解决京津两地人口高度密集的生活用水和经济发展的工业用水，北京、天津93.7%的居民生活用水供给保障依赖河北省。数据显示，河北供（用）水总量占京津冀供水总量的73.45%，说明京津两地很大程度上要依靠河北提供水源支持。河北省供水总量中有68.46%来自地下水源，而河北地区由于大量不科学超采地下水，地下水位逐年下降，造成了地面的沉降，水资源枯竭，水环境恶化，出现了地下水降落漏斗等一系列严重后果，不仅对城市防洪、防潮、排涝带来威胁，而且严重影响到京津冀地区的水资源和生态安全。

10.1.4 京津冀水资源环境存在的主要问题

海河流域多年平均水资源总量为295亿立方米，承载着大量人口和工农业的用水需求。近年来，虽然南水北调中线工程的开通为京津冀地区增加了水资源量，但仍不能满足区域发展需要。相关调查显示，京津冀对海河流域地表水资源开发利用率已达98%，流域天然地表径流较少，生态基流难以保障，部分主要河段出现季节性断流，河道自净能力差；加之流域内产业结构偏重，人口密度大，产生的大量生产生活污水虽得到有效处置，但污染物排放总量远超水体纳污能力，水污染问题依然严重。

由于京津冀三地政治经济文化发展水平差异显著，自然资源禀赋和所处的地理位置不同，认识问题、解决问题的方法方式各不相同，在水资源保护一体化进程中还面临一些亟待解决的问题。

1.京津冀区域水资源严重短缺

由于京津冀（特别是北京和天津）人口过于集中，区域内用水量急剧增加，而京津冀区域本身属于水资源严重短缺的地区之一，区域内水资源的占有率仅为全国的1%，京津冀土地面积为全国的2.3%，承载了全国8%的人口，每年创造的经济产值占全国的11%，水资源匹配度严重失调。

2.水生态环境退化严重

京津冀地区经济社会发展对区域内水资源消耗的速度远远大于水生环境的自净速度，这就造成了水生环境的持续退化。尽管近年来，京津冀地区为保护生态环境，出台了一系列政策，关停了一批环境不达标企业，但是京津冀区域内水生态环境持续退化的现状依然没有改变。例如，河北省中南部一些地区，河干、河污现象严重，同时，京津冀地区对水资源的过度开发致使地下水位下降严重，地表水污染，河口生态恶化，引发了一系列生态环境问题，水土流失问题依然严重，加之当前全球气候变化，京津冀三地水生环境退化的趋势难以遏制，特别是水污染问题已经大大削弱了本已是脆弱的水资源服务功能，这对于京津冀地区的环境及经济水平都有不同程度的影响。

3.水资源开发利用不平衡

由于津京冀所处的地理位置不同，其自然资源禀赋各有差异，加之经济社会发展水平不一，因此对水资源开发利用的目的、采取的方式方法以及意义也存在显著差异，表现为水资源调配及利用不平衡不合理的状态。

4.水资源利用制度不完善

要想实现京津冀水资源环境协同发展，就必须有统一有效的制度规范和规划布局作为指导。由于多年来京津冀三地已形成根据自身所需制定各地发展目标，统筹规划的缺失造成京津冀三地各自为政，同时对于水资源协同保护权责分工不明确，在水资源保护的方法、方式及目标方面存在分歧，进而导致京津冀水资源保护难度增大，难以实现协调发展，最终达到合理优化配置。

5. 水资源协同成效不佳

京津冀协同发展的一些规划政策虽然已经出台，但是水资源流域额整体性和行政区划的分割性的直接矛盾，致使京津冀三地产业结构和布局存在无序性，相关的涉水单位水资源管理和利用没有统一的标准和规划。对上游企业和下游企业没有进行统一的管理和调度，普遍存在流域内上下游水资源分配、保护和治理等问题。

另外，京津冀已经开展了一些水资源合作保护项目，但只是在部分领域，且多为自发性、阶段性的。由于三地长期形成的各自为政的模式难以被打破，各自认识观念不统一，致使合作运行起来举步为艰，速度较慢，成效不显著，尤其是缺少国家战略高度的统筹规划和合作平台，缺少高效的合作机制和持久的长效机制。

6. 水资源资金保障不够

水资源协同保护需要大量的资金作为基础支撑，经费短缺，成为制约京津冀水资源统一管理的重要因素。从合作意向提出到达成合作共识并付诸实施，开展合作的协调成本较高。从目前京津冀水资源合作的经费来源看，北京市只依据《21世纪初期首都水资源可持续利用规划》向河北省拨付一定的经费，其他经费主要通过一些项目合作进行拨付，但经费十分有限。而京津冀水资源协同府际合作的有效开展，对经费需求巨大，加之三地经济实力不同、发展极度不平衡，仅靠三地政府协商解决经费的保障问题，难度非常大，迫切需要从国家层面提供政策保障。建立切实有效的资金渠道、合理的投融资模式，提供必要的经费扶持，建立科学的经费运转制度，对于加快推进京津冀水资源一体化府际合作进程具有重要意义。

10.1.5 京津冀水资源环境优化建议和措施

1. 建议

（1）打破京津冀三地之间的属地界限。京津冀三地水资源开发保护与水环境治理的标准不一，水利基础设施、水资源调控和管理标准等方面也存在不同程度的差别，实现京津冀地区协同发展需要多项水资源开发保护和治理标准并轨。京津冀三地应首先以整个流域的利益作为出发点进行水资源开发和利用，针对京津冀地区水资源现状，京津冀地区水资源环境统一化建设必须转变用水方式，采用生态文明建设理念、思路、方法、方式，解决当前面临的水资源、水生态、水环境等问题。

（2）建立健全与水资源承载能力相协调的经济结构体系。按照京津冀区域水资源特点和承载能力，建立健全区域经济结构体系，规范用水标准，建立用水原则，形成水资源、环境承载力、产业布局与区域经济结构相适应的协调体系。通过加强保护水资源和维护环境和谐的环保节水观念，控制用水量和污水排放量。水资源匮乏区域应不断调整产业结构，整改污染项目，而水资源丰富的区域应该严格控制水资源的使用量和排放量，防患于未然，合理利用水资源。

（3）建设京津冀水资源信息管理系统。建设完善京津冀水资源的信息管理系统，为水资源的保护和应急提供更准确的信息，以便统筹调配水资源。同时，建议通过加强区域信息共享和经济协作，合理开发和利用水资源，建立统一的水资源管理系统，借助协作共享平台，监管水资源和水环境的动态变化，为京津冀水利协同发展提供更科学的依据和支撑。

（4）建立水环境区域补偿制度。由于京津冀地理位置的特殊性，河北省在京津冀协同发展中起着重要的作用，为北京和天津地区的用水提供了一定的保障，因此需要建立更加公平的合理的区域补偿机制，以确保区域的协同发展。

（5）加强水资源保护执法联动机制。尽管国家高度重视京津冀的区域协同发展，然而这三个地区的发展关系错综复杂，需要多部门合作、多企业合作、产学研合作，只有制定相应的法律法规，才能保证在实施过程中有的放矢。环境监测部门和水利部门等政府部门需要通过建立联动机制，有效配合、信息共享、共同监督，实现京津冀水资源一体化治理工作的高效运行。

（6）引导公众依法参与水资源环境保护。近年来，公众参与环境保护的热情日益高涨，公众依法参与水资源保护的前提是有法可依。在环保方面出台相应的制度和法规和举措，丰富我国的环境保护和相关法律、法规，有利于法律体系的不断健全。

2.既有举措

近年来，京津冀在区域水污染防治方面采取了一些协同措施：

（1）建立水污染协同治理机制。国家有关部委牵头成立了京津冀及周边地区水污染防治协作小组，三地签署了《京津冀水污染突发事件联防联控机制合作协议》，建立环境执法联动工作机制，发布《京津冀重点流域突发水环境污染事件应急预案》，开展水污染防治联合督导检查和渔政联合执法行动，进行突发水环境污染事件应急演练。

（2）实施流域协同治理。三地签署了《京津冀区域环境保护率先突破合作框架协议》，针对永定河、北运河、潮白河等重点河流水污染问题制定了《京津冀协同发展六河五湖综合治理与生态修复总体方案》，旨在共同改善流域生态环境。

（3）推进流域横向生态补偿。在生态环境部、财政部等部委的指导下，京冀建立了密云水库水源涵养区生态补偿机制，津冀签订了《关于引滦入津上下游横向生态补偿的协议》，补偿资金主要用于支持上游河北张承地区开展水环境治理、水生态修复及水资源保护等工作，清除了密云水库上游、引滦用水主要污染源，有效保障了密云、潘家口两大重要水源地安全。

京津冀地区是国家目前高度重视的发展区域，由于其地理位置的特殊性和经济协作发展的时代要求，因此京津冀水资源统一配置格局是京津冀协同发展的关键环节。需要通过对京津冀水资源情况的整体研究和分析，从京津冀水资源信息管理系统、水资源管理制度、区域经济结构体系、政府辅助作用以及区域合作等角度找出相应的治理对策和措施，进而完善水资源养蓄用治，发挥水利在京津冀协同发展中的引导、支撑以及保障作用，着力打破水资源利用和开发瓶颈制约，从而不断提高区域水资源治理的安全保障，形成京津冀水资源一体化配置新格局，为其他地区的水资源区域发展提供相应的借鉴作用。

10.2 京津冀区域能源资源环境

10.2.1 京津冀区域能源资源概况

京津冀地区位于环渤海地区的中心，是我国北方人居环境重要保障区，是华北平原和环渤海地区的重要生态屏障区，也是我国最重要的矿产资源开发基地和能源供给基地。党中央、国务院高度重视京津冀地区发展，2015年6月发布的《京津冀协同发展规划纲要》明确了地区的协同发展、地区内矿产资源的协同开发是其重要组成部分。对京津冀区域内矿产资源进行合理的开发利用，优化矿业结构和矿山布局，是保障地区内生态环境及生态屏障建设的客观需求，也是促进国民经济可持续发展，社会全面、协调进步的必然要求。

京津冀地区能源和矿产资源种类丰富，主要能源包括煤炭、石油和天然气等。其中，河北省的矿产资源不仅种类较多，已探明的矿产有156种，而且储量丰富，有39种矿产储量居我国大陆省份前五位。天津市内已发现的燃料矿、金属矿和非金属矿有20多种，储量1.8亿吨，金属矿主要有锰、锌、铁等，非金属矿有石灰岩、重晶石、大理石等，均具有较高的开采价值。北京市的矿产种类有67种，其中有44种被列入国家储量表。

京津冀地区煤炭储量结构如图10–3所示。从图10–3可以看到，京津冀地区主要的能源中，河北省的煤炭储量最大为43.27亿吨，占比达89%。但是从全国来看，煤炭储量为2 492.3亿吨，京津冀地区仅占全国的1.96%。因而需要在经济发展的过程中，注意对能源的合理利用，同时开发利用新能源，如利用地热资源、风能资源、太阳能资源等。

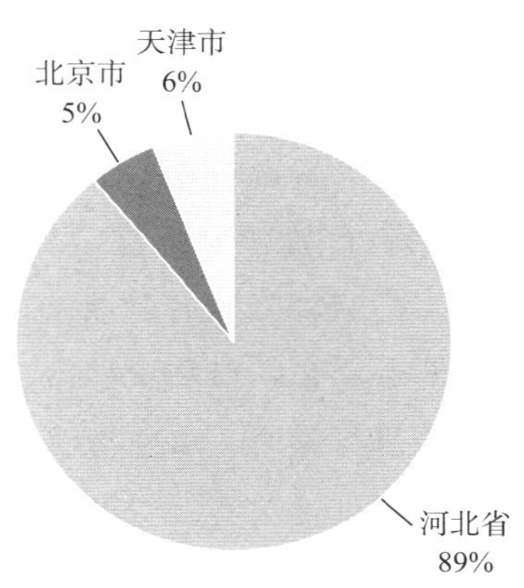

图10–3　京津冀地区煤炭储量结构

数据来源：国家统计局。

10.2.2 京津冀地区能源情况对比

京津冀地区能源情况对比见表10–1。

表10–1

京津冀地区能源情况对比（2013年）

能源	北京	天津	河北省
石油储量（万吨）	较少	3 005.6	26 422.2
天然气储量（亿立方米）	较少	274.3	317
煤炭储量（亿吨）	3.9	3	42.5
铁矿储量（亿吨）	1.5	较少	27.3

数据来源：国家统计局。

从表10–1中可以看出，天津市和河北省的能源资源较为充足，这为京津冀地区产业的开发提供了有利的条件。首先，从能源消耗比例看，北京的能源消耗所占的比例较低，但是在服务业主导的科技、金融、商贸、文化等产业集群优势极为明显，这些都集中于中关村、CBD、王府井等高科技产业群中。天津则以制造业为主，其有利的资源有充足的石油资源和天然气储存量；河北省的丰富的铁矿资源则促进了其钢铁行业的发展。其次，从资源类型来看，京津冀城市群拥有5座资源型地级城市，即唐山、邯郸、邢台、张家口和承德市，因此资源类型城市可以对非资源型城市进行整合，将能源资源的运用效率最大化。利用城市群的空间邻近性优势，对各个地区的能源资源进行整合及合理利用，最终能够发挥京津冀地区能源优势；如何在空间邻近的城市中将能源进行有效的整合和提高能源效率则是研究的重点。

10.2.3 京津冀地区矿产资源开发利用情况

京津冀矿产资源丰富，例如，截至2013年，共探明矿产151种，查明资源储量的120种。矿产种类齐全，铁矿、金矿、煤矿以及化工、建材等诸多资源均有分布，其中铁矿占全国总量的14.31%，主要分布在河北境内，储量占到区域整体的97%。

京津冀区域内富矿少、贫矿多，金属矿山以中小型私营矿为主，国有大中型矿山企业较少。统计结果显示，矿山企业中的大型矿产北京、天津、河北分别有202个、421个、3 817个，小型矿产北京、天津、河北分别有47个、114个、245个。

另外，京津冀矿产资源开发企业呈现集聚分布特点，总体来讲，可划分为三大区，即以承德—秦皇岛—唐山为主的东北企业分布圈，以张家口—保定为主的西部企业分布圈，以及以邢台—邯郸为主的南部企业分布圈。北京市、天津市以及河北东南部地区（如沧州市、衡水市以及廊坊市等）的矿产开发企业较少。其中，铁矿开采企业数量最多，为1 471家，唐山市分布有855家，承德市分布有372家，其次为煤矿开采，地区内数量为145家，邯郸市最多，为66家，其次为张家口市，为26家。

京津冀区域多年的矿产资源开发，促进了各种经济类型矿产企业的蓬勃兴起，极大地促进了区域内矿业和社会经济发展，但由于前期预防与后期治理措施不恰当，造成了生态环境严重破坏和污染、生态系统功能退化、部分森林受到破坏、湿地萎缩、河湖干涸、水土流失严重等一系列生态环境问题，尤其是近几年的雾霾，对居民的生产、生活造成了严重影响。

此外，矿产资源开发导致的生态修复历史遗留问题也相当严重。河北境内，矿山企业直接占用、破坏土地约5.8万公顷，积存固体废石、废渣、尾矿堆达7 000多个，存量达18亿吨，其中金属矿山开采所产生的废弃渣料约占98%。目前，除唐山、邯郸、承德等市的大中型矿山企业基本能做到对矿产资源开发进行环境防护和后期治理外，大量的中小型矿山个体企业普遍存在随意丢弃等问题。

京津冀区域有3个能源矿产开发基地、6个国家规划开发矿区、2个对国民经济具有重要价值开发矿区以及11个矿山地质环境重点治理区。其中，能源矿产开发基地包括渤海湾油气能源基地、冀中煤炭能源基地、河北冀东黑色金属矿产基地；国家规划开发矿区包括开滦矿区、邯郸矿区、邢台矿区、峰峰矿区以及平原矿区等5个国家煤矿规划矿区，以及冀东司家营矿区1个铁矿规划矿区；对国民经济具有重要价值开发矿区包括河北秦皇岛青龙铀矿区、河北张家口沽源铀矿区；矿山地质环境重点治理区包括天津蓟州区，河北石家庄市井陉矿区，唐山市的古冶区、滦县，秦皇岛市的抚宁区、青龙满族自治县、昌黎县，张家口市的宣化区、下花园区、怀来县，廊坊市三河市。矿产资源开发以煤炭、石油、矿石以及有色金属开发为主。其中，南部邯郸—石家庄—邢台区域以煤炭和金属矿产开发为主，矿石和陶土开采为辅，北部坝上地区以褐煤、浮石、萤石以及玄武石等矿石开采为主，东部秦皇岛—唐山地区则以煤炭开采为主，有色金属和矿石开采为辅。

10.2.4 京津冀区域矿产资源环境存在的问题

1.矿产资源开发与生态功能区重叠

《京津冀协同发展环境保护规划》中，根据区域生态环境特点，将其空间范围划分为三大生态功能区，包括坝上高原风沙防治区、太行山山地水源涵养与水土保持区以及燕山山地水源涵养与水土保持区。京津冀地区现有矿产开采企业与生态功能区相冲突，集中分布上述三大区域。

其中，坝上高原风沙防治区零散分布有10余家铁矿、黏土及其他沙土采选等企业；燕山山地水源涵养与水土保持区以铁矿及煤矿采选企业分布为主，并在秦皇岛与唐山市交界处聚集；太行山山地水源涵养与水土保持区矿产开发企业则以铁矿开采为主。近期规划中的国家规划矿区——井陑矿区、邢台矿区、峰峰矿区等也均与太行山山地水源涵养与水土保持区毗邻；对国民经济具有重要价值矿区——河北张家口沽源铀矿区和河北秦皇岛青龙铀矿区，分别分布在坝上高原风沙防治区和燕山山地水源涵养与水土保持区。

集聚分布的矿产资源开发已对区域内生态功能造成严重影响，近期规划中局部性的矿产开发不可避免地会引发规模性开发建设行为，进一步影响生态功能区内的防风固沙、水土保持、水源涵养、生物多样性维护等功能，增加生态恢复压力，使京津冀地区面临严峻的生态维护挑战。例如，受长久以来的开采技术以及开采人员思想观念的影响，京津冀区域内开矿过程中产生的废水和废液大多直接排放到地表水体中，严重破坏水系，影响了矿区周围的生活、生产及农业用水，并对土壤、农作物、植被和生物造成一定程度的破坏；一些不规范的矿山为了降低尾矿处理成本，直接将尾矿砂倾倒在河道、路边，形成较大的面源污染，并危害到防洪安全；近期矿产资源开发规划布局与陡河水库、临城水库、彰武水库、潘家口水库、密云水库以及官厅水库等均存在空间交叉，采矿过程中会进一步对相关水域构成严重生态威胁。京津冀矿产资源开发集中区，与区域自然生态资源所在地交织在一起，大规模开发活动会在很大程度上改变动植物的生活环境，威胁动植物的生存，对矿区的生物多样性也将产生深远的影响。此外，矿产资源开发产生的废水和废弃物造成了生态平衡的失调和生物多样性的损失与破坏。

2. 山区开矿加剧区域水土流失和荒漠化

京津冀区域呈现明显的以北京行政边界为分界线的西北高、东南低的地势分布特点。依据海拔高度对京津冀地区进行高程划分，分别为<500m、500~1 500m、>1 500m。京津冀地区矿产资源开发在>1 500m的高海拔山区，如张家口坝上地区以及承德围场满族蒙古族自治区和隆化县集聚分布，存在11个铁矿开发和2个煤矿开发；中海拔以及低海拔区域面积相差不大，但中海拔区域内矿产资源开发规模及数量呈现明显优势。由此可看出，京津冀地区矿产资源开发在高海拔地区，即山区分布优势明显。集中于山区的矿产资源开发活动，包括采矿工作地面的植被剥离、各项配套设施（火药库、工业场地、道路、运矿设施）的占地、取土和弃渣等，对土壤扰动、地表植被造成破坏，改变原有土地类型，降低土壤的抗侵蚀能力，加剧水土流失。

近期京津冀规划中，对国民经济具有重要价值矿区——河北张家口沽源铀矿区和河北秦皇岛青龙铀矿区，均分布在高海拔地区，峰峰煤矿、开滦煤矿等也均与中海拔地区毗邻。受区域特点限制，地区内矿产资源开发企业多为露天采矿，开发模式粗放，选矿过程中采主弃副、采富弃贫、重采轻掘，产生的尾矿石随意堆积，占用和破坏了大量矿区土地。此外，矿产资源开发不可避免地会砍伐森林植被，进一步破坏、占用林地、草地等有植被覆盖的土地，这都将促使矿山废弃地逐渐向水土流失和荒漠化重灾区演变，如秦皇岛、邢台、邯郸等市均已显现明显的水土流失状态，张家口西北方向水土流失也呈现明显增强状态，极强区域均与矿产资源开发规划区毗邻。

3. 京津冀地区矿产资源开发存在生态风险

京津冀区域内矿产资源开发对生态环境的影响具有中长期、累积性、胁迫性等特点。近期矿产资源开发极易产生生态破坏、环境污染、资源浪费、监管难等诸多问题，并将对区域构成极大的生态风险。

作为国家重要的战略资源和能源资源，铀矿能够为核能的开发提供物质保障，但张家口沽源铀和秦皇岛青龙铀的大规模开采与开发必然会对矿山及周围的环境造成污染，损害矿山工作人员和附近居民的身心健康，构成生态风险。

京津冀区域内存在生态风险高发区域和较高发区域。以区域内县域行政边界为空间划分界限，京津冀区域内生态风险高发区，主要包括天津市滨海区、承德市宽城满族自治县、邯郸市武安市、秦皇岛市青龙满族自治县、石家庄市赞皇县、邢台市临城县和内丘县、张家口市沽源县、唐山市迁西县。对应区域内密集分布了已有的矿产开发企业，并基本囊括了近期矿产资源开发的众多矿区，如开滦矿区、峰峰矿区、冀东司家营矿区等；区域内矿产资源开发及其加工业的发展会导致区域内水土流失、石漠化、地质滑坡、地下水污染以及土壤重金属污染加重等生态环境问题，构成严峻的生态风险。生态风险较高发区，主要包括沧州市黄骅市，石家庄市栾城县和元氏县，唐山市迁安市、市辖区以及遵化市。对应区域内散布着京津冀区域内已存在的矿产开发企业，而近期（2020年）矿产开发强度较低，但因其生态环境较为脆弱，加之矿产资源开发历史遗留问题较为严重，使其近期矿产资源开发及生态修复面临严峻挑战。

10.2.5 京津冀矿产资源环境优化措施

加强矿产资源开发区生态环境保护及治理工作显得十分重要。对京津冀地区矿产资源开发引发的生态问题进行防治，可根据生态功能区特点，推行差别化的生态维护对策。

（1）燕山山地水源涵养与水土保持区。应以生态维护为主，优化矿山布局和矿业结构，设定严格准入条件。对区域内矿业权实行减量化管理，不再新设露天矿采矿权；设定年限，逐步关闭区域内污染严重、生态破坏重的企业。加强对张家口、承德的超贫铁矿、有色金属及贵金属矿的管理，保障京津冀水源地生态安全。开展系列示范措施及整合措施，如实施承德钛磁铁矿综合利用示范工程。

（2）坝上高原风沙防治区。矿产资源开发的生态影响主要是高海拔山区采矿引发的水土流失。应着力做好矿山地质灾害防治、植被恢复、土地复垦等工作。推进以水土保持、湿地恢复和风沙治理为主的生态工程建设；强化水土保持监管，科学防治山洪、泥石流等自然灾害，构建水土流失综合防护体系。加强对历史遗留矿山的地质环境治理与恢复，如下花园煤矿区、蔚县煤矿区、峰峰煤矿区等。

（3）太行山山地水源涵养与水土保持区。空间范围主要包括邢台、邯郸、石家庄以及保定等西面毗邻太行山山地区域，近期规划矿产资源开发力度较大，应加强技术改进，推进集约利用，同时加大对矿山生态环境的整治力度，严控水土流失等。应开展露天矿山污染整治专项行动，如武安铁矿区、井陉矿区等，对环保不达标、安全生产措施不合格和矿山地质环境治理恢复、水土保持不到位的矿山企业坚决予以停产整顿。推进绿色矿山建设，推广矿产资源节约和综合利用先进适用技术。

（4）其他空间区域。包括天津、廊坊以及唐山等部分市县区域，矿产开发历史悠久，生态破坏遗留问题严重，应以矿山地质环境恢复为主，提高准入门槛。开展矿山地质环境整治试点，解决闭坑矿山、废弃矿山和政策性关闭的矿山地质环境问题。应建立非金属矿山有序退出机制，通过提高标准逐步彻底关停部分矿山开采。此外，生态风险高发区和较高发区，应以市县为单位，积极制定有针对性的管理措施；建立矿区生态风险管理体系和机制，做好矿区生态风险防范工作。

矿产资源开发不可避免地会破坏和影响地区内生态环境，京津冀地区内矿产资源开发主要集中在燕山太行山山地水源涵养与水土保持区、坝上高原风沙防治区以及河北东部滨海区域，这些区域是京津冀地区生态屏障的重要组成部分，也是生态风险高发和较高发区域。历史悠久的矿产资源开发已经对区域内的水源涵养、水土保持和生物多样性保护等生态功能产生了一定程度的影响；京津冀区域的协同发展使得矿产开发对生态环境的干扰会进一步增加。鉴于此，可根据京津冀地区不同生态功能区特点，推行差别化的管控对策，切实降低生态影响。

参考文献

白冬梅，张健坤，2008.房地产系统的协同发展研究［J］.东南大学学报（哲学社会科学版）（2）：68–71.

薄文广，陈飞，2015.京津冀协同发展：挑战与困境［J］.南开学报（哲学社会科学版）（1）：110–118.

边文霞，2008.北京产业结构与劳动力就业互动关系的解析［J］.人口与经济（4）：39–43.

蔡之兵，2016."区—地"政策框架视角下京津冀协同发展问题研究［J］.河北学刊（5）.

柴蕾，2018.京津冀区域人才协同发展中存在的问题及其对策分析［J］.中国管理信息化，21（18）：186–188.

陈建军，2004.长江三角洲地区的产业同构及产业定位［J］.中国工业经济（2）：19–26.

陈甬军，张廷海，2016.京津冀城市群"产城融合"及其协同策略评价［J］.河北学刊.

陈哲，刘学敏，2012."城市病"研究进展和评述［J］.首都经济贸易大学学报（1）：101–106.

程春生，2018.民营企业营商环境优化建议［J］.合作经济与科技，（1）.

崔德赛，等，2018.京津冀区域高速公路运营管理一体化与协调联动保畅机制的构建［J］.交通世界（8）：3–4.

邸晓星，徐中，2016. 京津冀区域人才协同发展机制研究［J］. 天津师范大学学报（社会科学版）(1).

董彪，李仁玉，2016. 我国法治化国际化营商环境建设研究—基于《营商环境报告》的分析［J］. 商业经济研究（13）.

段铸，王雪祺，2014. 京津冀经济圈财政合作的逻辑与路径研究［J］. 财经论丛（6）.

樊杰，等，2008. 京津冀都市圈区域综合规划研究［M］. 北京：科学出版社.

冯云廷，计利群，2020. 技术创新与城市经济增长波动——基于我国15个副省级城市面板数据的实证研究［J］. 工业技术经济，39（1）.

付承伟，2012. 大都市经济区内政府间竞争与合作研究：以京津冀为例［M］. 南京：东南大学出版社.

傅娟，2014. 自主创业还是进入体制：体制外个体劳动者和财政供养人员收入差异的实证分析［J］. 上海经济研究（6）.

高国力，2016. 构建四大地区和三大战略协调互动新格局［J］. 全球化（9）：37–49.

高国力，等，2014. 京津冀协同发展的战略布局［J］. 财经（19）：110–112.

高玉，2015. 京津冀协同发展税收分享政策研究［J］. 首都经贸大学学报（6）.

高玉，2015. 京津冀协同发展税收分享政策研究［J］. 首都经贸大学学报（6）.

高钟庭，等，2018. 金融服务实体经济促进京津冀协同发展——“新时代金融服务实体经济研讨会”专家发言摘编［J］. 经济与管理（4）：14–19.

郭轲，王立群，2015. 京津冀地区资源环境承载力动态变化及其驱动因子［J］. 应用生态学报，26（12）：3818-3826.

何德旭，董捷，2015. 京津冀金融一体化的模式选择与运作机制［J］. 中国社会科学院研究生院学报（3）.

胡恩华，刘洪，张龙，2006. 我国科技投入经济效果的实证研究［J］. 科研管理（4）.

胡向婷，张璐，2005. 地方保护主义对地区产业结构的影响——理论与实证分析［J］. 经济研究（2）：102-112.

蒋辉，罗国云，2011. 可持续发展视角下的资源环境承载力——内涵、特点与功能［J］. 资源开发与市场，27（3）：253-256.

焦彦臣，蔺丽军，李素峰，2020. 京津冀高校人才培养协同创新机制研究［J］. 佳木斯职业学院学报（6）：264-265.

焦彦臣，蔺丽军，李素峰，2020. 京津冀高校人才培养协同创新机制研究［J］. 佳木斯职业学院学报（6）：264-265.

李冰晶，马晓翠，2014. 京津冀城市群经济发展的现状、问题及建议研究［J］. 现代商业（30）.

李国平，2013. 京津冀区域发展报告：2012［M］. 北京：中国人民大学出版社.

李国平，等，2012. 协调发展与区域治理：京津冀地区的实践［M］. 北京：北京大学出版社.

李昊，等，2018. 京津冀协同发展背景下交通一体化对区域经济发展的影响［J］. 山西农经（1）：17.

李红楠，2012. 税收负担与产业结构调整［D］. 北京：首都经济贸易大学.

李姬，2014. 城乡发展一体化背景下的基础设施建设研究——以湖北省松滋市为例［D］. 武汉：华中师范大学.

李晶玲，2015. 京津冀区域金融发展现状及存在问题研究［J］. 华北金融（9）：26–30.

李宁，张晨，2017. 京津冀区域物流一体化发展现状研究［J］. 全国流通经济（18）：27–29.

李祺，孙钰，崔寅，2016. 基于DEA方法的京津冀城市基础设施投资效率评价［J］. 干旱区资源与环境，30（2）：26–30.

李涛，张贵，2019. 研发要素流动对京津冀城市群的科技创新影响研究［J］. 河北工业大学学报（社会科学版），11（2）：1–7，15.

李玮，任强，2010. 进一步完善我国创业投资税收政策［J］. 涉外税务（8）.

李霞，卞靖，2017. 进一步优化河北省民营企业营商环境的对策思考［J］. 河北省社会主义学院学报，（1）.

李玉涛，2015. 京津冀地区基础设施一体化建设研究［J］. 经济研究参考（2）：28–47.

李振军，李晔，2009. 河北省基础设施与区域经济发展的关系研究［J］. 世纪桥（7）：76–78.

刘彩霞，杨洁，辛灵，等，2016. 京津冀区域人才一体化的现实障碍与对策研究［J］. 工业技术与职业教育，14（2）：77–79.

刘海云，谢会冰，温慧敏，等，2015. 京津冀三地税收与税源背离情况分析［J］. 河北企业（6）.

刘海云，谢会冰，温慧敏，等，2015. 京津冀三地税收与税源背离情况分析［J］. 河北企业（6）.

刘海云，杨琰，刘艳君，2015. 加快推进京津冀人才一体化的对策研究［J］. 经济与管理（2）.

刘金山，何炜，2014. 流转税税收税源背离与地区经济发展［J］. 税务与经济（4）.

刘敬严，等，2014. 京津冀交通运输与区域经济复合系统协同发展分析［J］. 石家庄铁道大学学报（社科版）（4）：10–15.

刘璐宁，2013. 京津冀地区产业结构与就业结构协调发展的实证研究［J］. 石家庄经济学院学报，36（5）：40–45.

刘璐宁，2013. 京津冀地区产业结构与就业结构协调发展的实证研究［J］. 石家庄经济学院学报，36（5）：40–45.

刘润达，2014. 科技资源共享及其关键问题分析——基于利益驱动的视角［J］. 情报杂志，33（1）：173–177.

刘双喜，高向杰，2015. 京津冀高等教育与区域协同发展的问题与对策［J］. 河北大学成人教育学院学报，17（4）：108–113.

刘欣雨，刘悦，2014. 京津冀区域人才一体化研究［J］. 商（19）：21.

刘英基，2012. 中国区域经济协同发展的机理、问题及对策分析［J］. 经济纵横（3）：126–129.

刘子夜，2019. 京津冀一体化发展评价体系研究［J］. 中国统计（6）.

娄成武，张国勇，2018. 基于市场主体主观感知的营商环境评估框架构建——兼评世界银行营商环境评估模式［J］. 当代经济管理，40（6）.

卢方元，靳丹丹，2011. 我国R & D投入对经济增长的影响——基于面板数据的实证分析［J］. 中国工业经济（3）.

卢明华，薄云娜，2018. 京津冀地区分行业结构和竞争力分析［J］. 开发研究（3）：53–60.

卢同，孙钰，2019. 推进京津冀交通一体化建设的策略研究［J］. 城市（8）.

鲁继通，2015. 京津冀区域协同创新能力测度与评价——基于复合系统协同度模型［J］. 科技管理研究（24）.

鲁金萍，刘玉，杨振武，等，2015. 京津冀区域制造业同构现象再判断——基于分工视角的研究［J］. 华东经济管理（7）：59–63.

陆军，2014. 金融集聚与区域经济增长的实证分析——以京津冀地区为例［J］. 学术交流（2）.

吕静韦，金浩，李睿，2016. 我国战略性新兴产业影响因素研究［J］. 商业经济研究（4）：197–198.

马海涛，卢硕，张文忠，2020. 京津冀城市群城镇化与创新的耦合过程与机理［J］. 地理研究，39（2）：303–318.

马宁，饶小龙，王选华，等，2011. 合作与共赢：京津冀区域人才一体化问题研究［J］. 中国人力资源开发（10）：72–77.

马晓国，熊向阳，2017. 房地产投资与区域经济发展的动态关系分析［J］. 统计与决策（12）：112–114.

毛汉英，2017. 京津冀协同发展的机制创新与区域政策研究［J］. 地理科学进展（1）：2–14.

穆新杰，2019. 合理规划助推区域经济增长［J］. 区域治理（28）：3–5.

聂正英，等，2019. 京津冀交通一体化与区域经济耦合：基于熵权法的协调分析［J］. 综合运输（4）：37–42.

聂正英，李萍，2019. 京津冀交通一体化与区域经济耦合：基于熵权法的协调分析［J］. 综合运输（4）.

牛兰兰，丁国栋，2006. 北京市土地资源可持续利用研究［J］. 水土保持研究，13（5）：175–179.

阮少伟，2020. 协同创新理念下科技创新资源开放共享机制研究［J］. 辽宁省交通高等专科学校学报，22（3）：44–47.

宋晓洪，2000. 企业技术创新的内源动力分析［J］. 科学中国人（10）：44–45.

孙久文，李坚未，2015. 京津冀协同发展的影响因素与未来展望［J］. 河北学刊（4）.

孙军，2017. 京津冀一体化背景下就业政策协同发展的研究［J］. 现代经济信息（17）：6.

孙树杰，2013. 加强京津冀科技合作的对策与建议［J］. 经济论坛（3）.

孙彦明，赵树宽，王泷，等，2017. 协同创新视阈下科技资源共享机制研究［J］. 科技管理研究（13）：1–8.

孙莹莹，王建伟，2015. 城市群背景下的无锡综合交通基础设施发展研究［J］. 交通与运输（学术版）（2）.

唐建新，扬军，2003. 基础设施与经济发展：理论与政策［M］. 武汉：武汉大学出版社.

佟林杰，孟卫东，2015. 京津冀区域人才特区建设的现实困境与路径选择［J］. 经济与管理（5）

王大本，冯石岗，2018. 基于WSR方法论和熵值—耦合协调度的水资源承载力综合评价——以河北省水资源承载力研究为例［J］. 节水灌溉（3）：49–54.

王宏起，李佳，李玥，等，2017. 基于创新券的区域科技资源共享平台激励机制研究［J］. 情报杂志，36（9）：165–170.

王华杰，徐小义，1997. 杭州市农业与农村可持续发展问题［J］. 中国农业资源与区划（4）：23–27.

王力年，2012. 区域经济系统协同发展理论研究［D］. 长春：东北师范大学.

王琦，2020. 高校协同创新运行机制研究［J］. 中州大学学报（1）：97–101.

王千，2011. 政策性房地产金融与商业性房地产金融协同发展研究：基于虚拟经济分析框架的中国房地产金融改革思路［J］. 郑州大学学报（哲学社会科学版）（12）：62–67.

王树通，郭怀成，王丽婧，2005. 北京市相对资源承载力分析［J］. 安全与环境学报（5）：90–94.

王嵩峰，2004. 南水北调对河北省典型城市水环境承载力影响研究［D］. 武汉：武汉大学.

王文刚，庞笑笑，2016. 京津冀地区城市土地利用效率［J］. 江苏农业科学，44（4）：563–566.

王文国，刘学，2013. 避免土地“批而未供”之我见［J］. 问题探讨（8）：44–45.

王延杰，2015. 京津冀协同发展的财税体制创新［J］. 经济与管理（4）：14–17，73.

王一文，李伟，王亦宁，等，2015. 推进京津冀水资源保护一体化的思考［J］. 中国水利（1）：1–4，37.

王瑜，2014. 京津冀一体化中城市群基础设施建设的研究［J］. 京津冀协同发展：廊坊区位优势与对接高端城市论坛.

文魁，祝尔娟，2015. 京津冀发展报告：协同创新研究［M］. 北京：社会科学文献出版社.

吴良镛，等，2006. 京津冀地区城乡空间发展规划研究二期报告［M］. 北京：清华大学出版社.

吴若男，2016. 京津冀产业结构与就业结构特征与互动效率研究［J］. 经贸实践（13）：94.

吴翼，2019.空间视角下交通基础设施对区域经济的影响研究［J］.物流工程与管理（8）：134–135.

吴玉红，2017.基于均方差决策法的河北省城市资源环境承载力评价研究［J］.科技广场（11）：135–138.

吴振良，2010.基于物质流和生态足迹模型的资源环境承载力定量评价研究［D］.北京：中国地质大学.

肖金成，郭克莎，陆军，等，2017.雄安新区战略发展的路径选择——“雄安新区与京津冀协同发展：理论及政策”高端论坛专家发言摘编（上）［J］.经济与管理（3）：6–12.

徐达松，2015.促进京津冀产业协同发展的财税政策研究［J］.财政研究（2）.

徐世鸿，2014.土地批而未用原因与对策——以鄂、湘、黔三省为例［J］.专题（12）：21–23.

徐依卓，2015.京津冀一体化影响下的税收分享［J］.全国商情（6）.

许志端，阮舟一龙，2019.营商环境、技术创新和企业绩效——基于我国省级层面的经验证据［J］.厦门大学学报（哲学社会科学版）（5）.

许子媛，2013.图书馆联盟信息共享：内容、模式与评价［J］.情报理论与实践（9）：48–52.

杨涛，2015.营商环境评价指标体系构建研究——基于鲁苏浙粤四省的比较分析［J］.商业经济研究（13）.

杨晓颖，汤怀志，梁剑峰，2015.京津冀地区经济一体化进程中的土地利用问题［J］.国土资源情报（12）：44–47.

杨学智，苏永军，2019.雄安新区建设与京津冀协同发展背景下对河北高校人才培养要求的调研分析［J］.环渤海经济瞭望（10）：82.

杨学智，苏永军，2019.雄安新区建设与京津冀协同发展背景下对河北高校人才培养要求的调研分析［J］.环渤海经济瞭望（10）：82.

叶惠丽，2015.推动顶层设计合理配置京津冀水资源［J］.中国水运（5）：11.

叶堂林，李国梁，2019.京津冀创新扩散机制及扩散成效研究——基于京津冀、长三角两大城市群对比［J］.经济社会体制比较（6）.

于良春，付强，2008.地区行政垄断与区域产业同构互动关系分析——基于省际的面板数据［J］.中国工业经济（6）：56-66.

俞孔坚，乔青，袁弘，等，2009.科学发展观下的土地利用规划方法——北京市东三乡之“反规划”案例［J］.中国土地科学，23（3）：25-31.

翟林，2015.京津冀协同发展产业用地布局及土地利用问题研究［D］.北京：中国地质大学.

翟炜，白雪音，石钰，等，2018.交通基础设施对区域经济协同影响——以京津冀地区为例［J］.现代城市研究（5）：72-79.

张凤莲，王素君，2016.京津冀土地集约利用研究［J］.环渤海经济瞭望（4）：26-31.

张贵，刘雪芹，2017.京津冀人才一体化发展的合作机制与对策研究［J］.中共天津市委党校学报（3）.

张寒，2015.京津冀科技合作的现状、问题及对策分析［J］.山东科技大学学报（社会科学版），17（4）：11-16.

张舰，2012.我国特大城市基础设施发展水平及分布特征［J］.城市问题（6）：36-39.

张舰，2012.我国特大城市基础设施发展水平及分布特征［J］.城市问题

（6）：36–39.

张晶洁，2019. 京津冀交通一体化对区域经济协同发展的影响［J］. 合作经济与科技（7）：35–36.

张李昂，朱显平，2015. 我国区域经济差异对房地产价格的影响分析［J］. 经济问题探索（12）：100–105.

张丽，2020. 京津冀高等教育协同创新行与思［J］. 天津市教科院学报（2）：70–77.

张丽，2020. 京津冀高等教育协同创新行与思［J］. 天津市教科院学报（2）：70–77.

张丽丽，2017. 京津冀协同发展中水污染治理现状及对策研究［J］. 中国市场（14）：249–250.

张梦心，齐子翔，2014. 京津冀基础设施承载力理论思考及测度评价［J］. 江苏商论（9）：287–288.

张顺，2006. 科技投入与经济增长动态关系研究［J］. 商业研究（13）.

张苏，樊勇，2014. 税收政策与大学生创业意愿［J］. 税务研究（8）.

张晓杰，林英杰，2019. 京津冀一体化区域特色农业协调发展模式分析［J］. 基层农技推广（6）.

赵弘，2014. 北京大城市病治理与京津冀协同发展［J］. 经济与管理（3）：5–9.

赵弘，2014. 北京大城市病治理与京津冀协同发展［J］. 经济与管理（3）：5–9.

赵弘，2016. 加快京津冀协同发展要着力抓好五个关键问题［J］. 经济社会体制比较（3）：18–22.

赵莹，2018. 京津冀交通基础设施与经济协调发展研究［D］. 北京：北京交通大学.

郑小三，李小克，2012. 产业结构、固定资产投资与城乡收入差距——基于中部地区省级面板数据的实证分析［J］. 经济与管理，26（7）：71–79.

郑祖婷，沈菲，2017. 京津冀固定资产投资对第二产业的影响——基于面板数据的实证分析［J］. 经济论坛（8）：9–12.

周桂荣，杨亚军，2018. 京津冀科技资源空间布局与研发成果转化［J］. 决策与信息（3）：49–58.

周京奎，吴晓燕，2009. 房地产市场对区域经济增长的动态影响机制研究：以京津冀都市圈为例［J］. 财贸经济（2）：131–135.

周立群，江霈，2009. 京津冀与长三角产业同构成因及特点分析［J］. 江海学刊（1）.

Wu F.X，2015. Local government competition and industrial structure convergence［M］// Liu Z.B.，Li X.C. Transition of the Yangtze R iverDelta：from global manufacturing center to global innovation center. Tokyo：Springer：159–184.

Wu Y.Y.，Zhu X.W，2017. Industrial policy and economic geography：evidence from China［J］. Journal of the Asia Pacific Economy，22（1）：173–190.

Young M，2012.An exploratory study of the cultural habits change process triggered by the use of IT：A faculty student knowledge –sharing platform case study［J］.Educational Technology & Society，15（4）：332–343.